高职学生就业指导

陈齐苗　主编

北京理工大学出版社
BEIJING INSTITUTE OF TECHNOLOGY PRESS

版权专有　侵权必究

图书在版编目（CIP）数据

高职学生就业指导/陈齐苗主编. —北京：北京理工大学出版社，2018.8（2022.12重印）
ISBN 978-7-5682-6019-0

Ⅰ. ①高… Ⅱ. ①陈… Ⅲ. ①大学生-职业选择-高等职业教育-教学参考资料　Ⅳ. ①G717.38

中国版本图书馆 CIP 数据核字（2018）第 178568 号

出版发行 / 北京理工大学出版社有限责任公司
社　　址 / 北京市海淀区中关村南大街 5 号
邮　　编 / 100081
电　　话 /（010）68914775（总编室）
　　　　　（010）82562903（教材售后服务热线）
　　　　　（010）68944723（其他图书服务热线）
网　　址 / http://www.bitpress.com.cn
经　　销 / 全国各地新华书店
印　　刷 / 三河市天利华印刷装订有限公司
开　　本 / 787 毫米×1092 毫米　1/16
印　　张 / 13.25　　　　　　　　　　　　　　　责任编辑 / 李慧智
字　　数 / 315 千字　　　　　　　　　　　　　　文案编辑 / 李慧智
版　　次 / 2018 年 8 月第 1 版　2022 年 12 月第 4 次印刷　责任校对 / 周瑞红
定　　价 / 39.80 元　　　　　　　　　　　　　　责任印制 / 施胜娟

图书出现印装质量问题，请拨打售后服务热线，本社负责调换

前　言

21 世纪的头 20 年，是我国经济社会发展的重要战略机遇期，是加快经济发展方式转变、走新型工业化道路、建设人力资源强国的关键时期。为了更好地服务经济社会建设，不仅需要精英教育，也需要大众教育；不仅需要大量的创新型人才，也需要大批高素质的技能型专业人才。高等职业院校以培养面向生产、建设、服务和管理第一线需求的高素质技能型人才为使命，为我国经济社会发展培养、输送高素质的技能型人才。2017 年 1 月，教育部党组书记、部长陈宝生在全国教育工作会议上指出："要增强职业教育服务发展支撑力，培养技术技能人才。推动转型发展出经验见实效，培养大批应用型人才。"党的十九大报告中指出："大规模开展职业技能培训，注重解决结构性就业矛盾，鼓励创业带动就业。提供全方位公共就业服务，促进高校毕业生等青年群体、农民工多渠道就业创业。"近年来，随着高等职业教育发展规模的不断扩大，高职院校学生面临的就业挑战日趋复杂。在此背景下，高职院校的就业指导课程理论创新和体系改革得到进一步发展，形成了就业指导、职业生涯规划和创业教育三位一体的就业指导课程体系。

本教材以就业指导时序性发展为逻辑基础，依次讨论了高职学生对就业的认知、就业准备、求职面试、职场适应方面的问题，在深刻总结当前高职院校学生就业存在问题的基础上，创新高职学生就业指导教材体系。以相关案例作为引入，以就业指导理论作为主体，以扩展阅读作为注解，以情境模拟作为实训，实现了理论阐释与实践指导的较好融合，这是本书最大的特色。

本教材在案例的选取方面，坚持"新、近、亲"的选编原则，采用时间近、情境贴近、情感亲切的真实事件加以整理编写，以期帮助读者形成对章节内容的情感体验；在就业指导理论的编写方面，坚持"简、践、精"的编写原则，用简洁的语言解读深奥的理论，用实践的思维翻译抽象的理论，用求精的理想重构烦冗的理论，以期辅助高职学生用最简单的方式形成对章节内容的理性建构；在扩展阅读选编方面，坚持"趣旨相济"的选编原则，广泛搜寻能触动读者兴趣敏感点的素材，融入编者意欲阐释的就业指导理论，以期读者能在品读中形成对章节内容的认知升华；在情境模拟的编写上，坚持"现场还原"的编写原则，将读者可能遇到的就业问题，通过具体情境加以还原，以期读者在模拟实践中实现能力的养成。

本教材由浙江工业职业技术学院陈齐苗主编，黄旭伟、何春风、金永淼、赵文博、朱建良、章钢钱等老师参与编写。全书由金永淼负责统稿。

所有开始都意味着尝试、探索和努力，但贵乎真诚。本教材从高职大学生的实际出发，突出教材的体系性与理论性、指导性与实用性相融合的创作主旨，适用于高等职业院校大学生的就业课程。由于时间和水平有限，书中难免有不当之处，敬请读者批评指正。

编　者

目 录

第一章　就业形势与就业政策 …………………………………………………… 1

　　第一节　就业与就业指导概述 ……………………………………………… 1
　　第二节　大学生就业制度与政策 …………………………………………… 7
　　第三节　就业形势及现状 …………………………………………………… 14

第二章　就业的程序与途径 ……………………………………………………… 25

　　第一节　就业的程序 ………………………………………………………… 25
　　第二节　就业的途径 ………………………………………………………… 40
　　第三节　人事代理制度 ……………………………………………………… 53

第三章　就业素质与就业能力 …………………………………………………… 64

　　第一节　就业素质与就业能力概述 ………………………………………… 64
　　第二节　就业素质培养的途径与方法 ……………………………………… 70
　　第三节　就业能力的培养 …………………………………………………… 77

第四章　求职就业问题与心理调适 ……………………………………………… 94

　　第一节　求职就业问题及应对策略 ………………………………………… 94
　　第二节　求职过程中的心理调适 …………………………………………… 102

第五章　求职策略与技巧 ………………………………………………………… 115

　　第一节　就业信息与自荐材料的准备 ……………………………………… 115
　　第二节　面试礼仪 …………………………………………………………… 126
　　第三节　面试技巧 …………………………………………………………… 134
　　第四节　网络求职 …………………………………………………………… 141

第六章　就业权益的保障 ………………………………………………………… 150

　　第一节　大学生就业相关法律概述 ………………………………………… 150

第二节　大学生就业基本权益保护……………………………………………155

第三节　大学生就业侵害预防…………………………………………………161

第四节　高职学生劳动争议解决………………………………………………167

第七章　职场适应与职业发展………………………………………………………174

第一节　角色转换………………………………………………………………174

第二节　职业适应………………………………………………………………183

第三节　职业发展………………………………………………………………199

第一章 就业形势与就业政策

我们党是执政党,我们的政府是人民政府,发展经济的根本目的就是要让民生不断改善,让人民群众过上好日子。改善民生的基础何在?就业是民生之本,有了就业才有收入,民生才会逐步改善,社会才会安定。我们讲稳增长,主要就是为了保就业。

——李克强

本章主要阐述就业以及就业指导的概念,通过介绍就业过程中涉及的政策、制度,以及大学生特别是高职学生就业的形势和途径,让学生在进入大学之初就能对将来的就业有充分的认识,为今后顺利就业储备必要的专业技能、求职技巧,主动提升自己的综合能力。

- 就业与就业指导概述
- 大学生就业制度与政策
- 就业形势与现状

第一节 就业与就业指导概述

小金是某职业学院计算机技术与应用专业的学生。从他到学校的那天起就立志要有所作为,为今后的就业打好基础,决不在玩乐中度过大学生活,所以他几乎没有浪费过时间,除上课以外,他参加了学校的三个社团,凡是与计算机有关的"活"他都干!而且他经常去寻觅"生意",主动为师生员工服务,从装机、安装程序、买软件到编制程序等,什么都做,边干边学,不懂就问老师。一年下来,全校的师生几乎都认识他了。就是这样一个很文静的男生,在学校、省、市的专业技能比赛中多次取得了好成绩。毕业的那年,他已能熟练操作各种程序,也能轻松地解决各类问题,被同学们称为"计算机神"!最后,他被一家知名的网络公司录用,现在已成为公司副总。

正如卡耐基所说:"不为明天做准备的人永远不会有未来!"只有平时积聚"鹤啸九天"的功夫,才能在就业时产生"鹤立鸡群"的效果。

就业的意识应从大一就开始。

一、就业的概念及基本特征

从理论上讲,就业是指具有劳动能力的人运用生产资料从事合法的社会活动,并获得相应的劳动报酬或经营收入的经济活动。通俗地说，就业是指在法定年龄内，具有劳动能力的人，在一定的工作岗位上从事有报酬或有经营收入的合法劳动。根据这一定义，一个人如果同时满足以下三个基本条件，就可以被认为实现了就业：

① 在法定劳动年龄内，并且具有劳动能力。
② 所从事的是某种合法的经济活动，以提供满足社会需要的商品或服务为目的。
③ 从事这种社会劳动可以获得相应的收入。

所以，使用童工是违法的，丧失劳动能力的人是无法正常就业的，违法的经济活动是不允许的，付出劳动而没有相应收入的活动，如志愿者活动等不能算就业。

劳动力与其他生产要素的不同结合形式决定了就业的具体形式，依据不同的标准，就业形式有不同的划分。按城乡划分，有城镇就业和乡村就业；按产业划分，可分为第一、第二和第三产业就业；按灵活和稳定程度划分，可分正规就业和灵活就业（也称非正规就业）。正规就业一般是指在正式单位就业，并签订劳动合同，其权利和义务有法律保障的就业形式。灵活就业一般是指无固定场所、无固定雇主和服务对象、无固定劳动关系、无稳定收入、无社会保障的小规模经营的就业形式，如季节工、小时工、临时工、从事社区服务工作等；按劳动力利用的饱满程度划分，可分充分就业与不充分就业。国际劳工组织指出，充分就业是指愿意并有能力工作的劳动年龄段男子和妇女能够得到有报酬的、自由选择的、生产性就业的就业水平。可见，充分就业包括就业数量与就业质量两个方面的含义。不充分就业是指有就业愿望和能力的劳动年龄段男子与妇女不能充分得到有报酬的、自由选择的、生产性就业的就业水平。不充分就业也包括数量与质量两个方面。不充分就业不同于失业，是指劳动力利用不充分，而不是完全失去工作岗位。

就业是一个非常复杂的社会经济问题，随着我国社会主义市场经济体制的建立，就业的形式从单一化逐步向多样化发展，并且随着改革的不断深入、人们观念的更新转变，一些就业形式逐渐淡出社会，而更多新的形式在不断衍生出来。但无论就业以哪种形式存在，都包含着其自身固有的、带有普遍性的特征。这些特征可以归纳为以下六点：

1. 社会性

就业作为一种社会经济活动，总是受到社会各种因素的影响和制约，总是同社会的现状与发展密切相关。就业的关键在于人和生产资料的结合，这一结合过程总是制约于一定的社会关系，社会关系的性质影响和制约了人和生产资料结合的形式与质量。同时，人是社会关系的产物和主体，人所具有的社会性也决定了就业具有社会性，就业从来都不是孤立存在的。

2. 经济性

就业是一种有偿的社会劳动，劳动者通过劳动获得报酬或经济收入构成了就业的一个必要条件，缺少这一点就不能视为就业。从宏观上看，就业水平是衡量一个国家或地区社会经济发展水平的重要指标；从微观上看，就业是劳动者获得生活资料的主要手段，它使得劳动者得以维持生计，并不断改善物质生活与精神文化生活，是实现劳动力再生产的重要保证。

3. 变动性

就业的变动性，是指劳动者的就业岗位不是固定不变的，而是会有调整变化的。在现代社会岗位的变化是不可避免的，它是就业的一个明显特征。一方面随着社会生产力水平的提高，社会分工的细化，社会经济结构和产业结构的调整步伐加快，对劳动者素质的要求不断变化和提高，这使劳动者在不同的产业间做被动的适应性变动；另一方面，随着劳动者自身素质的提高，社会对效率无止境的追求，又使劳动者按照自身的需要主动变化。

4. 相对稳定性

尽管随着生产力的发展越来越快，科技进步日新月异，社会分工不断发展，使劳动者就业岗位的变换亦越来越频繁，特别是一个社会的经济结构、产业结构的调整，直接影响到就业结构的变化，使劳动者容易从一个岗位转向另一个岗位，但是，由于就业是劳动者与生产资料的结合，具体的就业岗位对劳动者总有具体的文化、科学技术素质的要求。要提高这种结合的效益，创造出更多、更好的物质财富、精神财富，就要不断地提高劳动者的业务素质，这就要求劳动者尽可能地稳定在一个就业岗位上持续地工作。因此，就业本身具有一定的相对稳定性。

5. 流动性

劳动力流动是国民经济现代化的重要组成部分，这种流动包括劳动力从低效益的产业部门流动到高效益的产业部门，从经济不发达地区流动到经济发达地区，从一种经济所有制企业流动到另一种经济所有制企业。流动性和变动性相似，变动性研究的是微观问题，而流动性相对来说研究的是宏观问题。流动性是市场经济体制下就业的一个明显特征，它是社会合理地配置劳动力资源必不可少的有效手段，它可以缩小地区之间的差距，促进地区之间的共同富裕。

6. 计划性

就业即使在市场经济体制下也不是单纯的市场行为，它仍然具有计划性。就业是人与生产资料的结合，这种结合不是任意的，而是按照一定比例来进行的，其结合的比例取决于生产力的发展水平，计划分配和市场调整是实现这种合理比例的两种有效手段。

二、就业指导及其内容

就业指导有狭义和广义之分。狭义的就业指导是指向有求职意向者传递就业信息，为他们与具体的职业结合发挥桥梁作用、充当中间媒介，帮助求职者寻找和选择职业。广义的就业指导是指依据社会的需要，针对他们的个性（素质、能力、特长、性格、志向、经历）以及家庭与社会环境等，引导求职者树立正确的就业意识，确定恰当的就业方向，以及为其选择劳动岗位或者转移到新的职业领域提供知识信息和技能，组织劳动力市场以及推荐、介绍、组织招聘等与就业有关的综合性社会咨询服务活动，是沟通求职者和用人单位、教育部门和社会的有效途径。人们接受就业指导后，能更好地认识就业与创业，开阔眼界，探求理想；能更全面地认识自己，自信自强，扬长避短；就可以了解升学、就业的形势，了解国家就业政策，树立正确的职业观，顺势成才；能够把今天的学习和明天的升学、就业联系在一起，为实现职业生涯目标做好准备。职业生涯既是个人谋生的手段，又是服务社会、造福人民的人生实践。每个人要获得生活来源，为国家建功立业，必然要立足于一定的职业岗位。因此，职业生涯在人生中居于重要地位，应该像设计高楼大厦那样设计多彩的职业生涯。

(一) 大学生就业指导的内容

1. 就业思想教育

引导学生树立正确的人生观、价值观、成才观、择业观和就业观，将自我价值实现和社会需要结合起来，将个人的前途和祖国的建设结合起来，倡导艰苦奋斗、自强不息、无私奉献的精神，帮助大学生正确对待就业。

2. 就业政策、形势的宣传和指导

就业政策、形势的宣传和指导就是对国家就业政策与形势做分析，帮助大学生正确分析就业形势，了解社会对人才的要求，认清高等职业教育的发展前景，掌握政策、把握社会需求、调整择业期望。

3. 择业技巧指导

择业技巧指导是对大学生求职择业的方法和技巧等具体操作环节进行指导。择业技巧是现代大学生顺利求职择业的必要技能。决定和影响毕业生求职成功与否的因素很多，既有求职者自身的知识水平和技能水平方面的因素，也有求职者的择业技巧问题。

4. 择业和创业心理指导

择业和创业心理指导是属于就业和创业过程中的心理层面的内容指导，是消除大学生在择业和创业过程中出现的焦虑、迷惘、困惑、急躁、自卑、嫉妒、自负、怯场等心理障碍的教育指导。

5. 职业生涯规划指导

职业生涯规划是指组织或者个人把个人发展和组织发展相结合，对决定个人职业生涯的主客观条件进行测定、分析和总结研究，制定个人一生事业发展的战略设想与计划安排。职业选择的好坏在一定程度上决定了一个人的命运，所以，做好职业生涯规划对每个人来说都是非常重要的。指导大学生的职业规划，要根据大学生个人的特点、优势来进行，选择适合大学生自己的职业，以避免盲目性与随意性。

6. 适应社会的指导

大学生从学校走向社会，是人生的一大转折。由于环境的变化，需要有一个适应的过程。要完成从学生到职业工作者的转变，需要经历社会化与再社会化的过程。通过职业指导使大学生能尽快适应新环境，进入新的角色，调整自己的心理，达到适应社会、树立信心、胜任工作的状态。

7. 自主创业指导

对大学生的就业指导中，不仅要帮助学生在社会现有的岗位上实现就业，在目前我国就业形势比较严峻的条件下，更重要的是引导学生自主创业，教育学生做好自主创业的准备。为此，学校首先要对全体大学生进行创业意识教育，培养他们的创业意识，对大学生在创业基本知识、创业者的素质要求、创业的策略和思路等方面进行指点，鼓励和帮助毕业生走上健康的创业之路，实现人生更大的价值。

(二) 大学生就业指导的方式

1. 开设就业指导课

就业指导课是教育部规定的必修课，也是对大学生进行就业指导的主要途径，把就业指导作为一门课程来建设，可以使就业指导更加系统化、全面化、规范化。可以将就业指导的内容分步骤地在不同的年级安排适当课时,采取讲授与讨论相结合、理论与实践相结合的方式,使就业指导课生动活泼,富有成效。

2. 就业与创业体验

通过与用人单位建立实习、见习基地,使大学生利用实习、见习、假期等时间,体验用人单位的岗位环境,使学生在真实的职业环境中熟悉和适应工作,培养他们的敬业爱岗精神,使他们了解遵守劳动纪律的重要性、树立安全意识等,让大学生在社会的大课堂中获得指导。可以通过学校团委倡导大学生模拟创业、熟悉创业的一般程序,或让大学生参与一些亲戚、校友、朋友的创业过程,使其亲身感受创业的艰难与收获。

3. 开展就业咨询

就业咨询,就是回答大学生有关就业的一些问题,为其选择职业提供一些参考意见与建议,包括择业咨询、招聘咨询与心理咨询。就业咨询的方式多样,有面对面的直接咨询,也有书面或网上咨询;有正式咨询,也有非正式咨询;有集体咨询,也有个性咨询;有定期咨询,也有非定期咨询;等等。就业咨询的内容十分广泛,既包括就业形势、就业政策、就业信息,也包括择业心理、自我评价和求职技巧等各个方面。提供咨询者既可以是干部、教师或专职就业指导人员,也可以是家长、亲友、校友或同学,其特点是针对性强,不受时间、地点的限制,气氛宽松,灵活多样。

4. 进行职业测评

它是20世纪初在美国等西方国家随着心理学、统计学的发展,测量理论与技术的成熟,在社会职业发生巨大变化的影响下开始出现并发展起来的。职业测评是心理测试技术在职业管理领域的应用,它以心理测量为基础,对人的素质进行科学、客观、标准的系统评价,从而为组织和个体两个层面的职业管理提供参考依据。对大学生就业指导而言,帮助大学生正确认识与评价自己是一个难点,职业测评就是通过选取适当的测评量表,对大学生的性格特点、兴趣潜能、职业倾向等做出评价,以评估结果为依据,帮助大学生更客观全面地认识自己,并指导他们依据自身的特点和优势扬长避短地选择职业。

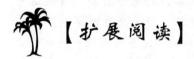
【扩展阅读】

在发展中保障和改善民生
——访人力资源和社会保障部部长尹蔚民

党的十九大强调,坚持在发展中保障和改善民生。新时代人力资源和社会保障事业朝什么方向发展、发展什么、如何发展,记者近日就此采访了人力资源和社会保障部部长尹蔚民。

深入贯彻以人民为中心的发展思想

记者:请问人力资源和社会保障部学习贯彻十九大精神有何思路举措?

尹蔚民:按照中央统一部署,我部迅速在全系统和部内做出安排,提出明确要求,采取多种形式,广泛深入开展学习贯彻工作。

十九大报告通篇闪烁着以人民为中心的思想光辉,这也是习近平新时代中国特色社会主义思想的重要内容。人力资源和社会保障全部工作对象涉及人，大部分工作内容涉及民生，与人民群众切身利益紧密相连。新时代人力资源和社会保障事业朝什么方向发展、发展什么、如何发展，都必须以习近平新时代中国特色社会主义思想为指引，在此基础上尤其要深入贯彻落实以人民为中心的发展思想。

记者：党的十九大强调，坚持在发展中保障和改善民生。人力资源和社会保障部将如何把握这一要求？

尹蔚民：坚持在发展中保障和改善民生，是坚持以人民为中心的发展思想的具体体现。人力资源社会保障部门是重要民生部门，落实好十九大精神，最直接的就是把这一要求落实到位。

落实好这一要求，我认为需着力把握五个关键点。一是紧紧抓住人民最关心最直接最现实的利益问题。坚持把人民群众关心的小事当作自己的大事，从人民群众关心的事情做起，从让人民群众满意的事情做起，让改革发展成果更多、更公平惠及全体人民。二是坚持尽力而为、量力而行。坚持从实际出发，从保障基本权益做起，努力推动居民收入增长和经济增长同步、社会保障水平与经济发展水平同步，锲而不舍抓好保障和改善民生各项工作。三是坚持人人尽责、人人享有。既要通过制度改革创新开发人力资源，保障人民平等参与、平等发展的权利，为人的全面发展创造良好条件，也要顺应人民新期待，落实好各项惠民政策，不断提升民生的温度、幸福的质感。四是坚持坚守底线、突出重点、完善制度、引导预期。牢牢守住保障群众基本生活和基本权益这一民生底线，突出解决好就业这个最大的民生问题，着力在社会保障和工资收入分配等方面做出更有效的制度安排，积极营造保障和改善民生的良好舆论氛围和社会预期。五是坚持社会公平正义。进一步完善就业创业、社会保障等制度，推动政策落实，切实保障群众权利公平，促进群众权利实现。

实现更高质量就业，加快建设人才强国

记者：就业是最大的民生。党的十九大报告提出，实现更高质量和更充分就业。对此将有哪些举措？

尹蔚民："实现更高质量和更充分就业"，这是新时代就业工作的总体目标。落实这一总体目标，首先一点就是始终坚持把促进就业作为重大政治责任，作为全系统第一位的工作，坚持就业优先的重大战略和积极就业政策的基本取向，不断创新完善与宏观经济政策协同、与现代经济体系建设适应的就业政策体系，全力保持就业局势持续稳定。

其次，大规模开展职业技能培训，构建劳动者终身职业培训制度，提高劳动者素质，着力解决结构性就业矛盾，建设知识型、技能型、创新型劳动者大军，弘扬劳模精神和工匠精神。

再次，坚持创业带动就业。创业对就业有倍增作用。今后要进一步降低市场准入门槛和制度性交易成本，为就业创业减障清负；加强创业指导和创业服务，促进各类人员创业创新。

最后，健全平等就业制度，破除妨碍劳动力、人才社会性流动的体制机制弊端，完善均等化、专业化、智能化服务体系，使人人都有通过辛勤劳动实现自身发展的机会。

记者：十九大提出加快建设人才强国的要求，围绕这一新目标，将做什么部署？

尹蔚民：我们将认真落实党的十九大提出的加快建设人才强国的要求，深刻认识人才是实现民族振兴、赢得国际竞争主动的战略资源，围绕人才强国战略和创新驱动发展战略，改革完善人才发展体制机制,实行更加积极、更加开放、更加有效的人才政策,深化职称制度改革,分类推进人才评价机制改革,继续完善职业资格制度,培养造就一大批具有国际水平的战略科技人才、科技领军人才、青年科技人才和高水平创新团队。

全面建成多层次社会保障体系

记者:十九大报告提出,按照兜底线、织密网、建机制的要求,全面建成覆盖全民、城乡统筹、权责清晰、保障适度、可持续的多层次社会保障体系。对此该如何理解?

尹蔚民:社会保障是民生安全网、社会稳定器,与人民幸福安康息息相关,也关系到国家的长治久安。十九大报告提出,按照兜底线、织密网、建机制的要求,全面建成覆盖全民、城乡统筹、权责清晰、保障适度、可持续的多层次社会保障体系。这是应对人口老龄化、实现全面建成小康社会的重大战略部署。

全面建成多层次社会保障体系,"兜底线、织密网、建机制"是基本要求。兜底线,就是要发挥社会政策的托底功能,切实保障群众基本生活需求,兜住民生保障底线,坚守社会稳定底线。织密网,就是要实现制度最广泛的覆盖,让人人都能享受基本社会保障。建机制,就是要持续深化改革,建立健全体制机制,不断提高社会保障法治化、制度化水平。

"覆盖全民、城乡统筹、权责清晰、保障适度、可持续"是奋斗目标。覆盖全民,就是要不断扩大社会保险覆盖面,基本实现法定人员全覆盖。城乡统筹,就是要统筹推进城乡居民社会保障体系建设,合理缩小社会保障领域的城乡差异。权责清晰,就是要明确各级政府和用人单位、个人、社会的社会保障权利、义务和责任。保障适度,就是要根据经济发展确定保障待遇水平,合理引导群众的保障预期。可持续,就是要确保各项社会保险基金收支平衡,制度长期稳定运行。

我们将按照兜底线、织密网、建机制的基本要求,全面实施全民参保计划,改革和完善基本养老保险制度,全面建立中国特色基本医疗保障制度,不断完善失业保险、工伤保险制度,建设全国统一的社会保险公共服务平台,切实保障群众基本生活需求,实现制度更广泛覆盖,不断提高社会保障法治化、制度化水平,不断满足群众多样化、多层次保障需要。

第二节 大学生就业制度与政策

一场席卷全球的金融风暴,撞碎了许多大学毕业生的"白领梦",杭州的大学生们正在逐步转变观念,寻求新的职业。自由撰稿人、网络编辑、网站设计等"SOHO族"热衷的职业,一时间成了高校毕业生的职业新宠。

"SOHO"意为小型的家庭办公室,"SOHO族"也就是在家办公一族。由于工作方式的自由,加之目前企业裁员,大学生就业压力增加,吸引了大批年轻人加入SOHO行列。编辑记者、自由撰稿人、软件设计人员、网站设计、艺术工作者、财务工作者、广告、咨询等职业较受"SOHO族"追捧。

小李是大三学生,即将毕业的他经历了几次面试失败后,把目光投向了"SOHO族"。"'90后'的我们崇尚自由,而且我的专业是财务方面,很适合在家做兼职会计。虽然工资没有全职的多,但是很符合自己的个性,在家办公既是工作也是享受。"面对当前的就业难问题,这名即将毕业的大学生显得比较乐观,并对成为"SOHO族"非常满意。

大学生就业制度和相关政策是大学生求职择业的重要依据，对于面临就业的毕业生来说，了解大学生就业制度的建立和演变的过程，掌握国家的就业方针和政策规定，对于树立正确的择业观念、明确就业方向、把握就业机遇、实现成功就业及合理规划大学生活有着重要意义。

一、大学生就业制度的变革

大学生就业制度是指国家为规范大学生的就业行为，确保大学毕业生就业工作的有序进行，制定的一系列针对大学生就业的制度与政策。经济基础决定上层建筑，一个国家的大学生就业制度作为上层建筑的一种表现形式，同样也会伴随着其社会经济基础的变革而变革。中华人民共和国成立以来，适应不同历史时期政治经济发展的需要，我国的大学生就业制度大致可分为分配阶段和就业阶段。分配阶段就是我们所说的"统包统分"，也有人称之为计划分配，其主要特征就是毕业生到工作单位报到的凭证被称为派遣证；就业阶段就是我们现在所实行的就业制度，它又包括"供需见面"和"双向选择"两个阶段，其主要特征就是毕业生到工作单位报到的凭证被称为报到证。

1. 计划经济体制下的就业制度

1949年中华人民共和国成立初期，全党、全国人民的重要任务之一是恢复生产，进行经济建设。中国社会时值百废待兴、百业待举的历史时期，大规模经济建设的形势，使党和政府倍感人才的匮乏。1950年，国家根据政治形势和经济建设的需要，提出了"统一计划、兼筹并顾""集中、重点配备"的方针，实行与计划经济相适应的毕业生"统包统分"制度。

2. 社会主义市场经济下的大学生就业制度

党的十一届三中全会以后，随着中国经济发展和劳动人事制度改革的不断深入，中国大学毕业生就业制度也不断进行着改革，其发展过程大致经历了三个历史时期：供需见面、双向选择和自主择业。从20世纪80年代初开始，国家在对高校大学生继续实行计划派遣就业的同时，紧密结合经济体制和教育体制改革实践的需要，对毕业生分配工作进行了一些积极的探索和尝试，相继出台了一些改革措施和办法。1985年，中共中央颁布了《关于教育体制改革的决定》，标志着中国大学毕业生就业制度改革正式拉开了序幕。首先，改变了由政府定计划的办法，实行由主管部门和高等学校上下结合的办法编制毕业生分配计划。其次，在落实计划时采取了一定范围内"供需见面"的方式。"供需见面"，是指学校与用人单位通过计划内的供需见面落实毕业生就业，而毕业生与用人单位并不直接见面。这是在"统包统分"这个模式还没有被打破的基础上，对具体做法加以修改的就业形式。1989年，国务院下达文件，批准了原国家教委提出的《高等学校毕业生分配制度改革方案》（又称"中期改革方案"）。改革的目标是在国家就业方针、政策指导下逐步实行毕业生自主择业，用人单位择优录用的"双向选择"制度。1993年2月1日，中共中央、国务院颁布了《中国教育改革和发展纲要》（以下简称"《纲要》"）。该《纲要》明确指出毕业生就业制度改革的目标是：改革高等学校毕业生"统包统分"和"包当干部"的就业制度，实行"少数毕业生由国家安排就业，多数毕业生自主择业"的就业制度。为进一步加快教育体制改革步伐，原国家教委于1994年在《关于进一步改革普通高等学校招生和毕业生就业制度的试点意见》中又明确提出：从招生开始，通过建立收费制度，改变学生上大学由国家包下来，毕业后由国家包安排就业的做法。同时，建立相应的奖学金、贷学金、助学金制度，鼓励学生努力学习，引导毕业生参与劳动力市场的竞争。国家不再以行政分配而是以方针政策指导、奖学金制度和社会需求信息来引导毕业生在一定范围内自主择业。随着高校毕业生就业制度改革的不断深入，以"市场为导向、政府调控、学校推荐、学生与用人单位双向选择"为核心的毕业生就业市场化运作模式已初步形成。

二、现行大学生就业制度

经过不断的探索调整，我国大学生就业市场逐步走向规范化、法制化。当前中国的大学毕业生制度可以概括为：市场导向、政府调控、学校推荐、学生和用人单位双向选择。

1. 国家公务员制度

国家公务员是指各级国家行政机关中除工勤人员以外的工作人员，包括各级人民政府组成人员，也包括在各级国家行政机关中从事党委、社团组织工作的专职工作人员。现代公务员制度，包括录用、晋升、退出、工资激励、权利保障等机制。考试录用制度是公务员制度的一个重要组成部分；对于吸引全社会的优秀人才，参与公共事务管理，参与到国家公务员队伍，这是一个重大的举措。公务员考试可以是全国性的，也可以是地域性的或者部门性的。公务员法明确指出，公务员录用考试采取笔试和面试的方式，测试应试者的公共基础知识、专业知识水平，以及其他适应职位要求的一般素质和能力。公务员报考的程序，首先是由招录部门通过网络、报纸等媒体发布公务员招考公告，包括报考的内容、科目及报考地点；其次是考试报名和考试资格审查，公务员报考资格审查主要是了解报考者的情况；再次是考试和面试；最后是公布和备案或者是审批。对于通过考试和面试拟录用人员名单，由招录机关按照规定进行公示，公示期满，不影响录用的由招录机构将拟录用人员名单，按照规定报录用主管部门审批。全国和省、市公务员招考公告和报名考试录用分别发布进行。国家公务员招考公告一般在每年的10月中旬发布，各省招考时间不同，自行决定。公务员招考公告，发布和报名网站主要是国家人事网和地方人事网。

2. 职业资格证书制度

我国在特定行业实行就业准入制度。就业准入，是指根据《中华人民共和国劳动法》和《中华人民共和国职业教育法》等有关规定，对从事技术复杂、通用性广、涉及国家财产、人民生命安全和消费者利益的职业（工种）的劳动者，必须经过培训，并取得职业资格证书后，方可就业上岗。实行就业准入的职业范围由人力资源和社会保障部（简称"人社部"）确定并向社会发布。职业资格证书是表明劳动者具有从事某一职业所必备的知识和技能的证明。在中国，职业资格证书分为五个等级：初级（国家职业资格五级）、中级（国家职业资格四级）、高级（国家职业资格三级）、技师（国家职业资格二级）和高级技师（国家职业资格一级）。《中共中央国务院关于深化教育改革全面推进素质教育的决定》指出，"在全社会实行学业证书和职业资格证书并重的制度"。职业资格证书制度是劳动就业制度的一项重要内容，也是一种特殊形式的国家考试制度，它是指按照国家制定的职业技能标准与任职资格条件，通过政府认定的考核鉴定机构，对劳动者的技能水平或职业资格进行客观公正、科学规范的评价和鉴定，对合格者授予相关的国家职业资格证书。办理职业资格证书的程序为：职业技能鉴定所（站）将考核合格人员名单报经当地职业技能鉴定指导中心审核，再报经同级劳动保障行政部门或行业部门劳动保障工作机构批准后，由职业技能鉴定指导中心按照国家规定的证书编码方案和填写格式要求统一办理证书，加盖职业技能鉴定机构专用印章，经同级劳动保障行政部门或行业部门劳动保障工作机构验印后，由职业技能鉴定所（站）送交本人。

3. 就业协议书制度

就业协议书制度，是指国家为了为保护学生利益，依法办事，规范学校、学生本人、工作单位三方在毕业生就业工作中的行为而实施的一项制度。这一制度有利于约束就业市场主体行为，规范就业市场秩序，保护各方利益，避免以往就业工作中的不合法现象。《全国普通高等院校毕业生就业协议书》（以下简称"就业协议书"）是明确高校毕业生、用人单位和学校在毕业生就业工作中权利和义务的书面表现形式，是学校、学生本人、工作单位三方就毕业生离校后就业工作落实所签署的一种一式三份的协议书。就业协议书一般由国家教育部或各省、市、自治区就业主管部门统一制表，由学校发放，应届高校毕业生与用人单位达成就业意向后，必须签订就业协议书，它是国家教育部派遣证（报到证）发放的一个证明——毕业生只有签署了就业协议书，才能办理报到证（派遣证）。

4. 报到证制度

报到证全称"全国普通高等学校本专科毕业生就业报到证"（以下简称"报到证"），它是普通高校毕业生持有的有效证件，是由教育部统一印制、省级高校毕业生就业主管部门签发的，只有列入国家就业方案的毕业生才持有，是用人单位安排毕业生工作，并接转毕业生人事档案、户口的有效凭证。报到证对于毕业生只能一人一份，由其他部门印制或签发的报到证无效。报到证的报到期限为一个月（从报到证签发之日算起）。报到证是教育主管部门正式派遣毕业生的凭证，是毕业生到用人单位报到的凭证，是用人单位给毕业生落户、接管档案的重要凭证和依据。毕业生因未及时领取报到证或领取报到证后未按时间到单位报到，后果由毕业生本人负责。如果毕业生要离开原单位到新的单位工作，需要进行改派，在毕业生与原工作单位协商一致以后，由毕业生本人向学校就业指导中心提出申请，学校把改派所需材料上报省、市教育部门，待省、市教育部门批准后方能改派。毕业生改派的期限为毕业后一年之内，过期不能再办理改派。改派只能改一次，而且京外生源毕业生改派只能到京外的单位就业，不能改派到京内单位。毕业生办理改派手续需要将原就业报到证、就业协议书（一式三份）、原户口迁移证（涉及迁移户口的）、前单位的解约函、新单位的接收函和学生本人向学校递交的书面改派申请等材料同时交回学校，换取新的就业协议书，再重新签订就业协议后，按照原来的程序办理新的报到证和户口迁移证。

5. 劳动合同制度

劳动合同制是我国改革开放以后普遍实行的劳动用工制度。20 世纪 80 年代中期以来，随着《中华人民共和国劳动法》《中华人民共和国合同法》的施行，劳动合同制在中国各类企业当中广泛推行，直至 2008 年 1 月 1 日《中华人民共和国劳动合同法》的施行，我国的劳动合同制度得到更加全面的规范，劳动法律制度的不断完善，对于促进劳动关系规范有序发展具有重要的推动作用。

6. 人事代理制度

人事代理，是指在社会主义市场经济条件下，经组织人事部门批准或授权指定的人才服务机构（指政府人事部门所属人才交流服务机构），受单位和个人委托，运用社会化服务方式和现代化手段，按照国家有关政策和法规规定，为其代办的有关人事业务。简单地说，就是把"单位人"变成"社会人"，实现人事关系管理与人员使用分离，即单位管用人，而人事管理工作，如档案管理、计算工龄、评定职称、社会保险等由人才交流中心代管。人事代理制度使用人单位与被聘用人员只受双方签订的聘用合同的约束。用人单位有充分的用人自主权，而劳动者则享有充分的择业自主权和流动的权利，真正实现了从"单位人"到"社会人"的转变。

7. 失业登记制度

在法定劳动年龄内，有劳动能力和就业要求，处于无业状态的城镇常住人员，可以到公共就业服务机构进行失业登记。失业人员凭失业登记证明享受公共就业服务、就业扶持政策或按规定申领失业保险金。失业登记的具体程序和失业登记的证明样式，由省级劳动保障行政部门统一规定。毕业生毕业半年以上未能就业并要求就业的高校毕业生，可持学校证明到大学前户籍所在地城市或县级劳动保障部门办理失业登记。

8. 就业见习制度

根据2006年3月22日人事部、教育部等联合发出《关于建立高校毕业生就业见习制度的通知》的文件精神，就业见习制度是为了帮助回到原籍的、尚未就业的高校毕业生实现就业而推出的政策，类似实习制度。相关部门每年将组织没有就业的高校毕业生到基地参加见习，同时为见习高校毕业生提供免费就业服务。

三、高职大学生就业政策

国家关于高校毕业生就业的政策主要体现在两个文件中。一个是2002年3月4日印发的国务院办公厅19号文件，即《国务院办公厅转发教育部等部门关于进一步深化普通高等学校毕业生就业制度改革有关问题意见的通知》，另一个重要文件是2002年10月14日印发的教学〔2002〕16号文件，即《教育部公安部人事部劳动保障部关于切实做好普通高等学校毕业生就业工作的通知》。这两个文件的内容体现了现在及今后一段时期高校毕业生就业工作的国家主要政策；另外每年国务院都会下发关于进一步加强和改进高校毕业生就业和创业工作的通知，针对最新的形势对高校学生的就业工作提供指导性意见。高职毕业生在国家就业方针政策指导下，通过"供需见面、双向选择"自主择业。已落实工作单位的毕业生国家负责为其办理就业手续，在规定时间内未落实工作单位的毕业生，学校将档案、户口转回其家庭所在地，由当地毕业生就业指导服务机构帮助推荐就业。具体的就业政策如下：

1. 定向生就业政策

定向生原则上按入学时合同就业。如确因特殊情况不能回原定单位就业的毕业生，须征得原单位的同意报就业主管部门批准，在交纳相关的违约金和培养费后，可调整就业单位。

2. 结业生就业政策

结业生就业必须在就业报到证上注明"结业生"字样。在规定时间内，未联系单位的，其档案、户籍关系转至家庭所在地（家住农村的保留非农业户籍），自谋职业。已被录用的结业生，在国家财政拨款单位就业的，其工资待遇按照国务院有关文件规定，比国家规定的普通高校毕业生工资标准低一级。结业生在一年内补考及格换发毕业证书者，国家承认其毕业资格，工资待遇从补发证书之日起按毕业生对待。

3. 肄业生就业政策

学校发给肄业证书，将其户口、档案转回生源所在地，国家不负责对肄业生办理就业手续。肄业生自谋职业。

4. 毕业生自费出国留学的政策

毕业生可以申请自费出国留学，申请自费出国留学的毕业生不参加就业，凭国（境）外大学的录取通知书，在学校规定的期限内提出申请，经学校教务处和毕业生就业管理部门审核同意后，不列入就业计划。毕业生集中离校时未办妥手续的，原则上将其户口转至家庭所在地，继续办理出国手续。

5. 患病毕业生就业政策

患病毕业生不能坚持正常工作的，让其回家休养。一年内治愈的（须经学校指定县级以上医院证明能坚持正常工作的）可以随下一届毕业生就业。一年以后，仍未痊愈或无用人单位接收的，户籍关系和档案材料转至家庭所在地，由其自谋职业。

6. 志愿服务西部计划、服务基层的高职毕业生就业政策

国家鼓励高职毕业生到西部、基层、农村、中小企业去就业。国家规定对于原籍在中、东部的大学毕业生到西部工作，实行来去自由政策，高职毕业生可提前定级，放宽专业技术资格、职务评定标准，并根据实际情况适当提高工资标准。按照先行试点、逐步推广的方式，公开招聘高校毕业生担任农村、社区基层组织管理职务，如村（居）党支部书记助理、村（居）委会主任助理等，工作一段时间后，可通过法定程序安排担任其他职务，给予适当的生活补贴。

7. 服务国家发展战略、参与国际交流合作的就业政策

国家鼓励高校围绕"一带一路""长江经济带""京津冀协同发展"等国家重大战略，主动对接人才需求，向重点地区、重大工程、重大项目、重要领域输送毕业生。抓住实施"中国制造2025""互联网+"行动计划等契机，引导毕业生到先进制造业、现代服务业和现代农业等领域就业创业。鼓励有条件的高校结合国际组织人才需求，开展培养推送高校毕业生到国际组织实习任职，将国际组织基本情况、招聘要求、职业发展路径等内容，纳入大学生就业指导教材和课程。为毕业生到国际组织实习任职和参加志愿活动等，提供信息、咨询、培训等服务。

8. 持续做好大学生征兵工作

各地各高校要主动会同兵役机关，组织开展征兵政策咨询周、宣传月等活动，对高校毕业生、在校生和新生等不同群体开展广泛宣传动员。在高校放暑假前对体检、政考合格的学生发放"大学生预定兵通知书"。落实好"退役大学生士兵"专项硕士研究生招生计划以及学费资助、复学升学等优惠政策。加强高校大学生征兵机构建设，在人员、场地、经费等方面予以保障。

9. 对就业困难的高职学生进行职业资格培训

为了提高高职学生的就业能力，教育部、人力资源和社会保障部正在继续实施"高职院校毕业生职业资格培训工程"，对就业困难或需要培训的应届高职毕业生进行职业技能培训和职业技能鉴定。培训有关费用主要由教育系统承担，职业技能鉴定费由劳动保障部门适当减免。

10. 自主创业鼓励政策

国家鼓励和支持高职毕业生自主创业。从事个体经营和自由职业的毕业生，可将档案存放在其常住地经人事部门授权的人才交流机构或县级以上政府授权的公共职业介绍机构，并按当地政府的规定，到社会保险经办机构办理社会保险登记，缴纳社会保险费。为鼓励和支持高校毕业生自主创业，工商和税收部门要简化审批手续，积极给予支持。凡高校毕业生从事个体经营的,除国家限制的行业外,自工商部门批准其经营之日起1年内免交登记类和管理类的各项行政事业性收费。2015年,国务院印发《关于进一步做好新形势下就业创业工作的意见》中指出,营造宽松便捷的准入环境,深化商事制度改革,年内出台工商营业执照、组织机构代码证、税务登记证"三证合一"改革意见,实现"一照一码",推动"一址多照"、集群注册等住所登记改革。培育创业创新公共平台,加快发展众创空间,鼓励提供适当补贴和成本较低的场所。拓宽创业投融资渠道,加快设立国家中小企业发展基金和国家新兴产业创业投资引导基金。支持创业担保贷款发展,将小额担保贷款调整为创业担保贷款,最高额度统一调整为10万元,个人贷款在贷款基础利率基础上上浮3个百分点以内的部分由财政贴息。加大减税降费力度,将企业吸纳就业税收优惠的人员范围由失业一年以上调整为失业半年以上,推广职工教育经费税前扣除等试点政策。调动科研人员的创业积极性,支持高校、科研院所等专业技术人员在职和离岗创业,对经同意离岗创业的可在3年内保留人事关系。鼓励农村劳动力创业,整合创建一批农民工返乡创业园。对劳动者创办社会组织、从事网络创业的,给予创业扶持政策。

11. 对生活困难的高职毕业生实施临时救助

困难毕业生求职创业补贴的对象范围扩展到获得国家助学贷款的毕业生。对高职毕业生因患病等原因短期无法就业且生活困难者,可由该生生源所在地民政部门参照当地低保标准给予临时救助。申请临时救助,应按照最低生活保障的申请办理审批程序。救助期不超过1年。1年后家庭仍有困难的,可按有关规定申请享受最低生活保障或其他社会救济。对于滞留高校尚未办理户籍迁移的困难毕业生,民政部门不予受理。

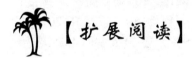

国家最新大学生就业政策

一、鼓励高校毕业生到基层和艰苦地区工作。各级政府要为高校毕业生创造工作条件,主要充实城市社区和农村乡镇基层单位,从事教育、卫生、公安、农技、扶贫和其他社会公益事业。在艰苦地区工作2年或2年以上者,报考研究生的,应优先予以推荐、录取;报考党政机关公务员和应聘国有企事业单位的,同等条件下,应优先录用。

二、党政机关录用公务员和国有企事业单位新增专业技术人员和管理人员,应主要面向高校毕业生,公开招考或招聘,择优录用。

三、鼓励各类企事业单位特别是中小企业和民营企事业单位聘用高校毕业生,政府有关部门要为其提供便利条件和相应服务。对企业跨地区聘用的高校毕业生,省会及省会以下城市要认真落实有关政策,取消落户限制。

四、鼓励高校毕业生自主创业和灵活就业。凡高校毕业生从事个体经营的,除国家限制的行业外,自工商部门批准其经营之日起1年内免交登记类和管理类的各项行政事业性收费。有条件的地区由地方政府确定,在现有渠道中为高校毕业生提供创业小额贷款和担保。

五、为高校毕业生办理户口和人事档案手续提供便利。对毕业离校时未落实工作单位的高校毕业生,本人要求户口和人事档案保留在学校的,按规定可保留两年。在此期间,档案管理机构对保管其档案免收服务费用；本人要求将户口转回入学前户籍所在地的，公安机关应当按照户籍管理规定为其办理落户手续，人事、教育部门所属人才交流服务机构负责办理相关手续，人事部门所属人才交流服务机构免费提供人事代理服务。本人落实工作单位后，公安机关按有关规定办理户口迁移手续。

六、毕业半年以上未能就业并要求就业的高校毕业生，可持学校证明到入学前户籍所在城市或县劳动保障部门办理失业登记。劳动保障部门所属的公共职业介绍机构和街道劳动保障机构应免费为其提供就业服务。对已进行失业登记的高校毕业生，有条件的城市、社区可组织其参加临时性的社会工作、社会公益活动，或到用人单位见习，给予一定报酬。对于因患病等原因短期无法工作并确无生活来源者，由民政部门参照当地城市低保标准，给予临时救助。此项费用由地方财政列支。

七、鼓励中小企业和民营企事业单位聘用高等职业学校（大专）毕业生，对就业困难的应届高职（大专）毕业生，由人力资源和社会保障部门、教育部门共同实施"高职（大专）毕业生职业资格培训工程"，对需要培训的应届高职（大专）毕业生进行职业技能培训和职业技能鉴定。培训费由教育系统承担，职业技能鉴定费由人力资源和社会保障系统适当减免。

第三节　就业形势及现状

麦可思中国大学生就业研究课题组公布的《2017年中国高职高专生就业报告》显示，2016届高职高专生毕业半年后的就业率为91.5%，与2015届（91.2%）基本持平。从去向分布来看，2016届高职高专毕业生"受雇全职工作"的比例为80.7%，较2015届（80.5%）提高了0.2个百分点，"毕业后读本科"的比例为4.9%，较2015届（4.7%）提高了0.2个百分点。

从就业率来看，高职高专院校2016届毕业生毕业半年后的就业率（91.5%）与2015届（91.2%）2014届（91.5%）基本持平。2016届泛长江三角洲区域经济体高职高专院校毕业生毕业半年后的就业率最高（93.9%），且三年持续上升；西部生态经济区最低（85.1%），且三年连续下降。

从职业分析来看，2016届高职高专生毕业半年后从事最多的职业类是"销售"，就业比例为10.8%，其次是"财务/审计/税务/统计"（10.0%）。与2014届相比，2016届高职高专毕业生就业比例增加较多的职业类为"金融（银行/基金/证券/期货/理财）"（增加1.5个百分点）；就业比例降低最多的职业类为"机械/仪器仪表"，降低了2.0个百分点。从三届的就业趋势中可以看出，在就业比例较大的职业类中，高职高专毕业生从事"金融（银行/基金/证券/期货/理财）"和"美术/设计/创意"职业类的比例逐届增加，从事"机械/仪器仪表"和"机动车机械/电子"职业类的比例逐届降低。

从用人单位分析来看，"民营企业/个体"（60%）是2016届大学毕业生就业最多的用人单位类型，本科院校中有53%的毕业生就业于"民营企业/个体"，高职高专院校中有68%的毕业生就业于"民营企业/个体"。

从行业分析来看，2016届高职高专生毕业半年后就业最多的行业类是"建筑业"（12.4%），其次是"金融（银行/基金/证券/期货/理财）业"（增加1.7个百分点）和

"媒体、信息及通信产业"（增加1.2个百分点）；就业比例降低最多的行业类是"交通工具制造业"，降低了1.7个百分点。从三届的就业趋势可以看出，在就业比例排名前十位的行业类中，高职高专毕业生在"教育业"和"各类专业设计与咨询服务业"行业类就业的比例逐届增加，在"电子电气仪器设备及电脑制造业"和"其他服务业（除行政服务）"行业类就业的比例逐届降低。

从薪资状况来看，高职高专院校2016届毕业生的月收入（3 599元）比2015届（3 409元）增长了190元，比2014届（3 200元）增长了399元。从近三届的趋势可以看出，大学生毕业半年后月收入呈现上升趋势。2016届高职高专毕业生月收入在6 000元以上的比例为7.0%，比2015届（5.7%）高1.3个百分点；月收入在1 500元以下的比例为2.0%，低于2015届（2.8%）。与2015届相比，2016届高职高专毕业生在各规模用人单位就业的月收入都有所上升。2016届高职高专生毕业半年后在泛长江三角洲区域经济体就业的月收入最高，为3 821元。

《2016年中国高职高专就业报告》显示，我国2014—2016年大学生毕业半年后自主创业比例分别为2.9%、3.0%和3.0%，基本持平。其中2016届高职高专毕业生半年后创业比例为3.9%，比本科毕业生2.1%高1.8个百分点。麦可思还对2013届大学毕业生创业情况进行了统计，结果显示，2013届高职高专毕业生半年后创业率为3.3%，比本科生1.2%的创业率高2.1个百分点，三年后高职高专毕业生创业率为8.0%，比本科生3.8%的创业率高出4.2个百分点。从数据来看，近三年来，大学毕业生创业比例比较稳定，且高职高专毕业生的创业比例比本科毕业生的创业比例大。

对于高职大学生而言，求职择业是实现其走出校门、步入社会的必经过程，也是开启毕业生美好生活的关键阶段。在这人生转折的关键时期，广大毕业生要注重审时度势，了解社会现状，尊重客观规律，正确认识就业形势，客观评价就业形势。

一、大学生就业宏观形势分析

1. 全球就业形势低迷

根据国际劳工组织的研究报告显示：全世界30亿经济活动人口中，失业人口超过5亿，不充分就业人口有7.5亿~9亿，中国作为发展中国家如同大部分发展中国家一样，就业形势依然严峻。同时"入世"对中国的劳动力市场造成短期冲击。受职业技能、求职经验和摩擦性失业等因素的影响，青年人失业率较高是一种比较普遍的现象。大学毕业生作为新进入劳动力市场的青年劳动力的一部分，通常都不是100%的就业。

2. 国内就业结构总体不平衡

一是地理不平衡性。我国地域广阔，人口聚集程度不均、地区各种因素差异明显决定着我国的就业形势在不同地区的差异性，人才需求也因而显出一定的地区差异。二是结构性矛盾突出，买方市场形成，长短线的矛盾一时难以根本解决，不同学科、不同专业就业乐观度差异明显。

3. 社会人才总体上供不应求，就业空间广阔

就人才供求关系的总量和格局而言，我国的高校毕业生远远没有达到"饱和""过剩"的程度。人力资源和社会保障部就业司在其官网向社会公开发布《2016年第二季度部分城市公共就业服务机构市场供求状况分析》。其中指出，2016年二季度就业市场，岗位需求和求职人数均同比减少。同时发布的"全国十大城市岗位需求和求职排行榜"显示，监控的10个城市里，有9个城市第三产业的用人需求最大，其中有城市急需机动车驾驶人员，岗位需求与求职人数比达到10∶1。报告显示，从供求对比看，用人单位通过公共就业服务机构招聘各类人员约497万人，进入市场的求职者约472万人，岗位空缺与求职人数的比率约为1.05。这也就是说，每100个求职者对应的是105个空缺岗位。据中国人民大学中国就业研究所所长曾湘泉介绍，相关研究表明，2016年二季度的就业，新经济的特征表现明显。曾湘泉介绍，在互联网电子商务领域，平均1个求职者可以有11.47个岗位，而在过剩产能如能源矿产领域，平均1个劳动者只有0.24个岗位。"有人没事干"和"有事没人干"的情况同样严重。研究表明，目前我国各地区高等教育人口比重的实际值均低于预期经济发展水平相当的国家的平均水平，我国各地区对高等教育人口的潜在需求空间仍较大。

4. 非公有制经济单位的用人需求急剧增加

非公有制经济作为社会主义市场经济的重要组成部分，正在飞速发展，已在国民经济领域中占有越来越大的比重。特别是在北京、上海、广东以及东南沿海等地区，随着经济的飞速增长，对大中专院校毕业生的需求量急剧增加。目前非公有制单位对人才的需求量已经超过了国有单位。

二、高职大学生就业特点

高职院校的毕业生在就业市场上与普通高等院校毕业生相比有一定的优势：一是专业密切结合市场的需要；二是学生动手能力比较强；三是学生的就业观比较恰当。这就造成了高职院校学生的就业率逐渐赶上本科院校的趋势。根据就业市场的调查，高职高专学生的就业特点主要有以下几个方面：

1. 类型特征明显：技术类普遍抢手，文科类竞争激烈

2016年的应届毕业生就业情况如何？据江苏科技大学学工处副处长仲崇光介绍，江苏科技大学依托船舶行业背景，早在去年12月通过大企业的校招，与船舶有关专业的毕业生便有了就业意向。毕业生青睐广州、上海、大连、青岛等船企集中的城市，尤以广州、上海等沿海经济发达城市为主。不过，今年前往重庆、武汉等中西部地区企业的就业人数也在增多。"目前船舶与海洋、自动化、材料等专业的毕业生就业情况较好，比较困难的是文科类学生。"仲崇光说。在某招聘会现场，记者看到，招聘岗位中以理工科、技术类为多，而且招聘人数也较多。当天进场参加招聘的毕业生多数是没有找到工作的文科生，还有一批考研、考公务员落榜的学生。部分学生虽有了初步就业意向，但仍希望寻找更好的就业机会。材料专业的研究生蒋诗旭表示，希望能找到和专业相关的岗位，这样可以将在读研期间的专业知识和技能用上去，"当然薪酬也是要考虑的重点"。

2. 整体走势明朗：非国有企业成为就业主渠道

越来越多的大学毕业生走向了三资企业、中小企业等非国有企业。我国正处在社会主义初级阶段，是以公有制为主体，多种所有制并存的经济模式。大多数毕业生能够适应这一情况，择业时不再紧紧盯着行政事业单位、国有大中型企业，同时也面向外资企业、民营企业、个体企业，部分同学已经开始自主创业。

3. 产学途径渐趋畅通：订单培养渐成强势

部分高职毕业生在正式进入就业市场之前，已被学校与有关企业合作实施的"订单教育"所接收。"订单培养"数量逐渐放大，专业覆盖面逐步加宽；时间开始前移，即由过去二、三年级移至一年级或在招生时即签订订单；特点突出、技术含量高、应用性强的"订单"教育（工科类订单数量遥遥领先）更为普遍。

4. 观念得以改变：就业环境不断改善

党和政府根据严峻的就业形势，出台了一系列有利于毕业生就业的政策和举措，如毕业生择业期延长为两年，要求各地政府和高校将毕业生就业当作"一把手"工程切实抓好等。各高校也意识到学生就是自己的"产品"，不仅重视"生产"过程，同时也重视"产品"的推销。因此，普遍开设了就业指导课，对学生进行就业观、就业技巧、就业心理准备等方面的教育、指导，并主动与用人单位联系，举办就业招聘会、介绍学生就业、进行订单式教学等。当前毕业生就业环境正在不断改善。

近年来，由于高职高专毕业生实践能力强、适应快、用得上、留得住，受到用人单位的普遍欢迎，总体就业率逐年提高，而且就业途径多种多样，如通过招聘会、学校推荐、网上求职、亲友引荐、职业中介、自主创业、公务员考试、出国等。毕业生可以根据自己的情况，通过适合的渠道进行择业。

三、高职大学生就业的机遇

在就业问题上，不正视就业形势的严峻性、人才竞争的激烈性，盲目乐观是危险的，但因此丧失信心，看不到高职学校毕业生潜在的就业机遇也是不正确的。从国家的经济走势与就业政策导向的角度，用突破传统就业模式的眼光看待问题，用发展的思路来解决问题，我们就会发现，高职院校毕业生就业虽然面临巨大的困难和挑战，同时，也蕴藏着极大的人才需求潜力和就业机遇。

1. 经济持续增长为高职毕业生创造了广阔的就业机会

改革开放40年来的巨大成就和国民经济的持续、快速、健康发展，为我国的就业提供了越来越好的社会环境。特别是在珠江三角洲经济圈与长江三角洲经济圈，成千上万的三资企业创造了数千万新增工作岗位，为来自全国各地不同层次的劳动力，其中包括高职院校的毕业生就业做出了积极的贡献。这不仅缓解了我国的就业压力，同时也提升了我国劳动者的素质和能力。

随着我国工业化、城镇化和经济结构调整的加速，人民生活水平的提高，一些新兴产业如雨后春笋般不断涌现，特别是第三产业的大量发展，创造了众多的各种类型的就业岗位，满足了不同层次的就业需求。

随着我国社会组织形式、就业结构、社会结构的变革加快，多种灵活的就业形式有了较大的发展，如全日制工、季节工、短期工、临时工、计时工、计件工、轮换工以及弹性工作制等。这些灵活的工作形式，可以满足社会上多样性用工需求，同时可以使人们灵活地选择就业。有利于充分挖掘潜在的就业岗位，有利于增加就业机会。

随着我国国民经济的高速发展，中、西部地区的经济和工业、产业也逐步得到了发展和壮大，尤其是西北地区的能源开发，使中西部地区迅猛地崛起，它将是我国今后人力资源和高技术劳动者的聚集地，当然也就会成为高职毕业生的用武之地了。据乐观的估计，中西部地区在未来将会有第二次"三线"辉煌时期的到来。目前我国西部地区每万人口专业技术人才数只相当于全国平均水平的60%，西部地区对高新技术人才、外向型经济类人才、高层次管理人才、复合型人才的需求量很大。今后我国西部地区人才总量将从目前的1 100万人增加到1 500万人，专业技术人员从目前的760万人增加到1 000万人。西部是高职生未来就业的新舞台。

2. 就业政策的走势和政府的扶持，更利于毕业生就业和创业

据测算，2015年至2020年，职业学历教育规模将从1 430亿元增加至1 761亿元，CAGR（复合年均增长率）为4.2%，而职业非学历教育规模将从3 106亿元扩大至9 859亿元，增幅逾200%，CAGR达26.0%，近万亿元的培训市场正蓄势待发。

职业教育的高速成长取决于供给、需求的双重推动。从供给端看，政府在政策和资金层面均大力支持职业教育发展。国务院于2010年4月发布《国家中长期教育改革和发展规划纲要（2010—2020）》（以下简称"《纲要》"），提出大力发展职业教育，并鼓励职业教育办学模式改革，强调政府统筹、校企合作、集团化办学原则，为后续职业教育政策的推出奠定了总体基调。此后国务院、教育部陆续对职业教育发展方向以及鼓励社会力量参与办学的原则进行了细化和强调，从政策层面为职业教育，尤其是民办职业教育的快速发展提供了有力支持。

与政策面支持相配合的是资金面上政府对于职业院校的财政支出不断增加。自2010年《纲要》发布以来，政府不断加大教育支出力度，在职业教育领域的投入规模也快速增长。2010年至2015年，全国在高等职业教育领域的公共财政支出由311.92亿元扩大到792.95亿元，增幅达154%，CAGR达20.5%，而同期在整个教育领域的公共财政支出CAGR为16%，一定程度上反映了政府对于职业教育支持力度的侧重。

从就业情况看，根据北京大学教育学院对全国高校毕业生所做的调查，专科生的毕业落实率在各学历阶段中最高，因此单纯从就业角度看，职业教育优势相对明显，如果进一步将不同本科批次的就业率差距纳入考虑，职业院校很大程度上能够提供相较于三本院校更为确定的就业保证，因此更具竞争力。另外在激烈竞争下，强化个人能力和职业匹配度尤为重要，从而培育了职业培训的庞大市场。职业培训需求可分刚性需求和弹性需求。刚需包括法律职业资格考试、教师职业资格等职业资格认证考试以及公务员考试、银行等行业的招录考试，这类考试构成就业的显性门槛，催生了相应求职人群的培训需求。弹性需求则针对个人职业素质提升及相关技能的培养，例如IT培训及各类公开课项目。此类培训不涉及准入资格等强制性要求，但在日趋激烈的职场竞争中已成为求职者和职场人士拓宽职业选择空间、打开上升通道的普遍选择，需求量同样不断增长。

需求拉动的另一个因素是部分景气行业存在用人缺口，从而对职业教育的部分专业起到正向拉动作用，其中尤以IT行业最为明显。据统计，2013—2015年，软件产业收入由30 587亿元增至42 848亿元，CAGR为18.4%，行业利润由3 831亿元增至5 766亿元，CAGR为22.7%。相比之下，同期从业人员从470万人增至574万人，CAGR为10.5%，尽管增速较快，但远低于行业规模增长。而从猎聘网给出的人才供求指数看，2015年IT/互联网行业供求缺口最大，说明IT产业的高景气度催生的用人需求并未被充分满足。而从人才培养的角度看，IT行业人才培养周期短，尤其是基础的程序和设计人员，短则通过数月训练即可获得从业技能，培训机构可通过针对性强、标准化的项目迅速量产人才，弥合供求缺口。

3. "技工荒"折射社会对高职教育的需求

近年来，我国高级技工人才紧缺的矛盾日益突出。我国劳动力市场出现了严重的技工、高级技工人才短缺，有关人士将之称为"技工荒"现象。"技工荒"就像传染病一样，在各地蔓延：经济发展迅猛的珠三角、长三角地区高技能人才短缺；传统老工业基地东北技能人才短缺；北京5年内技能人才的缺口近40万；天津每年对技能人才的需求缺口达28万；新疆5年内急需技工100万名。有数据显示，我国技术工人中，初级工占61.5%，中级工占35%，高级工仅占3.5%，而在西方国家高级工占技术工人比例通常要超过35%，中级工占50%，初级工占15%。

根据有关资料显示，我国技能劳动者需求总量将增长20%~25%，特别是技师、高级技师的需求将翻一番。目前高级工的缺口高达数百万人，高等职业教育服务于社会经济发展的空间非常广阔。

另据国际劳工组织的报告说，每年大约有5 000万个以上国际劳工岗位面向亚洲国家，但我们国家只能提供大约50万个国际劳工，还有数千万个岗位被其他东南亚国家瓜分。而这些，都是我们高职毕业生能够有所作为的空间和舞台。

四、"就业难"与"招聘难"

目前，社会中出现大学生就业难和用人单位招聘难的两难局面，这看似不正常的现象，却有其深层次的原因：

1. 高等教育大众化，毕业生逐年增多

2010年至2015年，高职院校数量始终保持小幅增长，在校生人数也基本维持增长趋势。教育部在2014年提出的《现代职业教育体系建设规划（2014—2020年）》中提出到2015年高等职业教育达到1 390万人、到2020年达到1 480万人。2015年实际在校生1 048.61万人，已经与规划目标产生逾340万人的缺口，从当前在校生增速情况看，至2020年要达到预期目标有很大难度。我们认为当前学历职业教育存在较为明显的"普通化"现象，教学体系及培养目标未能与普通高等教育实现足够区分，因此在普通高校扩招，且二、三本酝酿合并的趋势下，职业院校吸引力有所下降。因此要扩大招生规模，应进一步强化其培养高素质实用人才的教育导向，突出"职业"色彩，同时规范和完善教学体系，增加就业针对性，以提高毕业生就业优势。相比学历职业教育，职业培训由于受众广、周期短，在当前毕业生就业压力不断加大的情况下，市场刚需旺盛，成长空间更加广阔。

教育部有关统计数字显示，2013年全国大学毕业生超过699万人，2014年达到727万人，2015年达到749万人，2016年达到410万人。教育部2017年7月10日发布《2016年全国教育事业发展统计公报》显示，2016年，我国高等教育毛入学率已达42.7%，比2012年增长12.7%。预计到2019年，我国高等教育毛入学率将达到50%以上，这意味着我国提前进入高等教育大众化时代了。

有关专家认为，虽然当前我国大学毕业生就业难情况比较严重，但这并不意味着大学毕业生总量已经过剩。在美国，接受过高等教育的人数占全国人口数量的35%，日本是23%，而目前中国只有5%，如此低的比例，为什么我国每年仅几百万的大学毕业生就会出现"就业难"呢？是应该反思一下我国高等教育的培养模式了。

2. 专业和市场脱钩,"毕业就失业"

如今比较好就业的专业为工科类和财经类专业,而生物、历史等专业就业情况不容乐观。选好专业对考生以后的就业可是非常重要的。有一个曾经风光无限,如今却很尴尬的专业,那就是新闻学或者叫作新闻与传播学。新闻学专业,顾名思义就是学习新闻相关知识以后从事新闻工作的专业,曾经我国媒体处于垄断状态,新闻学这个专业也成为文科专业里面的香饽饽,高考录取分数居高不下。毕业生有的进入电视台,有的进入报社,工作体面,工资也高,让人好生羡慕。然而随着互联网的发展,曾经风光无限的纸质报纸媒体逐渐衰落,很多面临倒闭。新媒体的崛起更是让传统媒体的日子越来越难过,新媒体尤其是自媒体时代,打破了传统媒体对新闻信息的垄断,没有了垄断地位的传统媒体面临的竞争越来越大,很多没有竞争力的传统媒体只能"奄奄一息",相关从业人员的日子也越来越不好过,新闻专业的就业情况也相应大大不如从前。以往非常"吃香"的外贸、金融、法律、会计等专业也趋于饱和,毕业生找工作困难较多,如果不及时考虑"改行",很容易"毕业就失业"。

毕业生的专业构成与市场需求错位,是制约毕业生就业的第一因素。现在高校在专业设置上有一定的盲从性和随意性,一味开设所谓"热门专业",致使专业趋同现象十分严重,供给大大超过需求。

3. 用人单位唯学历、唯牌子现象十分突出

现在的用人单位对人才评价多不完善。国际化公司有自己的用人评价体系,强调能力,强调业绩,虽然也考虑人才的学历和职称,但更看重学生的综合能力和专业水平。而我国很多用人单位还在按研究生、本科生、专科生的标准来看待学生,即使使用国际评价体系,也是很看重学生的面试成绩,不重视学生自身的综合能力。

此外,用人单位在人才使用上存在"高消费"现象,一些高校也遇到过招聘单位选学校的牌子,非重点名牌高校不予考虑的歧视政策,但实践证明普通院校虽然不如其他重点高校,但很多专科生的动手能力不亚于其他学校的本科生,应用型的高职高专毕业生的综合能力也具有明显的用得上、留得住的优势。

4. 有业不就,大学生就业期望值普遍偏高

2016届毕业生小王来自云南罗平,直到当年3月份他还未落实工作单位。笔者去参加国家医药管理局的供需见面协调会,顺便将他的应聘材料带去帮他落实单位。刚好罗平有一家制药厂要他,专业对口,又是家乡,然而他本人的择业意向却是:单位地点必须在昆明市,至于到昆明的什么单位、具体做什么工作都无关紧要,除此以外,什么单位都不考虑。在这种心态下,结果自然难以如愿。由此可见现在部分大学生择业的盲目性。

对于这种现象,一些大学生是这样认识的:现在一个大学生要完成学业付出的教育成本要几万元,学生本人和学生家长的就业期望值哪能不高呢?对于家庭经济宽裕的学生而言,找不到好的就业岗位还可以在挑选中等待,甚至走升本之路推迟就业。可是对于经济条件较差的家庭而言,供养子女上大学可是一个沉重的经济负担,怎么能不想找份好工作以图回报呢?

中国科学院心理研究所的研究员分析认为,由于我国的高等教育长久以来延续着"精英教育"的模式,在大学生当中普遍存在着"精英就业"的观念,大家都想到大城市或者沿海发达地区去就业，都不甘落后，要找热门的、高薪的、体面的、受人尊敬的工作岗位，从而导致求职应聘范围过于集中、竞争激烈的情况，以致形成大学生就业难的"假象"。实际上从全国范围来看，各地区、各行业的人才缺口客观存在，有的企业急需的应用型、技能型人才就是招不进、留不住。我国广大的农村地区、边远地区、西部地区对大学生的需求量非常之大，可供大学生施展个人才能的空间也很广阔，可是很多大学生就是不愿意去那些地方就业。

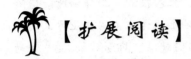

【扩展阅读】

解读就业新名词

近年来，高校毕业生就业已成为全社会关注的焦点，国家和高等学校对毕业生就业工作的重视提高到了前所未有的高度，由此催生了一些新名词。这些现象在高职学生就业的过程中或多或少会碰到，对这些新概念、新名词我们也应该随着时代的发展有自己的准确把握。

一、视频简历

视频简历是2004年左右在大学生就业中出现的名词，甚至有大学生靠视频简历赚了人生的第一桶金。

所谓"视频简历"，是通过专业的摄像器材，在一定时间内把个人的言谈举止等摄录剪辑，为个人和企业提供一种全新的沟通方式。它避免了以往简历那种千篇一律、不够形象生动的缺点，往往能出其不意得到面试的机会。

其实，视频简历这种方法在国外已经相当普及。但与国内不同的是，国外的应聘者通常是把自己过去的项目经历拍成录像供面试人员参考。而国内制作DV的大部分都是简单的个人形象展示，充其量只是给面试人员一个感性认识。

视频简历同样需要材料的积累，最好在大学期间能够有相关的成功经历作为基础，这样在面试时进行剪接，才能凸显出"视频简历"的优势。建议要根据所选择的单位的不同，考虑是否适合用视频简历。

二、零工资就业

所谓"零工资"，就是白干不拿钱。一些毕业生担心用人单位不予接纳，于是为了先获得就业机会，不惜付出"零工资"的代价。这是在2008年比较突出的一种现象，与经济危机带来的就业难有很大的关系，同时也体现出大学生在就业中的弱势地位。

"零工资就业"虽然是一种短期的行为，但对于竞争中不具优势的同学，通过"零工资就业"可以取得社会经验，提高竞争力，最终找到薪水合适的工作。在某招聘网站所做的调查显示，70%的企业表示不接受零工资的求职者，主要原因是大学生零工资就业不符合劳动法有关最低工资的规定。"有劳动就有报酬"这是最基本的社会伦理，按劳取酬也是劳动法最基本的要义。如果有大学生愿意接受零工资就业，那是他个人的选择，但必须选择正规的单位，否则可能被黑心雇主钻空子，沦为他人的免费劳动力，而且会加剧大学生贬值，容易造成恶性竞争，这对于整个就业市场的规范也是不利的。

三、灵活就业

据人力资源和社会保障部规定，灵活就业是指在劳动时间、收入报酬、工作场所、保险福利、劳动关系等方面不同于建立在工业化和现代工厂制度基础上的传统主流就业方式的各种就业形式的总称。灵活就业主要有以下几种类型：非正规部门就业，即劳动标准（劳动条件、工时、工资、保险福利待遇）、生产组织管理及劳动关系运作等均达不到一般企业标准的用工和就业形式，主要是指小型企业、微型企业和家庭作坊式企业；独立于单位之外的就业形式，包括自雇型就业，有个体经营和合伙经营两种类型；自主就业，如自由职业者、律师、自由撰稿人、歌手、模特、中介服务工作者等；临时就业，如家庭小时工、街头小贩、其他类型的打零工者。

国家鼓励高校毕业生灵活就业，有关部门已制定出相关保障措施，如基本医疗保险、档案托管等，以确保高校毕业生在选择灵活就业的同时，没有后顾之忧。

四、父辈就业

大学毕业生的就业竞争，正在逐渐演变为其父辈所掌握的社会资源和财富实力的竞争。在高校毕业生就业上，孩子有出息没有用，关键是老子有出息。媒体把这种现象总结为"父辈就业时代"。

现实生活中，一些大学毕业生凭借父辈的"资源"与运作，轻而易举占据了令人羡慕不已的职位。而那些来自农村或贫困家庭的大学生们，却屡屡遭遇求职失利。在就业重压下渐渐呈现的"代际效应"，正在挑战着就业制度的公平性。

同样，也有学生因为靠父辈资源进了好单位，却因为是"关系户"而受到同事和领导的排挤，不受重视。所以，作为学生本人应理性面对父辈就业现象，作为家长，为了子女的成长，不应过多干涉其就业问题。而用人单位应从自身发展出发，规范招聘工作，用公正、公平、公开的原则挑选最合适的人才。

五、大学生民工

他们出身农村、考上大学、进入城市，毕业后与进城打工的父兄汇流，又重新站在了同一条起跑线上；他们与新生代农民工职业混同，工资相差无几，生活境遇同样是在城乡之间"漂浮"。对这样一个近几年涌现的年轻人群体，我们称之为"大学生农民工"。

由于学历不同，大学生农民工对城市的期望值更高，不仅为了生存，更为了发展；大学生农民工知识水平更高，发展空间更广阔，维权意识更强，精神需求更高。但现实是，由于体力劳动者稀缺，大学生农民工就业初期整体工资水平偏低，甚至低于新生代农民工。

大学扩招之后，大学生从"天之骄子"和社会精英变为普通劳动者，社会称他们为"收费精英化，就业普通化"。大学生农民工心态一定要稳定，看事情眼光要长远，实际上许多事情只要认真去干，凭他们的学识水平一定能干好。比如说，建筑工地上的工程预算员，如果取得了造价员证、造价工程师证，再有7年到8年的工作经验，年薪就能达到十几万元。

大学生农民工走到生产一线去，将大大提升中国产业工人的整体素质，提升"中国制造"的水平。

六、高技能人才队伍发展规划

中央组织部、人力资源和社会保障部于2011年6月发布《高技能人才队伍建设中长期规划（2010—2020年)》，这是中华人民共和国成立以来第一个高技能人才队伍发展规划，对于以培养高技能人才为目标的高职院校来说无疑在未来的发展中具有重要的指导意义。

建设高技能人才队伍的目标之一是高技能人才数量稳步增长，结构更加合理，素质明显提升。到2015年，全国技能劳动者总量达到1.25亿人，其中高级工以上的高技能人才达到3 400万人，占技能劳动者的比例达到27%左右。高技能人才每两年参加技能研修和知识更新不少于15天，拥有特殊操作法或技能革新、发明专利的高技能人才占所在单位高技能人才的比例不低于50%。到2020年，全国技能劳动者总量达到1.4亿人，其中高级工以上的高技能人才达到3 900万人，占技能劳动者的比例达到28%左右，高技能人才每两年参加技能研修和知识更新不少于30天，拥有特殊操作法或技能革新、发明专利的高技能人才占所在单位高技能人才的比例不低于80%。

高职院校的毕业生只要适应社会发展趋势，强化自身技能，提高综合能力，必将在就业中占有优势，进而在加快转变经济发展方式、促进产业结构优化升级、提高企业竞争力、推动技术创新和科技成果转化等方面发挥重要作用。

七、其他现象

毕婚族

大学毕业生从"毕业就分手"走向"毕业就结婚"。有调查显示，主动选择当"毕婚族"的人群中，女性占多数。她们要么是与大学恋人结婚，一起奋斗；要么是毕业后不着急找工作，而是积极相亲寻找未来老公，她们更愿意把目标放在事业有成、比较成熟的男士身上。就业压力下，希望通过结婚来共同分担生活压力，也算一种"曲线就业"了。

学士后

曾有北京政协委员建议，借用"博士后"模式，在企业建立"学士后""硕士后"制度，为毕业生设立两年见习期。此阶段内毕业生不算被企业正式录用，因此，也不必签署正式劳动合同。这样不仅能调动用人单位的积极性，也使毕业生在刚踏入社会时有个过渡适应期，同时缓解当前的毕业生就业压力。有人说，博士后面还可以设"勇士、圣斗士、烈士"。

考碗族

近年来，持续火爆升温的公务员考试在大学校园催生出这一特别的族群。考上中央国家机关公务员被称为"金饭碗"，直辖市省级公务员是"银饭碗"，地市级是"铜饭碗"，镇街道一级最起码也是"铁饭碗"。

海投

不加选择地向各大公司发出简历，这种做法被求职学生们戏称为"海投"。这也是BBS上的一个高频词。经常参与"海投"的，被称为"投霸"。"海投"中戏谑性的口号是："今天不海投，明天就投海。"

网申

即apply online（网络在线申请），一些公司以此来收集简历和初步筛选应聘者。如今，很多大牌公司（如可口可乐、联合利华、宝洁）都是通过这种方式招聘。通过烦琐的申报程序，考验求职者的诚意和耐心。

面霸

指那些常常去面试找工作的人；也有说是没有获得面试通知，却强行参加面试的求职者。获得面试机会比较多的人，毕竟是令毕业生羡慕的，因为有面试机会也是一种能耐。这个群体又衍生出新词"霸王笔"，即未接到笔试通知，直接前往考场要求给予机会。

拒无霸

指那些虽然多次面试不成功，但仍不气馁者。从以往崇拜有无数面试机会的"面霸"转而崇拜百折不挠的"拒无霸"，应届毕业生的心理状态正起着微妙的变化。

面经

求职者把面试经验发布在网上供他人参考。每年毕业生求职期间，此类帖子都成倍增加，成功的应聘经验、精彩绝伦的回答还会被整理收录到论坛精华区。

群殴

一对多的面试。一些公司在面试时，让一组学生坐在一起，以团队为单位让大家讨论一个问题，最后得出一个解决方案。有的人做领导，有的人做组员。这种面试模式被戏称为"群殴"。

E面

很多企业收到简历后，为了在面试前做进一步的筛选，往往会打电话核实求职者的背景、语言表达能力及沟通技巧。由于电话来得突然，许多毕业生往往处于被动状态。同时，又衍生出新词"E面"，即网络视频面试。

高等教育由精英化向大众化的转变，是社会发展和国民素质提高的要求和重要标志之一。与此相适应，大学毕业生在就业方式和就业格局上也必然要经历一个由精英化向大众化转变的过程，在这个过程中出现以上现象也是正常的，大学生一定要消除自己的主观理想预期与社会客观实际之间的差距，主动地转变就业观念、提高自身素质，以充分适应社会，理性地做出切实的职业选择。

第二章 就业的程序与途径

我的成功在于我的选择。如果说有什么秘密的话，那么还是两个字——选择。

——比尔·盖茨

本章主要介绍就业管理部门的工作程序与毕业生在就业过程中需要遵循的就业步骤，对毕业生的就业途径从就业渠道和就业出路两方面进行解析，并从用人单位与毕业生双方的视角对人事代理制度进行解读。重点是为了让学生了解就业程序中如何签署就业协议书，了解并尝试实习途径转化、实体招聘、网络求职、社会关系等各种就业渠道，冷静对待与分析企业招聘、公开招考、志愿服务、专升本、出国深造、自主创业、灵活就业以及各种就业出路的利弊，选择最适合自己的就业途径与毕业去向，明晰在人事代理制度下如何办理报到落户手续等相关内容。

- 就业管理部门的一般工作程序
- 毕业生的就业程序
- 毕业生的就业渠道
- 毕业生的就业途径与毕业去向
- 人事代理制度的主要规定及其办事流程

第一节 就业的程序

王思才是浙江省某高职院校 2015 届的应届毕业生。在大三的第二学期初，他就顺利地被上海市某企业聘用，在入职的第一个月，单位就按照程序主动提出与他签署就业协议书。听辅导员老师说，他是全班第一个也是学院第一个签署就业协议的毕业生。王思才听了很高兴，这一辈子读书还从没拿到一个第一呢，没想到最后"成品出炉"时却是"第一"。一切看起来顺风顺水，可后来发生的事却又让他体会了一回什么叫作"一波三折"。

首先，就业协议书上的用人单位信息栏里的"组织机构代码"空缺，人才交流中心不给盖章。问单位，行政部（该公司暂无独立的人力资源部）说不知道组织机构代码是什么；问老板，老板只知有税务登记证，不知道什么是组织机构代码证（原谅他们吧，这家公司成立才2年，加上王思才一共才招过3个大学生，前两个中途就走了，根本就没有签署就业协议，公司在这方面的经验为零）；去问人才交流中心，人才交流中心也爱理不理，不给查，也不给通融。他只能回"娘家"求救了，分院的就业指导老师告诉王思才，直接去网上查询，在全国的组织机构代码查询平台上，只要是正规的公司必然能查到组织机构代码。问题解决了，王思才兴冲冲地把就业协议书寄回了学校。心想，这下没有后顾之忧了，这小小的"一波一折"也算不了什么。

没想到没过几天，这"一波"的"第二折"就来了，就业协议书如信鸽般准确地飞回了王思才身边。快递里辅导员老师附上的纸条上几行鲜红的大字："用人单位信息填写不完整，学校无法录入你的就业信息，也会影响以后的就业质量跟踪工作，故退回。"原来单位在签就业协议书时图省事，签了个"同意"，盖了个红章就了事了，而里面的用人单位联系人、联系电话、单位地址全是空白的。没办法，只能再去跑公司行政部，好说歹说让公司行政部经理签好了自己的大名，补充完空缺的单位信息。尽管这么两个回合折腾下来，王思才的"第一名"依然没有跑掉。

当然，好事还得磨一磨。几天后，校就业处一个老师的电话打过来："你到底是叫才华的'才'还是财产的'财'啊！"差点没让王思才去撞墙，天可怜见，爹妈生他的时候的确是想发财来着，但是上大学后他觉得这名字实在太土，于是自作主张改作了"才"字，两字音同，谁也没在意。学校在上报生源信息表时，要求每个学生进行认真核对后签字认可每一条信息。王思才只关注身份证号码等信息核对了，根本忘了自个的身份证上还是老大的一个"财"字呢。于是他不得不请了一个星期的假从上海赶回了学校，向省教育厅提交申请修改信息，并申请了新的专用条码和就业协议书。当然，就业协议也得重新签过。更麻烦的是，还得把以前的上交的材料全部拿出来重新审核，如果有错就得一律改过来。

尽管到了最后，"第一"肯定是有缘没分了，但是这就业的第一步中第一次得到的第一个大教训也的确让王思财（注意，是这个"财"字）成长了不少，首先他知道了按章办事的重要性，同时也认识到了不论是在现在的工作还是在以后的职业生涯中，认真、细致是不可或缺的。

就业程序的解读包括三个方面的内容：一是在整个大学生就业过程中，我们的就业主管部门，包括教育部，各级政府教育、人社部门，以及与学生联系最为紧密的高等院校，它们都在做什么，这是"知上"的方面，在本章中我们将其归入"毕业生就业管理部门的一般工作程序"一节；二是用人单位在招录、接收毕业生过程中的基本工作程序是什么，这则是"知彼"的方面，详述于"人事代理制度"一节；三是我们的毕业生本身应该做什么，以及如何顺利地完成整个就业过程，这是"知己"的方面，将以"高职院校毕业生的就业程序"呈现。所谓"知己知彼，百战不殆"，但是我们的毕业生却往往"己""彼"皆无所知，总想着"摸着石头过河"，走一步算一步，对就业的程序缺少必要的了解和应有的准备，往往在就业过程中状况频出。希望本部分内容能够将"过河"的"桥"直接搭建起来，让广大的毕业生们少走冤枉路，顺利高效地完成就业的各个步骤。

一、毕业生就业管理部门的一般工作程序

在目前的就业管理体制中，主要有三个层次的就业管理机构：第一层次是处于就业工作领导地位的国务院教育部及有关部委，如人力资源和社会保障部、财政部等；第二层次是各省、自治区、直辖市的政府主管部门，主要是各级教育和人社部门；第三个层次就是毕业生所在的高等院校。各级就业管理机构基本形成一个自上而下的就业管理程序，其工作机理与内容主要由以下步骤构成：

（一）分析年度就业形势，制定年度就业促进政策

教育部根据国民经济发展情况，对当年毕业生情况开展调查研究，进行分析总结，制定出相应的就业促进政策，从而确定年度就业工作指导意见。如教育部每年发布的《进一步促进就业的通知》。中央相关部委制定出配套和支持性政策，共同呼应全国性就业促进政策，形成部门合力，如财政部、人社部的某某政策等。各省、自治区、直辖市按照中央有关文件精神，根据本地区的实际情况，制定出本地区所属高校毕业生就业工作的具体意见。各高等院校的就业部门根据国家就业方针政策和规定以及学校主管部门文件要求，结合本校毕业生实际情况，制定本校毕业生就业工作细则，具体实施和执行毕业生就业相关政策和就业事宜。

（二）统计应届毕业生生源信息

生源信息统计工作一般在每年的 10 月份开始进行。统计范围主要是列入国家任务计划内招收的学生；统计内容主要包括毕业生的院系、专业、姓名、性别、政治面貌、生源地、培养类别、联系方式等；统计的结果作为当年毕业生基本信息依据，即为当年毕业生基本信息保存、发放就业协议书以及产生报到证的基本信息依据。因此，生源信息统计是一件非常严肃的事情，容不得半点差错，也不能弄虚作假。曾有毕业生在信息统计时不重视，造成常用名和身份证上姓名不一致的情况，导致在领取毕业证和档案时产生了诸多不必要的麻烦。生源信息报送的一般程序为：各高校负责本校毕业生的资格审查工作，及时向主管部门和地方调配部门报送毕业生资源情况；省、自治区、直辖市主管部门负责本地区毕业生的资源统计工作，并按时报送国家教育部；国家教育部在每年的 11 月份左右向各地区、各部门提供下一年度的毕业生资源情况，包括毕业生所在的学校、所学专业以及毕业生来源地区等。同时，各地区、各用人单位要向国家教育部提供毕业生需求信息；国家教育部负责向社会及时通报毕业生资源情况和需求情况，并及时组织毕业生供需信息交流。

（三）实施就业指导工作

各高校对应届毕业生进行就业指导，包括思想教育、政策与形势的宣传教育、职业生涯规划指导、择业技巧指导、择业和创业心理指导、职业适应指导及创业指导等，目的是为帮助毕业生根据自身特点和社会职业需求，选择最能发挥自己才能的职业，全面、迅速、有效地与工作岗位结合，实现自己的人生价值和社会价值。现在有很多学校将就业指导提前到大一、大二阶段，不再集中在毕业前夕；就业指导的形式也更加多样化，如开设选修课与讲座、编制《就业通讯》、进行个别指导等。

（四）组织招聘会

供需见面和双向选择活动是毕业生落实就业单位的重要渠道。各地区、各部门和各高校

的就业管理机构在每年都采取多种形式举办由学校和用人单位参加的人才供需交流会，为毕业生求职择业创造条件、提供服务。高职院校本身非常重视校园招聘会的举办，如浙江工业职业技术学院，作为浙江省示范性高职院校，在每年的12月都会倾其所能举办至少一次大型的招聘会，各个院系再针对自身的专业特色举办专场招聘会，平时注意引进和邀请相应的公司个别地举行公司宣讲会和单个招聘活动。各个层次的人才市场一般集中在四五月份举办地区人才交流活动，近年尤以县级人才市场更为活跃，毕业生在学校的指导下可直接参加这类活动。

（五）审查就业协议书、签发报到证

每年5—6月，高校应做出毕业生鉴定和安排毕业生体检，审查就业协议书是否合法有效，手续是否齐全。毕业生就业主管部门凭学校、毕业生和用人单位三方签订的就业协议书签发全国普通高等学校本专科毕业生就业报到证（以下简称"报到证"）。外省生源毕业时未落实就业单位的，由毕业生就业主管部门签发回生源所在省（自治区、直辖市）的就业主管部门报到的报到证，同时，以就业计划的形式函告对方就业主管部门，这部分学生在择业期内落实就业单位后，由该省（自治区、直辖市）的就业主管部门转签报到证。

（六）派遣、报到接收工作

学校派遣毕业生的时间一般在每年的6月底到7月初，派遣毕业生统一使用全国普通高等学校本专科毕业生就业报到证，公安部门凭报到证办理户口迁移手续。毕业生持报到证和户口迁移证到工作单位报到，用人单位凭报到证予以办理接收手续和户口关系。毕业生报到后，用人单位应根据工作需要和毕业生所学专业及时安排工作岗位和岗前培训等。

（七）改派和毕业离校时未落实工作单位的离校毕业生的派遣

在派遣过程中出现特殊情况需要调整改派的，按下列原则办理：①在本省、自治区、直辖市辖区内用人单位之间调整的，由地方主管毕业生调配部门审批并办理改派手续。②跨部委、跨省（自治区、直辖市）调整的，由学校审核同意后，统一报国家教育部审批并下达调整计划，学校所在地方主管毕业生调配部门按照调整计划办理调整手续。改派手续一般在每年9月以后开始办理，毕业生调整改派须在1年内办理，逾期不再办理。毕业离校时未落实工作单位的毕业生，在择业期内落实工作单位的，可将就业协议书寄送学校就业工作部门，由学校在规定的时间统一到主管毕业生调配部门办理报到证。

（八）毕业生质量跟踪调查

每年的9月之后，毕业生就业主管部门开始全面启动应届毕业生的就业质量调查工作，并随机抽查往届毕业生的质量跟踪调查工作。质量跟踪调查首先由各院校根据原毕业生就业方案，更新现时段的毕业生就业基本信息，如毕业生现工作单位、用人单位联系方式、毕业生现在的联系方式（手机号码、QQ/微信号码、邮箱地址等）；将更新后的就业信息报省教育厅，由教育厅组织毕业生质量跟踪调查工作，各院校可预先进行抽查或全面调查。毕业生质量跟踪调查针对毕业生本人及用人单位，采取纸质问卷调查、网络问卷调查或电话调查等

方式，主要针对毕业生就业的满意度、用人单位的用工满意度，毕业生智能结构与用人单位用人的契合情况，就业指导工作满意度，毕业生薪金情况、工作环境及职业适应、职业转换情况等进行全面的调研。对大学生就业的总体情况进行全面调研，有助于全面掌握毕业生就业信息与就业状况，并为毕业生就业主管部门调整和完善就业指导工作、形成新的就业制度、政策及方案等提供依据。省教育评估院一般会对毕业生进行两次毕业生质量跟踪调查，分别为毕业后1年和3年。

二、高职院校毕业生的就业程序

（一）就业程序的阶段划分

高职院校毕业生的就业指导贯穿于高职学生的整个大学过程，那么相应地高职学生的就业程序也应贯穿从入校到离校的每一个环节，即从大一的职业生涯规划，大二的学业与就业指导，到大三实习、签署就业协议到离校的整个过程，并非是仅仅存在于大三一年或一个学期的事情，部分大学生甚至需延续到毕业离校之后。

根据就业的不同阶段，可以大致将高职学生的就业程序划分为四个大的阶段（如图2-1所示）：一是职业愿景阶段，主要是大一阶段的职业生涯规划设计，确定自己的就业意向和职业方向；二是职业储备阶段，即在职业愿景指引下，以学业规划为主要内容，着力于职业素质与职业能力储备的过程，认真对待在校学习，做好职业所需的专业知识、专业技能储备与实践能力锻炼；三是求职准备阶段，即在学业即将结束、面临求职择业前夕，对求职所需信息和资料加以准备，以应对实际的求职实践；四是遵循就业步骤阶段，也就是我们通常所说的就业要遵循的基本程序。包括参加招聘会、签署就业协议书、履行报到手续、迁移户口与档案等工作，这部分内容下文将做重点解析。

（二）就业程序的内容详解

对于即将走上工作岗位的毕业生而言，了解如何办理报到、就业、落户等手续与搜集就业信息、应对面试同等重要。只有熟悉了就业过程中的基本操作流程，才能少走弯路，事半功倍。

1. 就业协议书

（1）就业协议书的定义与作用

就业协议书是由国家教育部或各省、市、自治区就业主管部门统一制定，是明确毕业生、用人单位和学校在毕业生就业工作中权利和义务的书面表现形式。就业协议书在毕业生就业的程序中有着至关重要的地位和作用。

就业协议书是连接录用通知和劳动合同的中介与桥梁。它是普通高等学校毕业生和用人单位在正式确立劳动人事关系前，经双向选择，在规定期限内就确立就业关系、明确双方权利和义务而达成的书面协议。在劳动合同签订之前，就业协议书具备准劳动合同的作用，是具备法律效力、同时受国家行政法规保护的劳动契约形式。同时，就业协议书是用人单位确认毕业生相关信息真实可靠以及接收毕业生的重要凭证；是高校进行毕业生就业管理、编制就业方案以及毕业生办理就业落户手续等有关事项的重要依据。

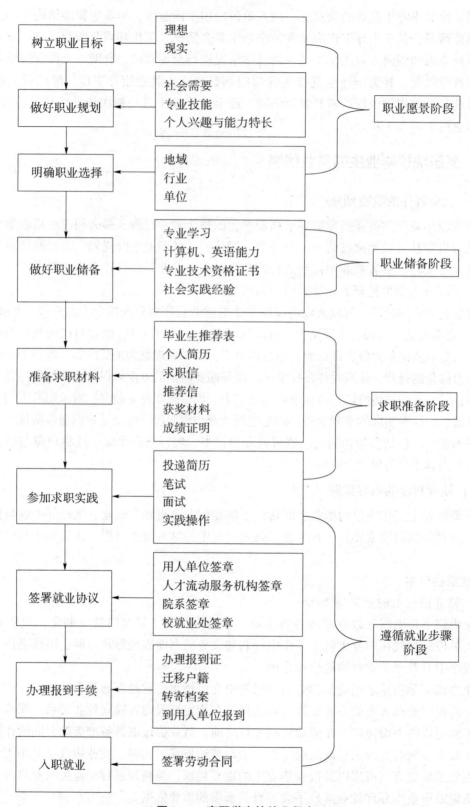

图 2-1 高职学生的就业程序

(2) 就业协议书的类型与内容

全国的就业协议书并不统一，主要有两种类型：一类是以上海市、江苏省为代表的条款式就业协议书（如图2-2、图2-3所示）。体现为就业协议书文本与劳动合同直接接轨，就业协议书上的要式条款与劳动合同基本一致。另一类为其他省通用的简易就业协议书。即只在就业协议书上记载毕业生与用人单位的基本信息，明确就业主管部门、学校、用人单位三方的权利义务关系，但并无实质性协议条款，如需签署详细的协议条款，毕业生与用人单位必须另行行文规定，以就业协议书附件形式存在。

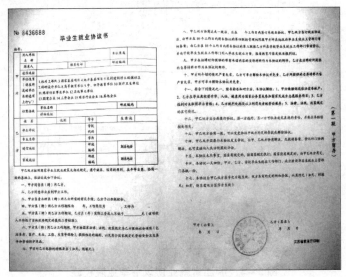

图2-2　江苏省就业协议书

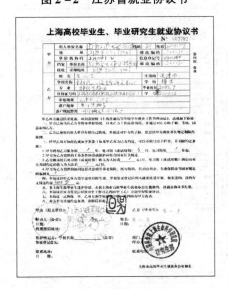

图2-3　上海市就业协议书

浙江省采用的就业协议书就是简易就业协议书，2017年开始使用新就业协议书，原有的"组织机构代码"因"三证合一"改为了"统一社会信用代码"。就业协议书一式三联，分别是毕业院校联、毕业生联与用人单位联。就业协议书包括用人单位信息栏，毕业生信息栏，用人单位、用人单位上级主管部门、院系就业管理部门、学校毕业生管理部门签章栏，学校通信地址栏四个区域（如图2-4、图2-5所示）。

图2-4 浙江省就业协议书毕业院校联

图2-5 浙江省就业协议书用人单位联

(3) 就业协议书的签署程序

签署就业协议书的一般步骤是：第一步，毕业生自己填写好毕业生信息栏中的各项内容。第二步，由用人单位人事部门工作人员填写用人单位信息。第三步，由用人单位人事部门在用人单位意见处签署就业意见并加盖单位公章或人力资源部门就业专用章。第四步，由用人单位所在地人事局或人才交流中心审核就业协议书，签署意见后加盖人事局或人才交流中心公章，并在档案转寄地址栏填写档案转寄地址。第五步，将就业协议书一式三份返回毕业生所在院系，由所在院系的就业主管老师审核后签署意见，并加盖所在院系公章。第六步，由所在院系将就业协议书递交学校就业主管部门审核后，签署就业意见并加盖就业部门公章。

(4) 就业协议书签署规范

在每年的就业协议书签署过程中，都会出现很多非规范行为。究其原因，大致可能源自三方面：一是我们的毕业生对学校的就业指导课和就业辅导工作不重视、不认真，自身不清楚就业协议书的签署程序和签署规范；二是大多数的中小型企业人事制度本身不规范，缺乏对相关就业政策和就业程序的了解，有的企业一年来难得招个大学生，缺乏相应的人才安置经验；三是本应对就业协议书的签署规范性承担审查功能的就业主管部门，疏于审查，敷衍了事。在就业协议书的签署方面，难以依靠用人单位甚至是人才交流中心的指导和纠错，关键还在于毕业生本身，需要在上就业指导课时认真听讲，同时正确对待就业协议书的功用，在碰到问题时要及时与就业指导老师沟通交流，确保少走冤枉路、不办重复事。

在历年的就业协议书签署上主要碰到以下问题：

一是就业协议书的签署随意草率。高等院校就业三方协议是在毕业前由学生、单位、学校三方签署的协议，明确学生毕业后的工作单位及档案的事宜，实践中一般认为三方协议属民事协议，不同于劳动合同，约定合理的违约金是有效的，毕业生务必注意该协议的违约问题。此外，已签订就业协议人员不能以应届毕业生的身份报名参加公务员考试，如果想要报考国家公务员则更应该谨慎签署自己的就业协议。

二是毕业生信息与用人单位信息缺失。就业协议书上的每一项内容都是必须填写的，缺少任何一项就可能无法完整地进行就业信息登记。填写内容必须准确、规范，特别是涉及学校名称、专业、学历等字段，必须做到三证一致，即身份证、报到证（就业协议书的内容是开具报到证的依据）、毕业证书上的信息必须完全一样；同时不得缩写，特殊情况须在应聘意见栏内注明。

三是用人单位意见栏用章错误。就业协议书的签署方是有独立的法人地位和人事管理主体资格的用人单位，企业无独立人事管理权限的下属部门以及营业门店等是无权独立签署就业协议书的，这就是主体资格的完备性。用人单位在签署意见后所盖公章应是用人单位的机构章或者其人力资源部的人事专用章，其他如财务专用章、发票专用章、下属部门的内部专用章以及个人私章一概无效。

四是用人单位主管部门意见栏错误。用人单位的主管部门一般是指用人单位的人事主管部门，分为三种情况：政府机关的主管部门意见由其平行人事机关签章；政府机关下属事业单位的主管部门意见由该政府机关或其平行人事机关签章；有独立人事管理权限的国有企业事业单位的主管部门意见由该国有企事业单位本身签章，已办理人事代理的由人事代理机构签章；一般性民营企业、三资企业等无独立人事管理权限组织的用人单位主管部门意见由所办理人事代理委托的人才交流中心签署。一般碰到的主管部门意见签署与盖章错误主要体现为，企业认为本身无主管部门，而在主管部门意见栏重复签署意见、盖章；部分企业认为税务局与企业打交道最多，而将税务部门当作自己的主管部门。当一个公司属于某一上行公司的分公司（或经销处）时，可以有以下几种选择：一是当分公司并未在营业地所在人才交流中心办理人事代理时，用人单位意见栏和上级主管部门意见栏，可由总公司及其总公司所在地人才交流中心签署意见并盖章；当分公司已经在营业地所在人才交流中心办理人事代理时，当然应该在所在地人才交流中心签署就业主管部门意见并盖章；当子公司和总公司属于异地时，特别是在跨省的情况下，最好要求分公司在营业地所在人才交流中心办理人事代理，并能在当地签署就业主管部门意见并盖章。

五是档案转寄地址错误。档案转寄地址即为用人单位所在人才交流中心的地址，也就是用人单位上级主管部门意见栏盖章的人才交流中心的地址。人事代理的核心含义便是人才交流中心为毕业生与用人单位做档案管理。一般人才交流中心在用人单位主管部门意见栏签署意见并盖章后，会在档案转寄地址栏填写好档案转寄地址，或盖上地址专用章，因此，毕业生在签署就业协议书时最好不要预先填写档案转寄地址。普遍出现的问题是，一些用人单位不清楚人事代理程序，认为用人单位本身具备档案接收权，因而错误地认为档案转寄地址为公司的地址。需要特别说明的是，除了部分政府机关、国有企事业单位，一般私营企业或者三资企业都没有独立的档案接收权，特别是全面实行人事代理制度之后，档案接收就由人才交流中心来办理了。具体内容在本章第三节将再做详细介绍。

（5）就业协议书遗失损毁后补办与改派重签

每位毕业生只有一份就业协议书和专用条码。当发生就业协议书或专用条码不慎遗失或毁损的情况时，需遵循严格的就业协议书遗失补办程序。首先，要求毕业生做出书面情况说明，并提出补办申请交由学校就业主管部门，由各高校就业主管部门出具书面证明并在所在大学生网上就业市场管理系统提交申请，经过省教育厅审核通过后，在所在地大学生网上就业市场公示7天，公示期满且无异议，方可发放新就业协议书、打印新的专用条码。

在毕业前（具体以毕业时间为准），当出现普通高校毕业生已经与用人单位签订就业协议书但发生毁约（在毕业前）的情况时，可以申请第二份毕业生就业协议书和专用条码。在毕业后发生违约只能按照改派规定要求，通过调整改派办法或签订劳动合同等形式实现就业，省教育厅不再发放第二份毕业生就业协议书和专用条码。

2. 报到证

报到证由教育部统一印制、省级高校毕业生就业主管部门签发。报到证是用人单位接收安排毕业生，并转接毕业生的人事档案和户口的凭证。报到证一式两份，分为正联和副联，正联由毕业生持有向用人单位履行报到手续，副联存入毕业生档案（如图2-6、图2-7所示）。

毕业生不论是否落实就业单位，均可办理报到证。已落实就业单位的毕业生在签署就业协议书后即可办理报到证，并在毕业证领取之后去单位办理报到手续。报到时应持报到证、就业协议书及户口迁移证在报到期限之内到用人单位报到。县市区属单位到各县市区人才交流中心（或人社局毕业生就业办公室）办理；市属单位到市人才交流中心（或人社局毕业生就业办公室）办理；中央、省属单位到省人才交流中心（或人社厅毕业生就业处）办理。未落实单位的毕业生，报到证开具的地址为毕业生生源所在地人事主管部门，毕业生持报到证自离校之日起 3 个月内,按照报到地址到毕业生就业主管部门报到。在此期间落实单位的毕业生持报到证、用人单位出具的接收函或签署后的就业协议书、毕业证书到毕业生就业主管部门办理派遣手续。

图 2-6　就业报到证封面（正副联）

图 2-7　就业报到证内芯（正副联）

毕业生必须按照报到证上的报到期限到用人单位或生源地毕业生就业主管部门报到。对无正当理由，自离校之日起三个月内不报到、登记的，就业报到证失效。

3. 毕业生档案

毕业生档案是用人单位选拔、聘用毕业生的重要依据。毕业生档案中一般包括毕业生的高中前档案，毕业生登记表、毕业论文或毕业设计成绩表等毕业材料，品德卡，毕业生成绩总表，在校期间奖惩文件及所获应入档的资格证书材料等。用人单位往往根据毕业生档案中所反映的德、能、才及专业特长等信息来最终决定毕业生的录用和岗位安排情况。

已落实工作单位的毕业生毕业后持就业报到证到用人单位报到，档案由学校寄送到用人单位或其上级主管部门；其中到三资企业、个体私营企业的毕业生在当地政府人社部门人才交流中心办理人事代理，由人才交流中心负责管理档案，学校将档案寄送到人才交流中心。未落实工作单位毕业生的档案，先由学校寄送到生源所在地的毕业生就业主管部门；落实单位后，由用人单位持单位介绍信和就业报到证到毕业生就业主管部门领取。办理改派毕业生的档案，由原改派单位或原单位的上级毕业生就业主管部门根据改派意见寄送到新用人单位或新单位的上级毕业生就业主管部门。

4. 毕业生户籍

落实就业单位的毕业生，由用人单位持毕业生就业报到证、毕业证书、鉴证后的就业协议书、户口迁移证到单位所在地的县市区公安（分）局户籍科盖章后到派出所办理落户手续。无就业协议书但已落实就业单位的毕业生可以凭毕业生就业主管部门签署意见的就业报到证、毕业证书和户口迁移证办理落户手续。

未落实就业单位的毕业生需要办理户口迁移手续的自离校之日起3个月内可以持就业报到证、户口迁移证、毕业证书、户口本到家庭所在地的毕业生就业主管部门，由毕业生就业主管部门出具入户介绍信，到家庭所在地的县市区公安（分）局户籍科盖章后到派出所办理落户手续。

5. 调整改派

对已派遣到用人单位或毕业生就业主管部门的毕业生，因身体不能适应某项工作或家庭等原因需要办理改派的，由毕业生本人提出申请，原接收单位或原市、县（市、区）毕业生就业主管部门同意，报上级毕业生就业主管部门批准。

本市内跨县市区调整改派的程序：首先，必须由原单位同意改派并出具改派函，原单位隶属于县市区或已派遣到县市区人社局的毕业生，经县市区人社局同意。其次，新接收单位出具接收函并且经同级毕业生就业主管部门同意。再次，本人写出申请调整改派的书面材料。最后，毕业生持就业报到证、毕业证书、户口迁移证以及改派函、接收函、本人申请到市人社局毕业生就业办公室办理改派。

跨市地调整改派的程序：改派函须经原单位的上级人事部门毕业生就业办公室同意后，持改派函、接收函、就业报到证、书面申请到新接收单位的上级人事部门毕业生就业办公室办理改派手续。改派到省直单位或出省就业的需要到省人社厅毕业生就业处办理改派手续。

6. 离校手续

6月底7月初，毕业生在参加完毕业典礼，拿到毕业证书之后，就应该开始办理离校手续。离校手续包括财物清偿、图书归还、注销图书证与学生证、宿舍退离等程序。离校手续是毕业生结束大学生活的象征，三年（四年）最美好的时光就此告别，有部分学生在这个时候可能会产生一些不理智、不文明的行为,如离校前呼朋唤友、集会酗酒、心无校规、夜不归宿;退离宿舍后,室内犹如垃圾站、过道犹如洪灾现场……给在校师生留下很不好的印象。因此,毕业生离校时要做到文明离校、安全离校,有始有终,给学校和下届的学弟学妹们留下一个美好的印象。

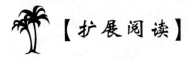

大学生毕业流程:离校、报到

大学生在校学习期满,各科成绩达到毕业要求,就要在 6 月份着手办理离校手续,并准备到用人单位报到。大学生应当在即将结束的大学生活的最后阶段,积极主动地配合学校做好各项工作,做到文明离校,顺利就业。

一、离校

毕业生完成学业,离开学校前还有一些工作要进行,要办理必要的离校手续。主要有毕业鉴定、填写普通高等学校毕业生登记表、毕业体检、领取就业报到证和户口迁移证等。

(一)毕业生鉴定工作

毕业鉴定是毕业生临近毕业时,通过回顾自己大学期间的德、智、体、能等综合情况的表现,为自己所做的准确、客观的评价和总结,以便在今后的学习、工作中取得更大进步。因此,毕业生应高度重视此项工作,要认真、实事求是地做好自我鉴定。鉴定的主要内容有:

1. 思想道德素质方面:对党的领导和党的路线、方针、政策等方面的认识和理解,参加学校组织的各项思想政治教育活动情况;遵守国家各项法规和制度及校规校纪的情况;参加集体活动、团结同学情况;参与社会实践活动的情况等。

2. 学习情况:学习态度和学习自觉性方面的表现;学习成绩和专业知识的掌握程度;科研活动成果及创新能力方面的表现。

3. 身心素质方面:参加各项体育活动情况;体育达标情况及体育特长;身体健康状况;心理健康状况等。

4. 综合能力方面:自己的专长和特点;交际与沟通能力;对社会的认知和适应能力等。

5. 存在的主要缺点、问题及今后的努力方向。

自我鉴定时应当注意的事项是:第一,要认真听取老师和同学们的意见。第二,要实事求是,不能有虚假内容,也不应是满纸空话、套话,要使人看了鉴定如见其人,依据鉴定判断你的品质、能力、素质、性格等,以便用人单位对你有所了解和合理使用。第三,态度要端正,字迹要工整。第四,奖励和处分都要写清楚,尤其是对处分切不可隐瞒。主动说明处分原因,自己的认识态度和改正决心,仍然能够取得用人单位的信任,不会影响就业。

(二)普通高等学校毕业生登记表的填写

普通高等学校毕业生登记表是由国家教育部制定的学生毕业材料之一,要记入学籍档案,是毕业生身份的重要标志之一,凡取得毕业资格的毕业生都必须认真填写。内容主要包括:毕业生基本情况、学习经历、社会关系、个人总结、班级鉴定、毕业实习单位和主要内容、毕业论文题目或毕业设计、本人工作志愿、学校意见等。这是毕业生在校综合情况的反映和记载,是学校对毕业生在大学期间的综合评价材料,毕业生要按照每个栏目的具体要求认真填写。学校要认真核实其中的各项内容,要以对国家负责、对毕业生负责的态度严肃对待。

(三)毕业生离校手续的办理

毕业生办理离校手续的时间一般在毕业生离校前的一周左右,按照学校的有关规定进行。毕业生必须持学校统一发放的离校手续单办理相关手续,主要流程如下:

1. 毕业生到所在院系领取离校手续单。
2. 到校党团部门办理党团组织关系转递手续。
3. 到图书馆办理清交图书及借书证等手续。如若将学校的图书损坏或丢失,应按照学校的有关规定予以赔偿。
4. 到财务部门进行费用核对、清退。
5. 到宿舍管理部门办理退宿手续,交还宿舍钥匙。家具如有损坏,应按照学校的有关规定予以赔偿。
6. 到学生管理部门交还学生证。
7. 到教务部门交还借用的教学仪器和用具。
8. 到校医院交还医疗证。
9. 对于享受国家助学贷款的毕业生,到贷款管理部门办理有关手续。
10. 以上手续办理完毕后,领取毕业证、学位证、就业报到证和户口迁移证。

二、报到

根据《普通高等学校毕业生就业工作暂行规定》,毕业生必须使用由省级毕业生就业主管部门统一审核、打印、签发的由国家教育部统一印制的就业报到证。就业报到证是毕业生就业报到的证明和公安部门办理落户手续的凭证。就业报到证一式两联,正联(毕业生就业报到证)是毕业生到用人单位报到的凭证,报到后由用人单位装入本人档案,作为毕业生参加工作的初始记载凭证;副联(毕业生就业通知书)由学校装入毕业生本人档案,随档案一同转至用人单位,作为学校寄送毕业生档案的凭证。

(一)办理和领取就业报到证的程序

1. 毕业生就业手续一般由学校到省级毕业生就业工作主管部门办理,采用集中办理和分期分批相结合的方式进行。毕业前联系到就业单位的,由学校集中到省级毕业生就业主管部门办理。在国家规定的择业期内联系到就业单位的,毕业生将签订的就业协议按照学校规定的时间交到学校,由学校定期到省级就业主管部门办理。
2. 从普通高等院校选调到乡(镇)机关工作的应届优秀大中专毕业生的就业手续,凭省委组织部省选调生录用通知办理;考取国家、省直机关公务员的毕业生,凭接收单位国家公务员录用手续办理。
3. 毕业时未落实就业单位的毕业生,可以在国家规定的择业期内继续择业,档案和户口暂时保存在学校,也可以根据本人意愿,由学校将就业报到证办至生源地继续进行自主择业。择业期满仍未落实就业单位的毕业生,学校将就业报到证办至生源地自主择业。

4. 参加"三支一扶"、自愿服务西部的毕业生,如在择业期内落实就业单位,直接到学校就业工作部门办理就业手续;择业期满仍未落实就业单位的,由学校到省级就业主管部门将就业报到证办至生源地;出国的毕业生,择业期满但仍未能落实就业单位的,毕业生应在择业期满前及时与学校联系,以便及时办理相关就业手续。

5. 毕业生领取就业报到证后,凭就业报到证到户口所在地办理户口迁移证。

(二) 毕业生报到程序

毕业生在办理完所有离校手续后,即可持就业报到证、毕业证、学位证等有关证件到用人单位报到。对大部分毕业生来说,这一阶段是就业工作的最后阶段,它主要包括报到手续的办理、用人单位接收和安排工作岗位、毕业生户口关系的迁转、毕业生学籍档案的转移等。

1. 用人单位接收毕业生报到的有关规定

根据《普通高等学校毕业生就业工作暂行规定》,国家对毕业生到用人单位报到的规定如下:毕业生持就业报到证到用人单位报到,用人单位凭就业报到证办理接收手续和户籍关系。毕业生报到后,用人单位应根据工作需要和毕业生所学专业及时安排工作岗位。

2. 毕业生到用人单位报到应注意的事项

首先,毕业生应在离校前检查离校手续是否已办理完毕。就业报到证、户籍关系、党团关系、毕业证书、学位证书等是否已领取,同时要认真核查这些材料上的信息是否准确无误,如有错误或疏漏的信息,要及时向学校申请更改或补充,以免给自己报到时带来不便。其次,在前往用人单位报到的途中一定要安善保管好自己的所有行李物品,特别是办理报到手续所需的材料,因为一旦丢失,补办这些材料费时费力,还将延误到用人单位报到的期限。再次,毕业生应在规定的报到期限内前往用人单位报到。确有特殊原因不能按时报到的,应主动与用人单位联系,说明原因并征得用人单位同意。最后,毕业生一经办理报到手续,无论是否在试用期,都应严格遵守用人单位的各项规章制度,服从工作安排。

(三) 几种特殊情况的处理

1. 结业生:通常是指在校期间未按学校规定完成指定课程学分,不能获得毕业资格,只能由学校发给结业证的学生。按照《普通高等学校毕业生就业工作暂行规定》,结业生可由学校推荐或个人自荐,在择业期内落实了工作单位的可以办理就业报到手续,但必须在就业报到证上注明"结业生"字样;在择业期内没有落实就业单位的,由学校将其档案、户籍关系转到家庭所在地政府人社部门的人才交流中心,自谋职业。

2. 肆业生:是指具有正式学籍的学生未完成教学计划规定的课程而中途退学者(被开除学籍者除外)。肆业生由学校发给肆业证,但不办理就业报到证,其户籍关系转至入校前户籍所在地。

3. 离校前体检不合格者:按照《普通高等学校毕业生就业工作暂行规定》,学校应在派遣前认真负责地对毕业生进行健康检查,不能坚持正常工作的,让其回家休养。一年内治愈的(须经学校指定县级以上医院证明能坚持正常工作的)可以随下一届毕业生就业;一年后仍未治愈或无用人单位接收的,户籍关系和档案材料转至家庭所在地,按社会待业人员办理。

4. 提前修完学分的优秀学生:在实行学分制的学校,少数优秀学生在读完规定学分后,提出申请,经学校有关部门审核准予提前毕业的,报省级毕业生就业主管部门批准,可列入当年毕业生就业计划。

5. 升学的毕业生：毕业生在择业期间若参加了升学考试，在择业时应向用人单位说明情况。若未被录取，毕业生到该单位就业。若毕业生接到录取通知，应将录取结果及时告知用人单位并征得用人单位同意。若已办理了就业手续，还应将就业报到证退还给学校毕业生就业工作部门。

——整理自网络结合实际工作而成

第二节　就业的途径

朱力是浙江省某高职院校2015级应届毕业生，所学的专业是前几年被称为"很火很火"，近几年"水火交融"形同鸡肋的计算机应用技术专业。所幸朱力在校期间一直颇有危机感，通过了英语三级，并拿到了初级程序员技术资格证书，学习成绩一直名列前茅，是同学们眼中的"优等生"。

在大三第一学期的期末阶段，朱力就在学校和学院接连举办的几场专场招聘会上相中了一家位于学校所在市的电脑公司，是当时班上最早落实就业单位的几个人之一。这个公司虽然工资不高，但朱力所选的岗位正是自己最喜欢的程序员工作。公司不大，正在起步阶段，但是所在的团队都是年轻人，团队氛围很好，每天的工作很开心。而且公司也对朱力的工作表现颇为满意，主动提出与他提前签署就业协议。面对这样的大好局面，朱力却为难了。因为，当时为了"不在同一棵树上吊死"，朱力曾悄悄地向其他几个企业也递交了简历，其中有一家杭州的业内知名公司居然对他有了积极的回应。不久，浙江省的公务员招考公告也出来了，其中朱力家乡的一个乡镇有几个岗位是招计算机专业的，学历只要求大专，所有的基本条件自己基本符合，朱力心中跃跃欲试。听说去年本专业的一个师兄就成功地考上了乡镇公务员，创造了这个专业的历史，院系的老师们一直以他为典范进行宣传。而巧的是，作为退伍军人现在乡人武部工作的父亲也打电话来，要求朱力参加本年度的部队征兵。参军入伍一直是朱力从小的梦想，而且听说计算机专业的学生在部队里很受欢迎，很容易评上士官，并能优先推荐上军校进修。

继续在这家企业开心地工作？跳槽去更好的公司？拼一把去考公务员，成为院里的第二个奇迹？还是遵照父亲的旨意去部队里奔更好的前程？何去何从，朱力不禁茫然无措。

一、就业的渠道

在大学毕业生脱离统包统分政策之后，大学生就业便进入了完全的市场化双向选择时代，信息时代的到来更是对传统的求职途径产生了巨大的冲击，同时也为毕业生求职就业提供了更为广阔的渠道。在如传统的招聘会、传统媒介（如报纸电视等求职渠道）之外，一些新型媒体如虚拟网络构成的网上市场也越来越发挥着其独特的作用。当然，依靠亲朋介绍等的社会关系的求职途径依然在发挥作用。据腾讯网报道[①]显示，大学毕业生获得求职信息首要渠道为通过亲戚朋友，占23%，也就是说每四个大学生初次求职成功的职位信息都来自亲友。另外，参加大学组织的招聘会、毛遂自荐型的自我申请等传统方式也是成功求职的

---

① 来源：http://ln.qq.com/a/20141214/003894.htm

主渠道，但是专业求职 app 的就业功能也正在慢慢凸显其后来居上的价值。可以说，现在的毕业生求职已经正式进入了多元化的时代。就业渠道的无限拓宽无疑为毕业生求职的成功带来了更大的空间和可能性。

（一）实习途径转化

高职院校学生的顶岗实习一般有半年之久，甚至一些专业如"2 + 1"模式的有长达一年的实习时间，这半年或一年的时间对于自身职业能力的培养是最好的锻炼机会。当然，在毕业生和用人单位之间对待实习的认识存在一定的差别。对于用人单位而言，任何一个求职者都是一个纯粹的职业人，单位更希望通过实习的时间来真正培养一个合格的职业人员。因此，没有哪个用人单位愿意辛辛苦苦培养出一个员工，但却在这个员工已经完全上手的时候走掉了，所以，用人单位其实更青睐于应届毕业生通过实习途径真正转化为长期的工作机会。但是，我们的毕业生却往往并不重视实习的机会，更多的人宁愿将之当作一个以后正式就业的跳板。实习过程中流动过大，反向导致用人单位对于实习生并不愿倾注过多的心力，从而产生了用人单位不愿意招录应届毕业生的恶性循环。

实习途径转化的就业机会往往因毕业生已经完全适应了用人单位和就业岗位，对工作的适应性将非常快，省却了毕业生与用人单位之间的磨合期，为用人单位在人才培养上节省了资源。另外，实习单位一般专业比较对口，容易在实习过程中与用人单位达成就业协议。毕业生也更容易在这样的岗位上迅速取得进步，最快地取得职业成绩。如果毕业生在实习岗位上有了出色表现，也将使用人单位进一步加深对毕业生所在院校及其毕业生的良好印象，将更有利于用人单位招收下届实习生，从而形成朋辈带动的良性循环。

（二）参加实体招聘会

学校每年组织举办大型"校园招聘会"和小型"专场招聘会"，政府人社部门每年也定期或不定期举办"人才招聘会"，这些招聘会可提供大量就业信息，针对性强、目标明确，是毕业生就业的主渠道。在实体招聘会上能够直面公司的人事招聘人员，利于双向甄别与选择，同时，可以窥见公司的文化在员工身上的具体体现。但是，实体招聘会一般具有较强的地域性，参展公司一般集中在本地或周边地区，比较适合有意向在周边地区就业的学生。

（三）网络（app）求职

随着一批专业的人力资源网站的成长，以及基本上每家公司都建有自己的网站和 app 程序，各种招聘信息首先会呈现在网络上，网络求职也成为现代大学生求职的热门渠道。网络人才交流的最大优势在于可以跨越时空，毕业生不仅可以自由地从网上获取大量就业信息，而且还能把自己的履历放在网上，实现双向沟通。但是，由于网络本身并不具备良莠自动筛选性，网络上存在诸多虚假信息，应届毕业生就业需谨防网络招聘欺诈。

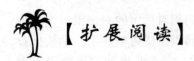

【扩展阅读】

国内人力资源网站（app）举要

专业人力资源网站：
1. 中国人力资源开发网：http：//www.chinahrd.net

2. 亚太人力资源网：http：//www.aphr.org
3. 中国人力资源咨询网：http：//www.hr-room.com
4. HR 管理世界：http：//www.hroot.com
5. IT 人力资源管道网：http：//www.itchannel.com.cn

专业招聘网站及 app：
1. 前程无忧：www.51job.com
2. 智联招聘：www.zhaopin.com
3. 中华英才网：www.chinahr.com
4. 中国人才热线：www.cjol.com
5. 卓博人才网：www.jobcn.com
6. 中国专业人才网：www.cptjob.com
7. 应届生求职网：www.yingjiesheng.com

官方就业服务网站：
1. 新职业：全国大学生就业公共服务立体化平台（原中国高校毕业生就业服务信息网）：http：//www.ncss.org.cn
2. 全国高校毕业生就业信息网：http：//www.gradnet.com.cn
3. 中国高校就业联盟网：http：//www.job9151.com
4. 浙江人才网：http：//www.zjrc.com
5. 浙江省大学生网上就业市场：http：//www.ejobmart.cn
6. 杭州人才网：http：//www.hzrc.com
7. 绍兴人才网：http：//www.sxrc.com.cn

（四）社会关系

在一个有着悠久的人际传统的国度，通过发挥适当的"熟人社会"网络关系来获得求职信息，取得就业的成功，依然是不可否认的重要求职渠道。在麦可思的历届大学生就业调查中，高职高专院校毕业生的首次求职成功渠道数度出现"社会关系"居于首位。毕业生在求职过程中，需要充分利用老师、父母、亲戚、同学、朋友等社会关系获取就业信息。这种方式传统、可靠，成功率较高。当然，切不可过分依赖此渠道，应更多地将其视为一个获得就业信息的渠道，要成功就业还需要依靠毕业生自身的专业能力与实力。

（五）其他途径

除以上所列的主要渠道之外，还有其他一些虽非要道，但是运用合适可能取得更大成功的求职渠道，如学校推荐、自我推荐、电视招聘等方式。

高职院校都有着广泛的校企合作，合作性企业与学校建立的相对稳定的对接渠道无疑为学校直接向企业推荐毕业生提供了便利。学校推荐的方式一般局限于优秀毕业生，学校推荐的途径省却了毕业生求职的曲折过程，而且因为本身相对优秀，在企业里能够迅速得以重用，获得有利的职业发展前景。

自我推荐方式似乎是"有勇者方能谋"的途径，实际上，处于市场经济时期，企业和毕业生双方都存在一个"自我推荐"的过程。毕业生需有"营销自己"的全新理念，将自己以"商品"的形式成功地"销售"出去；企业若想在人才竞争中处于不败之地，也需全方位地展示自身特色,让企业自身更具人才吸引力。自我推荐方式贵在"知己知彼",知自身之所长,明自身之所适,充分了解目标企业,知对方之所需,适对方之所用。

剩男剩女的增多催生了若干如《非诚勿扰》一样的相亲节目,大学生就业难的困境同样使得一些职场节目风生水起,如天津卫视的《非你莫属》、江苏卫视的《职来职往》等。严格来说,这些电视招聘方式"秀"的成分居多,但无疑是一种成功的"营销"方式,电视招聘的招聘方一般是国内名企的高管,一旦能在电视招聘中成功地展示自己,就是面向整个社会打开了一扇求职的大门,能为自己开辟更为广阔的就业途径,获得更为便捷的就业机会。当然,少之又少的毕业生会去选择这么一种求职渠道,但是平时多关注电视招聘,也有助于获得职场真知,便于审视自身,窥得身临其境的职场实战经验,不失为一种可贵的学习途径。

一般而言,不论哪种就业渠道,能够获得成功便是"王道"。但是,借用佛家之论,求职之途也是一种"修行",多经磨难未必是坏事。多方尝试,四处出击,有一试务必求一得,将求职的过程也当作职业生涯的修炼,一旦入职便能迅速成长。有论者认为,往往在求职途中一击即中,甚至是依赖"等""靠""要"而求职成功的毕业生,往往在工作中易持保守态度,入职之后"虎头蛇尾",安于现状,后劲发展不足。

二、就业途径与毕业去向

高职院校毕业生在毕业后的就业途径主要分为:通过各种招聘渠道进入私营企业、三资企业等非国有企业工作的市场就业型途径,应聘国有企事业单位、参加公务员考试、选择志愿服务等社会选拔型就业途径,以及与他人合股或者自己开公司、选择灵活就业方式等自主型就业途径。除此之外,还有非就业的其他毕业去向,如应征入伍、专升本、出国深造等。以下逐一对各种就业途径和毕业去向进行深入剖析。

(一)企业应聘

高职院校的学生受学历层次所制,一般就业方向较窄,进入企业工作是所有的就业途径中占据压倒性比例的途径。实质上,中国的企业更青睐高职院校的毕业生。首先,高职院校学生的学历层次适应性广。因为我国更多的是一些中小型企业,大多数的工作岗位一般只要专科层次的毕业生即可。其次,专业对口率高。高职院校的专业设置及其专业方向的开设,都是根据市场的需求而设置和调整的。同时,广泛的校企合作和岗位对接,使得大多数高职院校学生所学的专业正是企业所需和急需的,可以说,就业市场上有大量的岗位是为高职毕业生量身定做的。再次,工作适应性强。高职院校的课程设置一般分为理论课程与实训课程两种形式,实训课程即是专为适应将来的工作岗位而开设的,高职学生动手能力强,一般能迅速适应就职的岗位。最后,高职学生的职业认同感高,稳定性强。高职学生一般初始职业期望并不高,与本科院校毕业生相比,少了些好高骛远、不切实际的职业期求,一般在找到适合自己、能够发挥专业所长的工作岗位之后,就能对所在岗位有着很好的职业认同感,并能在工作岗位上迅速稳定下来。同时,高职学生在工作稳定之后,急需在工作岗位上做出成绩,获得认同,在恪守职业道德方面表现也显得更出色。

(二)自主创业

自主创业是毕业生利用家庭、社会关系或自己所学知识、个人发明、专利等科技成果,以合股、参股、自营的形式开办公司。"穷则独善其身，达则兼济天下。"自主创业途径可以说是"穷""达"兼备，不仅能使毕业生自身成功就业（而且是当老板），能够在市场经济大潮中独当一面，磨炼自我，实现自己的理想；而且自主创业本身也能够为其他毕业生创造就业机会。

在自主创业的成功人士名录里，比尔·盖茨、张朝阳等人的名字如雷贯耳，这些人无一不是出自国内外名校（是否毕业且不说），似乎自主创业必须与名校、高学历挂钩。麦可思的一项调查显示，在各层次高等院校中，高职高专院校自主创业的比例反而最高（如图2-8所示）。

创业需要选择合适的时机。某些大学生急于实现自己的理想，甚至在就学期间就休学或退学去开公司，导致创业未成功，又丢了学业，正如国家最高科学技术奖得主王选院士所劝诫的："大学学习期间，要尽量争取脑袋满，而不要急于口袋满。"选择自主创业途径，需要有更为清醒的头脑，因为自主创业需要一定的资金、项目、经验等，同时也要承担一定的风险，毕业生要量力而行，谨慎从事。最好的自主创业方式，既不是在校期间休学办公司，也不是一毕业就要急于当老板，更为理性的选择是毕业后先在正规企业里学习和积累经验，然后再选择合适的创业时机和创业方向。

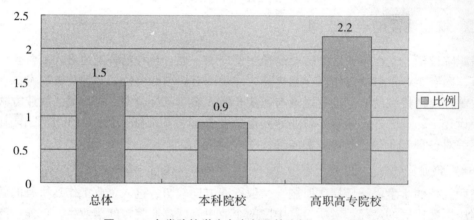

图2-8　各类院校学生自主创业的比例（2010届）

数据来源：麦可思研究院：《2011年中国大学生就业报告》，北京：社会科学文献出版社，2011年，第143页。

（三）灵活就业

灵活就业是相对于正规就业、传统就业而言的另一新型途径。最早在20世纪70年代由国际劳工组织提出这一概念。近几年，在我国教育部和人社部的文件里也正式将"灵活就业"纳入大学生就业的形式。劳动和社会保障部劳动科学研究所课题组在2002年撰写的《我国灵活就业问题研究报告》中对这个概念做出了如下界定：在劳动时间、收入报酬、工作场地、社会保险、劳动关系等几方面不同于建立在工业化和现代工厂制度基础上的、传统的主流就业方式的各种就业形式的总称。其形式主要有以下几类：非全日制就业、临时就业、兼职就业、远程就业、独立就业、承包就业、自营就业和家庭就业。通俗而言就是无固定的劳动场所、无固定的雇佣方、无固定劳动时间，当然也无固定的劳动关系，一般无须签署稳定的劳动协议的就业状态。诸多"无"背后蕴含的是"自由"一词，这些职业我们也可以冠之为"自由职业"。这些职业一般有家教、中介服务、设计员、自由撰稿人、自由作家或从事股票、期货、债券买卖的经纪人等。

有研究者认为,灵活就业的"登堂入室",是受就业压力所迫,并非是创造性的就业新型途径,实质上,灵活就业将会是现代市场经济发展的一种不可阻遏的新就业潮流。市场经济体质的进一步完善,产业结构的持续调整,促进了第三产业的兴盛,诸多服务行业中的职业实质上都具备非正规就业的特性;伴随着知识经济的崛起、现代信息技术的发达、网络虚拟空间下电子商务的蓬勃发展,家庭办公模式应运而生,由此产生的新型职业无不是"自由职业"类型。此后的趋势,灵活就业不仅不再是受歧视的临时工模式,反而会成为具备"时尚"标签、"自由"特质的潮流就业形态。

但是,就目前而言,灵活就业形式还处于初创阶段,缺乏相应的法律法规保护,社会保障配套措施也不完善,针对性的就业培训与优质的对应性就业服务系统不健全,灵活就业人员的权益保护比较薄弱,选择灵活就业尚存在一定的可预测风险。

(四) 专升本

追求个人价值、圆自己的大学本科梦,获得更高学历、适应用人单位需求、增强能力、更好就业,是部分大学生选择专升本途径的基本动机,专升本途径也是高职院校学生颇为青睐的另一条就业转化途径。

1. 专升本考试的类型

专升本是高职毕业生寻求继续深造的一条重要途径,包括四种类型:一是普通高校专升本。高职高专院校应届毕业生在大三期间参加各省统一举办的本科院校专升本考试,进入本科院校进行为期2~3年的本科学习,毕业后取得普通高等教育学历。这一类型是含金量最高的专升本形式,最后取得的所在本科院校的学历与学位证书,与正式本科相差不大;二是成人教育专升本。通过参加全国统一的成人高考,进入成教学院继续学习,毕业后取得成教本科学历。这一类型选择面较宽,入学考试比较容易,但社会认可度较低;三是自学考试专升本。在校期间或毕业后参加高等教育自学考试,取得相关专业的自考本科文凭。这一类型费用最低,自由度高,但是难度最大,最终能顺利毕业的比例较小。四是远程教育专升本。这一类型无须进校学习即可学习相关课程拿到相关学分,且最终只要通过了全国统一的英语和计算机基础考试即可顺利毕业,是所有类型中最容易实现的方式,但其社会认可度也是最低的。当然,不论哪种类型最终都能拿到本科学历文凭与学士学位证书,虽然社会认可度不一,但都是得到国家认可的,视为与正式本科文凭具备同等效力。其中,第一种类型最受青睐,以下重点介绍普通高校专升本。

2. 浙江省专升本基本情况介绍

普通高校专升本全称为"选拔优秀应届高职高专毕业生进入本科学习",该政策的实施源自1999年教育部颁布的《面向21世纪教育振兴行动计划》中提出的"允许职业技术院校的毕业生经过考试接受高一级学历教育"。同年6月公布的《中共中央国务院关于深化教育改革全面推进素质教育的决定》中再次明确:"职业技术学院(或职业学院)毕业生经过一定选拔程序可以进入本科高等学校继续学习。"该政策在2000年由江苏、上海等地正式实施,并迅速在全国各省份全面铺开,并引起了全国专升本的热潮。在短短几年内,某些省份的专升本比例几乎逼近50%。此后,教育部开始对专升本政策进行调整。2006年1月,教育部和发改委联合发布了《关于编报2006年高等教育分学校分专业招生计划的通知》,其中对专升本做出了相应的政策调整:一是限制举办高职专升本的学校,"985工程"和"211工程"重点建设的院校、独立学院和民办院校原则上不举办共通专升本教育;二是限制职专升本的名额，各地共通专升本教育的招生规模要严格控制在当年省属高校高职应届毕业生的5%以内，并纳入国家下达的普通本科总规模内。自此，高职专升本热开始降温。

浙江省的普通高校专升本考试在2005年正式实施。浙江省内本科院校基本上纳入专升本对口院校名录，但从2007年起浙江大学与其他独立学院停止招生。目前，浙江省每年有20多所本科院校的100多个专业能提供超过5 000个专升本名额。根据公开数据显示，2012年报名6 000多人，招生5 000多人；2013年和2014年均报名7 000多人，招生5 000多人；2015年扩招，招生人数接近1万人，2016年报名人数为14 341人；2017由于考试科目和考试形式的简易化，引导更多的考生加入升本大军中，也直接导致考试竞争激烈程度的增加。专升本为高职院校学生进一步提高学历层次、进入本科院校深造提供了良好的学习平台。

3. 浙江省专升本考试的相关规定

（1）报考条件

根据历年浙江省专升本实施细则通知的规定，浙江省各级各类全日制普通高校同专业或相近专业的应届专科毕业生，符合下列条件者均可报考：

① 我省各级各类全日制普通高校高职高专应届毕业。

② 遵守中华人民共和国宪法和法律。

③ 身体健康，各专业身体要求按教育部等三部委的《普通高等学校招生体检工作指导意见》执行。

④ 所学专业与选拔专业相同或相近，在校期间未受记过（含）以上处分，且没有考试作弊记录者。

英语不再作为统一报考条件，但学校可根据专业需要设英语CET三级或高职高专英语应用能力A级以上要求，并在省统一向社会公布的招生计划中注明。学校不设单科成绩要求。

（2）考试与录取规则

① 每年3月底开始报名，实行网上报名与现场确认；4月中下旬开始考试；4月底至5月开始录取工作。

② 根据专业对口原则，高职和本科专业分为文史、理工、经管、法学、教育、农学、医学、艺术八个招考类别，具体考试类别对应考试科目见表2-1。

表2-1 浙江省专升本考试类别与对应科目

招考类别	考试科目
文史、法学、教育、艺术	大学语文、英语
理工、经管、农学、医学	高等数学、英语

艺术、体育类专业经省教育考试院同意，可由招生院校组织专业加试，并在报名工作开始前完成。专业加试合格考生才能填报相应院校、专业志愿，各科满分均为150分。

③ 招生院校根据招生计划，严格按省有关规定制定工作细则，综合评价、全面考核、择优确定拟录取名单；省教育厅学生处审核确认拟录取考生高职高专毕业资格，不能如期毕业者取消录取资格，招生院校按审核通过的名单办理录取手续，并寄发录取通知书。

对未完成招生计划的院校、专业，根据总体录取情况，视情决定是否进行征求志愿，其中艺术大类中的音乐、舞蹈、表演类专业生源不足时，可降分征求志愿，降分幅度不超过10分。

4. 浙江省专升本成功后毕业生的离校程序

（1）专升本成功后，毕业生需递交专升本录取通知书复印件给学校就业处，无须签订就业协议书，也不再签发就业报到证。

（2）毕业生档案与党团组织关系由原毕业学校转至被录取的本科院校，毕业生户籍随同迁出。

5. 专升本途径评价

许多大学生通过高考途径进入高职院校学习，可能都带有一点心不甘、情不愿的心理，如果能够进一步进入本科院校学习，就能圆了原来的大学梦，对于专升本成功的大学生来说这无疑是一种成功的体现。在本科院校，可以进一步加深知识学习和学术训练，获得更高的提高和更好的发展。进入本科院校也是为将来谋求更好的发展积累资本，如增加获得更好工作机会的可能性，增加考公务员的优势，以及能够继续攻读硕士研究生实现学术追求等。

不过，高职毕业生需要明确的是本科院校的教育形式与职业院校存在一定的差异，如本科院校施行的普通高等教育更注重学术型人才的培养，而高职院校是职业技术教育，注重的是应用型人才培养，两种培养方式的迥异，加之目前两种教育形式的沟通不畅，可能导致高职院校学生淡化甚至迷失自身的人才类型，最后出现"四不像"的尴尬。同时，高职院校的专业设置和人才培养具有极强的市场敏感性，高职学生在进入本科学习后至少要延迟 2～3 年才能就业，可能原来所学的专业已经不再是市场的"宠儿"，将会面临获得更高的学历但是却不如原来的专科好找工作的尴尬局面。

一旦选择了专升本途径，就需认真对待，做好充分的准备。从历年专升本学生的经验来看，专升本成功重在目标清晰，如果瞻前顾后、首鼠两端，就业、升本两手抓，两方都想做到最好，往往易尝失败之果；贵在准备充分，一般需在大二阶段就应该做好相应的准备，在完成专升本基础条件的基础上，如尽量英语过三级（或 A 级），保证考试不作弊，还要做到已有学业成绩优异，更要努力提升自己，让自己更具竞争力；难在持之以恒，吃得苦、坐得冷板凳，同时要做好失败的心理准备。

（五）应征入伍

大学生投笔从戎、报效祖国的梦想，魂牵梦绕的军人情愫与军旅情怀，国家科技强军战略的实施，各级政府对大学生参军入伍的诸多优惠政策，以及教育部门和学校对大学生参军的大力宣传，是引发大学生参军热的综合因素。在 2001 年，国家教育部会同中国人民解放军总参谋部、总政治部联合下发了《关于从全日制高等学校在校学生中征集新兵有关问题的通知》，对大学生征集的范围和对象、征集的条件和标准、征集的程序和办法等，做出了进一步明确和规范，以此为始，掀开了大学生应征入伍的大幕。"好男儿当兵去"也成为大学生毕业后的另一种新去向，同时也是一条颇具诱惑力的出路。

1. 应征入伍基本条件

大学生应征入伍要求男性身高在 162 cm 以上，女性在 160 cm 以上，体重要求上在参照标准体重 =（身高 −110）kg 公式的基础上，男性不超过标准体重的 25%，不低于标准体重的 15%；女性不超过也不低于标准体重的 15%；在视力要求上，大学生右眼裸眼视力不低于 4.6，左眼裸眼视力不低于 4.5，屈光不正，准分子激光手术后半年以上，无并发症，视力应达到相应的合格标准。具体身体条件要符合国防部颁布的《应征公民体格检查标准》

和有关规定。

2. 应征入伍的类型与途径

大学生应征入伍一般分为两种类型：男兵与女兵分途招兵。男兵入伍采取自愿原则，并无严格的比例和人数限制；但女兵入伍较为严格，其入伍之后的兵种分配主要是服务类型的，如医护兵、文工团、通信兵等，一般人数较少，且有一定的专业限制，一般采取选拔制度。所以，高职院校每年通过招兵入伍的男兵较多，基本一个万人左右规模的学校有十几人甚至几十人，但女兵一般不过寥寥几人，甚至放空。

大学生应征入伍主要有三条途径：第一种途径是高校的国防生选拔制度，主要在较高层次的本科院校，称为预备军官选拔制度，由各军区在本科院校中设置预备军官培训基地。第二种途径是部队通过高校发布士官选拔通知，由高校进行遴选推荐。第三种途径即传统的征兵途径，大学生回生源地参加地方人武部的常规入伍服义务兵役选拔，进入部队。

3. 应征入伍的政策支持

从2009年起，国家明确规定高校毕业生应征入伍服义务兵役，除享有优先报名应征、优先体检政审、优先审批定兵及其他优待安置政策外，还享受优先选拔使用、考学升学优惠、补偿学费或代偿国家助学贷款等优惠政策（如图2-9所示）。其中优先报名应征，即对应届高校毕业生实行预征制度。高校毕业生服役表现优秀，在同等条件下，高校毕业生士兵在选取士官、考军校、安排到技术岗位等方面优先。具有普通高等学校本科以上学历、取得相应学位、表现优秀、符合总部有关规定的可以按计划直接选拔为基层干部。

专科以上毕业生入伍
①优先征集；②由政府补偿学费或代偿国家助学贷款。

服义务兵役阶段
①优先安排到技术岗位；②优先作为骨干培养。

退 役　　可选为士官　　可报考军校　　本科毕业生可选拔为军官

定向招生：参加政法院校为基层公检法定向岗位招生时优先录取。

考学升学：①退役后三年内参加硕士研究生考试初试总分加10分；
②立二等功及以上的免试推荐入读硕士研究生；
③高职（高专）毕业生免试入读成人本科或经过一定考核（计划单列、专升本考试、单独录取），30%比例入读普通本科。

就业服务：①退役一年内可视同高校应届毕业生办理就业报到手续，户档随迁；
②参加户籍所在地省级毕业生就业指导机构、原毕业高校就业招聘会，享受重点推荐、就业指导等就业服务；
③由原征集地政府按照城镇青年退役士兵安置办法对待。

图2-9 入伍服义务兵役鼓励政策
来源：教育部网站. http://www.ncss.org.cn/tbch/2011zbgg。

国家为应征入伍服义务兵役的高校毕业生补偿相应学费，代偿助学贷款，可以说，高校毕业生应征入伍相当于免费上大学。代偿对象范围广泛，包括应征入伍服义务兵役的中央部门和地方所属全日制公办普通高等学校、民办普通高等学校和独立学院的应届全日制普通本专科（含高职）毕业生、毕业研究生、第二学士学位毕业生；高校毕业生入伍之初就可一次性获得每人最多2.4万元的学费补偿或助学贷款代偿，全部由中央财政拨付。

目前，教育部已经制定了服义务兵役的普通高职高专毕业生退役后升入本科学习的实施方案。服义务兵役的普通高职高专毕业生退役后，可持相关证件，按户口或工作所在地省级成人高校招生办公室的规定申请免试进入成人高等学历教育高校专科起点升本科学习，或者按户口所在地省级招生考试机构或相应机构的规定报考普通高校专科起点升本科，并享受招生计划单列、单独划线、按计划数录取的优惠政策。

4. 应届毕业生应征入伍的就业程序

国家制定的预征政策充分尊重和保护毕业生自主择业的权利，即参加预征的毕业生经过体检、政审被确定为预征对象后，仍然可以选择就业；对于离校时户籍已迁回原籍、但未能入伍的高校毕业生预征对象，如落实了新的就业单位，可根据有关规定，向原就读学校申请办理就业改派手续，毕业生就业地公安部门凭毕业生所持的就业报到证为其办理户口迁移手续。高校毕业生服役期满择业可参照应届高校毕业生办理就业和户档迁转手续。入伍高校毕业生退出现役后，可参照高等学校应届毕业生，凭用人单位录（聘）用手续，向原就读高校再次申请办理就业报到证并办理户档迁转手续。申请办理就业报到证的期限从退出现役当年的12月1日起至次年12月31日止。

5. 应征入伍途径评价

部队是一个锻炼人的地方，参军入伍对于大学生磨炼个人意志、铸造坚毅隐忍的性格、培育敢作敢为的精神都有着良好的效果。但是毕业生在选择应征入伍的毕业去向时，需要考虑自己的职业前途，做出明智的选择。应届毕业生入伍，等于是推迟了两年毕业，这两年时间对于大专生来说可能就是最为黄金的就业时刻；不可回避的是，在部队入伍期间，特别是对于那些服两年兵役就复员的学生而言，可能在部队里自己所学的专业根本派不上用场，专业知识会遗忘、专业技能会荒废，退役后重新就业，这种专业优势就可能失去，其中的困难是可想而知的。所以，应届毕业生如果最终选择了应征入伍，必须将入伍的经历与自己的职业规划结合起来，为将来的就业做好相应的能力储备，而不应单纯将应征入伍当作圆自己的军人梦，或者逃避就业、缓冲就业的途径。

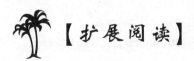

【扩展阅读】

商界传奇也曾是部队"小兵"

柳传志：联想控股公司总裁、联想集团董事局主席，曾在西安军事电讯工程学院学习六年。这位中国企业界"教父"级人物从不讳言是军营塑造了他，他说："企业成功跟我有一定的关系，但不是全部；这一定的关系之中，跟我在军队里养成的性格又有一定的关系。"

王石：深圳万科企业股份有限公司董事长兼总经理，曾在17岁时入伍，当了五年的汽车兵。他曾说："部队生活的磨砺对我日后的成功是有巨大价值的。"但从骨子里，王石是不爱当兵的兵，不过，那种军人的作风和部队的影响却深深地反映在其企业管理之中。

任正非：深圳华为技术有限公司创始人，行伍出身的他喜欢与员工讲毛泽东、邓小平，谈论三大战役、抗美援朝，而且讲得群情激奋。他说，在战场上，军人的使命是捍卫国家主权的尊严；在市场上，企业家的使命则是捍卫企业的市场地位。他不乏商人的精明，但更有军事家的雄谋大略，他认为在现代商战中，只有技术自立才是根本，没有自己的科研支撑体系，企业地位就是一句空话。因此，华为集团选择了走技术自立、发展高新技术的实业之路。

郑永刚：中国杉杉控股有限公司董事长兼总裁。他18岁高中毕业后参军，3年后复员。被誉为中国服装界的"巴顿将军"。巴顿说："战争是地狱，但我喜欢战争。"而郑永刚说："地狱是苦难，但巴顿喜欢，既然喜欢，那其中就必有其令人喜乐之处，这种喜乐在我看来就是'运筹于帷幄之间，决胜于千里之外'。"

孙广信：毕业于解放军汽车管理学院、西安陆军学院，曾任乌鲁木齐陆军学院教官。现任新疆广汇企业（集团）有限责任公司董事长、总经理、党委副书记，新疆广汇石材股份有限公司董事长。"对军人来说，没有拿不下来的山头，没有不敢啃的硬骨头。作战时只有攻其最弱，才会取得胜利。无论商场还是战场都是一样。"这种理念就是贯穿他的企业最基础、最根本的东西。谈到自己的创业史时，孙广信曾感慨道："我的将军梦没有实现，我抱怨过，失落过，可是我在商场上的成功却从很大程度上得益于我的十年军人生活。"

徐泽宪：中远置业集团有限公司董事、总裁，上海中远汇丽足球俱乐部董事长。曾在部队担任过班长、排长、参谋、副处长等职务。军人出身的他，喜欢"刺刀见红"，这反映在他管理企业上就成了死拼和果敢。"我们公司最大特点就是以小搏大，以小的资本、小的资金来做大的事情，但是每一次机会都给我们抓住了，每一次都做成功了，这里面没有什么秘诀，靠的就是死拼。"用他自己的话说：商场如战场，只有敢拼才能跨越，才能成功。

盛云龙：生于浙江湖州市练市镇，退伍回乡后受命担任一家濒临倒闭的乡镇小厂的厂长，如今企业已成为拥有8.9亿资产的国家级集团。现任浙江依多金企业集团公司董事长，被誉为"中国士兵的骄傲"。曾有记者问他："您成功的源头在哪里？"他毫不犹豫地说出了两个字——"诚信"！部队灌输给他的"诚信"理念是他冒尖的"撒手锏"。

——整理自《十大军人出身的中国名企业家》，新华网：http://news.xinhuanet.com/forum/2011-01/28/c_121032056.htm。

（六）出国深造

随着中国高等教育国际化的深入，各层次院校基本都有出国留学的项目，包括交换生、联合培养生，以及最为常见的在国内取得相应的学历和学位后去国外自费留学。可见，高职院校同样可以出国深造，如一些国家示范性职业技术学院已经有了交换生项目，当然其中主要是一些国外应用技术性本科院校与国内高职院校的对口招生项目。目前许多英美国家大学推出了针对中国高职高专毕业生的学位项目。中国专科学历毕业生只需1~2年即可获得英美大学的本科学士学位。还有的国际专升本学位项目与职业资格相结合，不但可以拿到本科学士学位，还可以拿到国际职业资格证书，毕业学生有极强的竞争力。如英国诺桑比亚大学、桑德兰大学、诺丁汉特伦特大学等大学推出了专升本 top‑up 学位项目。

西方发达国家的高等职业教育是一个完整的教育类型，在职业教育体系里有专科层次、本科层次和研究生层次，与普通高等教育（学术型高等教育）是两个分列的系统，并无高低层次之分。因此，高职院校的学生出国留学选择在一些应用技术型院校中继续深造，可以接受完整的、系统的、高层次的高等职业教育。高等职业教育系统的"海龟"在国内甚至比走普通高等教育途径的留学生更为吃香，可以直接参与国际人才竞争，并具有更强的职业核心竞争力。尽管走这一途径的高职学生比例还很低，不过随着中国的职业教育逐步纳入高等教育国际化的轨道，高职院校学生出国深造也将成为另一充满诱惑力的毕业去向。

高职院校学生选择出国深造，接受有着数百年历史的完善和系统的职业教育训练，当然也有助于开阔视野，使个人具有国际竞争力。但是，由于中国的高等职业教育发展较晚，优秀的高职院校不多，专科学历及其所修课程并没有得到国际高等教育界的完全认可，高职学生出国深造依然存在重重障碍。目前高职院校的出国留学渠道较窄，对口性的院校不多，出国留学的可选择性不多，且成功的比例不高；而且其中名校较少，在当前的"文凭高教时代"，在国内的社会认可度不高，可能会影响学生出国留学的积极性；同时囿于高职学生自身的素质和能力，国际适应能力不强，大多数人在语言关上存在障碍，出国留学也不一定是很好的选择。

三、选择合适的就业途径

在选择就业途径的过程中，存在这么几种类型：一类是无选择型，有些人并没有一个选择的过程，属于一切随自然，随波逐流，也许最后走的那一条职业道路，并非自我选择的结果，而是被规划、被安排的角色；一类是少选择型，也就是诸多就业大门，只有一扇是独为君开，似乎一切随缘，便也顺延选择；最后一类是多选择型，在就业过程中面临多种选择，这个时候就会存在艰难的抉择。当然，不论哪一种类型，实质上都会面临诸多的选择，当每一个人从大学一开始就有着经营自己的理念时，最后要走的求职之路必然会存在选择，那么应该如何去抉择呢？

首先，评估所处的环境因素。即考察自己所在的学校层次、学历层次、专业情况、地域优势等因素。如学校为专科院校，报考公务员可能就不是明智的选择；所读为非部队所需的专业，通过参军入伍成为专业技术型军人的路就窄了；地处经济发达地区，特别是民营经济非常活跃的地区，选择在企业就业可能成功的概率就会大大增加。

其次，审视自身优势与职业生涯规划情况。根据自己的职业规划目标以及为此所做的准备和努力，参照自身的优势和劣势，来考究自己所面临的机遇和选择。

再次，寻找参照系，评估每一途径的成功度。参照系也就是寻找每一途径的成功榜样，这一榜样可能是遥远的职业偶像，也可能是身边的成功范例。若要针对自身的切实选择，该参照系的目标对象选取最好是最靠近身边的，因为目标过泛、对象过高，容易产生参照模糊效应，导致参照系失效。如找出本校在每一途径方面近几年成功的范例，并了解其成功的原因，反向观照自身是否存在可能成功的要素，或者是否有存在超越的可能。

最后，权衡每一途径的利弊得失。最终的选择可能会决定你一生所从事的职业，因此在最后做决定的时候，不仅要着眼于眼前的环境因素、自身所具备的条件以及他人成功的经验，也许还需将眼光放得更为长远，看看你所选择的就业途径对于你的职业生涯和个人成长的影响。

就业途径选择流程如图2-10所示。

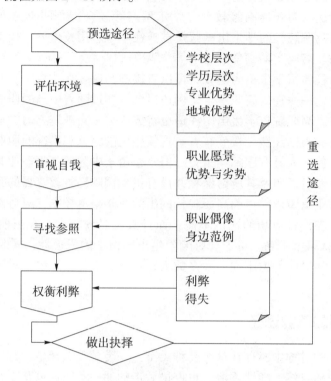

图2-10 就业途径选择流程

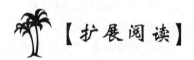【扩展阅读】

面子就业、圈子就业、舒适就业

当前大学生就业，存在三大问题：一是面子就业问题；二是圈子就业问题；三是舒适就业问题。这些问题，直接关系到大学生能否能在人才市场上准确定位、积极开展自己的就业活动，并获得用人单位的青睐。

联合国的新千年宣言提出了"体面就业"的观念，即全世界所有的青年，都应该享受到有保障、有尊严的就业，不管在哪个行业，哪个工种就业，他都能够得到社会平等的福利、平等的保障，都能得到社会的尊重。但这一"体面就业"，在我们国内，却被异化为"面子就业"，一定要做体面的、社会地位高的工作，比如说非白领不做——我们将劳动分为三六九等，认为其有高低贵贱，这本身就违反了"体面就业"的宗旨。大学生们存在的这一就业观念，不但约束了他们择业面的拓展，而且也使自己的就业缺乏个性，就业似乎不是为了自己，而是为了他人的"眼光"——当我把自己的工作说出去的时候，周围人说你很好，你的工作非常不错，这就得到内心的极大满足。这是为了别人而就业，而不是为了自己而就业。这种就业情况，在一些名牌高校里尤其普遍。

"圈子就业"是指很多学生把自己局限在一个"圈子"里选择职业。他们认为,在这样一个圈子里的学生,就应该在某一个层次的用人单位进行就业选择。也就是说,一个圈子的学生,对应于一个圈子的单位,不能跳出这个圈子。有些专科学生在就业时,就认为自己无法被一些优秀的用人单位所接收,只能选择一些很差的用人单位;而一些名牌学校的学生,则认为只能到某一些单位就业,如果说不能在这些单位就业,就意味着就业失败。他们都把自己的就业选择,局限在某一个圈子里,这种圈子思想,将使他们忽视自己内心的需要,也不认真分析自己的能力现状。

"舒适就业"是严峻就业形势下,学生消极对待就业的一种表现。有调查表明,目前超过50%的学生,是利用自己父母、朋友的关系,去寻找工作的。父母出马为大学生孩子找工作,成为当前大学生就业的一道别样风景。很多同学,恨不得第一次去投简历,就获得笔试、面试的机会,并顺利签下协议,他们希望很快就能成功,希望自己舒舒服服地就能找到一个好工作,不希望在就业中有那么多曲折、那么多波折。在前面的课程里,曾经提及,很多同学非常羡慕20世纪80年代末、90年代初的大学生,因为那时的大学生,一毕业就被国家统包分配。今天的大学生认为这样的就业是非常"舒适"的。这种"舒适就业"观念,反映出现在的大学生缺乏主动出击、吃苦耐劳、承受挫折的精神。这样的观念,导致大学生在就业中会因一次挫折而放弃下一次努力的机会,消极被动,怨天尤人。

——摘自:熊丙奇. 像500强一样经营自己:大学生职业生涯规划新概念读本 [M].
上海:东方出版社,2007:138-139.

第三节 人事代理制度

秦兰是浙江省杭州市某高职院校的应届毕业生,虽然在校期间学习成绩并不突出,平时也不大活跃,不喜欢参加集体活动,但却一直在自己的世界里自由自在地生活着。等到大三第一学期期末时,大家都在忙于期末复习,她却很幸运地第一次去参加招聘会就成功应聘了一家公司的文员岗位。

在公司上班一个月后,秦兰提出要与企业签订就业协议书,公司以实习时间过短为由拒绝了她的要求。三个月后,秦兰再次提出签订就业协议书的要求。公司人力资源部的经理对她说,这个就业协议书只是个形式,签不签都无所谓,只是用来应付学校罢了。秦兰见经理态度不积极,却也不甘放弃,因为听辅导员老师说就业协议书是报到证办理的依据,而且是实习期间重要就业权益的保障,于是,她接连找了人力资源部好几次,经理很不情愿地在就业协议书上签字盖章了,并要求将她的人事档案直接寄到公司。可秦兰听说同学们都是把档案寄到人才交流中心的,于是拿着就业协议书忐忑地找到公司所在新区的人才市场。人才市场却不给盖章,说该公司没有在人才市场登记。秦兰也是第一次听到了人事代理制度这个词,也不知道到底意味着什么。秦兰只好又找到公司人力资源部的经理,经理说公司没在人才中心登记过,因为每年要交年费,而公司一年最多招一两个大学生,懒得去花这个冤枉钱;况且人事代理只是把档案放在人才中心,而单位可以直接接收档案,完全可以省却这个程序。秦兰委屈得直想掉眼泪,只能再向辅导员老师求助,辅导员老师听了后告诉她:"私营企业没有独立的人事管理权限,无权直接接收毕业生人事档案,只能由人才中心代理。而且浙江省已经推行多年人事代理制度，目的在于规范民营企业等用人单位的人事、档案管理等工作，每一个企业都应该主动配合省政府的政策要求。如果你的公司与你确定了用人关系，却在签署就业协议书问题上故意逃避责任，我们学校可以出面与当地人才市场交涉。"一周之后，公司主动通知秦兰将就业协议书交由人力资源部，由该部门走完了全部的就业流程。

事后，秦兰才了解到，辅导员老师将此事直接报给了学校就业处，由就业处直接向当地的人社局交涉，并通报了有关情况，人社局通过人才交流中心勒令秦兰的公司限期办理人事代理手续，并要求其主动履行相应的就业登记义务。公司见这事都被上面知道了，不仅乖乖地履行了相关手续，而且主动向秦兰示好。事件顺利解决后，秦兰是又喜又羞，喜的是事情终于得以解决，而且没有先前预想的被公司开除了事，羞的是依稀记起这些都是在大三的就业指导课上老师一再强调的基本内容，当时听课不以为然，直到碰上事了才不知所措。

人事代理制度改革是中国人事制度改革第三阶段的重大成果，是促进"单位人"向"社会人"转变的重大人事政策转变。在1995年人事部的文件中第一次出现"人事代理"这个词，此后人事代理制度开始在全国推行，人事代理的适用范围也从原来的无独立人事管理权的私营企业、三资企业等领域，逐渐扩展到今天的国有企事业单位，以后的发展趋势将是除了政府机关外，基本上所有的用人单位都会全面实行人事代理方式。现在社会上对人事代理制度存在诸多误解之处，如认为人事代理就表明无正式编制，是非正式员工，认为人事档案脱离原单位不安全等。以下的解说希望能对同学们了解人事代理制度有所裨益。

一、人事代理制度概述

人事代理首先是委托方的用人单位与代理方的人事代理机构之间的双向关系。只有了解了这一层关系，才能对整个人事代理制度有着清楚的认识。本部分就用人单位与人事代理机构（人才交流中心）之间的关系，人事代理制度的概念、内容、相关规定及其人事代理程序做个介绍。

（一）人事代理的概念及其与人才派遣的区别

人事代理是指由政府人社部门所属的人事代理机构（各地市的人事代理机构可能有不同的称呼，如人才交流中心、人才服务中心、人才市场、人才管理中心等，为统一称呼，方便认识和了解，以下均以"人才交流中心"称呼人事代理机构），按照国家有关人事政策法规要求，接受单位或个人委托，在其服务项目范围内，为多种所有制经济尤其是非公有制经济单位及各类人才提供人事档案管理、职称评定、社会保险办理、出国政审等全方位服务，是实现人员使用与人事关系管理分离的一项人事改革新举措。人事代理的当事人为代理方和委托方，代理方一般是县级以上政府人事行政部门所属的人才交流中心；委托方为需要人事代理服务的各类企业、事业单位和个人。委托代理的方式由委托方与代理方商定，并以合同的形式予以明确。人事代理的方式为委托人事代理，可由单位委托，也可由个人委托。可多项委托，将人事关系、工资关系、人事档案、养老保险社会统筹等委托人才交流中心管理；也可单项委托，只将人事档案委托给人才交流中心管理。

在人事代理制度下，毕业生在落实人事管理关系时存在两个合同，一个是用人单位与人才交流中心签署的"人事委托代理协议",一个是毕业生与用人单位签署的"雇佣合同"。那么,这里的毕业生在受雇于某一用人单位时就存在两种关系:一是毕业生工作期间的人事关系存在人才交流中心、用人单位、毕业生三方关系,具体的人事管理工作由人才交流中心负责,而其雇佣关系依然是存在于用人单位与毕业生之间,工作期间的人员管理仍然是由用人单位负责的。也就是说,相比传统的人事管理,相当于用人单位将人事管理工作外包给人才交流中心,但其中的雇佣关系并没有改变,毕业生仍是用人单位的人。

还有另一种很容易与人事代理混淆的人事制度:人才派遣。人才派遣又称人才租赁,是指人才派遣机构根据用人单位的需要,把能满足不同期限和完成不同任务标准的人才派遣到用人单位,并负责管理这些人才,完成由派遣而产生的所有事务性工作。在人才派遣机构、用人单位和毕业生之间存在三个合同:一是被派遣人员与人才派遣机构之间签订的"雇佣合同";二是用人单位与人才派遣机构签订的"人才派遣协议",三是人才派遣机构与被派遣人才签订的"劳动合同"。

人事代理与人才派遣存在以下不同之处:其一,人事代理的显著特点是"人""事"分离,"人"属用人单位,"事"属人才代理机构,人才代理机构只是代为用人单位管理其内部员工的人事工作;人才派遣的显著特点是"人""才"分离,"人"属人才派遣机构,"才"为用人单位所用,即用人单位只具有被派遣人才的使用权。其二,人事代理是用人又管人,只是将管理工作中的人事管理权归由人事代理机构行驶,用人单位与被聘人员之间存在隶属关系;人才派遣的特征是用人不管人,用人单位与被聘人才不存在隶属关系,这种隶属关系存在于被派遣人才与人才派遣机构之间。其三,两者的适用范围不同。人才派遣原来一般局限于工勤人员,江苏省近年率先在更为广泛的人才层面推广,如扩大到专业技术辅助性岗位和初级管理人员等,涉及本科生、研究生,但目前在国内并没有全面铺开;而人事代理基本上在全国各个省广泛推行,除政府机关和部分国有企事业单位之外,所有的私营企业、事业单位、学校、科研机构基本采用人事代理。

以下根据《浙江省人事代理暂行办法》(以下简称"《办法》")的相关规定来详细介绍人事代理制度的内容、相关规定及其程序。

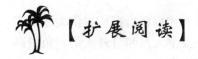

【扩展阅读】

委托代理理论

委托代理理论(Principal-agent Theory)是20世纪30年代,美国经济学家伯利和米恩斯因为洞悉企业所有者兼具经营者的做法存在着极大的弊端,于是提出"委托代理理论",倡导所有权和经营权分离,企业所有者保留剩余索取权,而将经营权利让渡。委托代理理论是制度经济学契约理论的主要内容之一,主要研究的委托代理关系是指一个或多个行为主体根据一种明示或隐含的契约,指定、雇佣另一些行为主体为其服务,同时授予后者一定的决策权利,并根据后者提供的服务数量和质量对其支付相应的报酬。授权者就是委托人,被授权者就是代理人。用罗斯的话来说就是:"如果当事人双方,其中代理人一方代表委托人一方的利益行使某些决策权,则代理关系就随之产生。"委托代理理论认为当存在"专业化"

时就可能出现一种关系，在这种关系中，代理人由于相对优势而代表委托人行动。委托代理理论的中心任务是研究在利益相冲突和信息不对称的环境下，委托人如何设计最优契约激励代理人。

不管是经济领域还是社会领域都普遍存在委托代理关系，本章所述的人事代理制度即是人力资源管理领域委托代理理论的现实应用，不过这种代理关系的确立由政府的统一行政行为予以规范，委托人即用人单位和毕业生被强制纳入这一规范程序，以更好地规范用人单位的人事管理行为，保障企业员工相应权益的实现。

——整理自：王国顺. 企业理论：契约理论 [M]. 北京：中国经济出版社，2006：42-46.

(二) 人事代理的内容

根据《办法》的第六条规定，人事代理的内容主要包括以下内容，但所签《人事代理协议》的具体内容由代理方和委托方协商确定。

1. 政策咨询与服务工作

向委托代理单位提供国家人事工作方面的法律、法规和政策规定的咨询服务；协助委托单位进行人事规划设计，建立新型人事管理制度；帮助委托单位解决人事工作中的问题。

2. 人事关系、人事档案管理工作

办理在职流动人事关系接转手续。根据单位工作需要，为聘用人员接转人事关系、党团员组织关系等；为合同期满流动者，办理人事关系转出手续；聘用合同鉴证；按照有关规定，办理聘用专业技术人员、管理人员的合同鉴证。

按照有关政策规定，管理委托单位专业技术人员、管理人员的人事档案、考绩档案，为委托代理人员保留原有身份、计算工龄、调整档案工资、办理出国（境）政审手续、代办集体户口落户、出具以档案材料为依据的有关证明。为委托方接转党团组织关系，建立流动人员党团组织，开展组织活动。

3. 代办社会保险业务

为委托方代办失业、养老等社会保险业务。

4. 专业性人才工作

根据委托单位工作和发展对人才的具体要求，代拟和代发人才招聘启事，提供人才供需信息，组织报名、考试、考核、素质测评工作，推荐所需专业技术人员和管理人员，负责聘用人员合同鉴证。根据单位的特殊需求，向省内外、国外招聘引进人才。

根据委托方要求，开展岗位培训，并协助委托方制订培训计划。根据委托方要求，开展人才测评业务。

代办专业技术职称申报评审手续。为委托单位专业技术人员和管理人员办理专业技术职务资格初定及资格考试报名、晋升推荐手续，组建相应评审委员会，负责对部分专业技术职务资格评审与评议推荐工作。

受人才流动争议仲裁机构的委托，受理专业技术人员、管理人员争议申请，进行调查、取证，根据有关规定进行调解或提交仲裁。

按照有关协议，向社会推荐委托单位的辞聘、解聘人员重新就业。

5. 大中专毕业生人事代理服务

为国家承认学历的大中专毕业生提供人事代理服务，从签订人事代理合同之日起按有关规定承认身份，申报职称，计算工龄，确定档案工资，办理流动手续。为委托单位提供应届毕业生就业政策咨询，申报应届大中专毕业生需求计划，为接收的大中专毕业生接转档案，办理转正定级手续。

6. 其他业务

可根据双方的特定委托，代理其他与人事管理相关的业务。

对个人委托的人事代理，可参照上述人事代理内容提供代理服务。

（三）人事代理制度有关规定

根据《办法》的相关规定，浙江省的人事代理制度主要包含以下内容：

1. 人事代理对象

《办法》第四条规定人事代理主要有单位委托和个人委托两种类型：人事代理的单位主要国有企事业单位、集体企业，外商投资企业、乡镇企业、区街企业、联营企业、股份制企业、私营企业、民办科研机构、社会公益事业组织以及其他无主管部门的单位；人事代理的个人主要是各类流动人员和要求人事代理的大中专毕业生、转业军官以及经政府人事部门所属人才交流机构认可的其他人员。在实际操作中，全部纳入人事代理制度并带有一定强制规范色彩的主要是注册私营企业、"三资企业"（中外合资经营企业、中外合作经营企业、外商独资经营企业）、股份制企业、民办科研机构等无主管单位以及不具备人事管理权限的单位；国有企事业单位以聘用方式使用专业技术人员和管理人员，可根据需要申请办理人事代理。目前，大量的国有企事业单位也陆续开始全面实施人事代理，甚至推行更加激进的改革，如人才派遣方式。各省的力度不一，浙江省应该说是偏于保守的省份。

2. 人事代理关系确立

各级人事行政部门所属人才流动机构在核准委托人事代理的有关材料后，应当和委托单位或个人签订人事代理委托合同书，确立委托关系。

3. 工龄与工资

单位委托人事代理人员及个人委托人事代理人员在委托人事代理期间，工龄连续计算。尚未就业的个人委托人事代理人员重新就业后，其辞职、解聘前的工龄和重新就业后的工龄合并计算。在委托人事代理项目内有档案工资关系的，其代理期间涉及国家统一调资的，档案工资的调整根据国家及省有关政策，按照自收自支事业单位的工资标准核定。

4. 大中专毕业生人事代理相关规定

单位委托人事代理的大中专毕业生，其见习期考核、转正定级，由用人单位按期向人才流动机构提供有关毕业生见习期间工作表现等书面材料，其手续由委托代理的各级人才流动机构负责。单位委托人事代理的大中专毕业生在见习期间，解除聘用（任）合同的，毕业生可应聘到其他单位工作，代理其人事关系的人才流动机构继续负责毕业生的见习期管理。待聘期超过一个月的，见习期顺延。

5. 委托代理关系变更

委托期间，所委托代理的人员被全民、集体单位正式接收，由其委托代理的人才流动机构凭接收单位人事主管部门的接收函办理其人事关系及档案的转递手续；被其他单位重新聘用的委托人事代理人员，应及时变更人事代理手续。

(四) 人事代理的程序

① 委托方向代理方提出申请，并提供有关材料。

单位委托人事代理，须向所在地县以上政府人事部门所属人才流动机构提交人事代理申请书和委托代理项目，提供单位有效证件（企业营业执照、事业单位登记证复印件）、委托代理人员名册、各人的履历表和聘用合同、身份证复印件以及其他有关资料。

个人办理委托人事代理，根据各自情况的不同，须向当地人才流动机构分别提交下列有关证件：

a. 应聘到外地工作的，须提交委托人事代理申请。聘用合同复印件、身份证复印件、聘用单位证明信（证明其单位性质、主管部门、业务范围）等。

b. 自费出国留学的人员，须提交委托人事代理申请、原单位同意由人才流动机构保存人事关系的函件、出国的有关材料等。

c. 辞职、解聘人员尚未落实单位的，须提交委托人事代理申请及辞职、解聘证明，身份证复印件等证件。

② 代理方对委托方申报的材料进行审核。

③ 委托方与代理方签订人事代理合同。

④ 代理方向有关方面索取人事档案及行政、工资、组织关系等材料，并办理有关手续。

⑤ 人事代理当事人的权利和义务，由双方以协议的形式予以明确，共同遵守。

二、人事代理制度下高职学生就业手续办理

以下参照浙江省人才交流中心的办事规程对高职学生的就业手续办理流程和操作细则做一简要的介绍。浙江省其他市、县、区可能存在一些细节性的差异，但原则性操作规程基本一致。

（一）毕业生就业手续办理总体流程

① 签订就业协议。毕业生与用人单位签订《全国普通高等学校毕业生就业协议书》。

② 就业协议鉴证。《全国普通高等学校毕业生就业协议书》应经用人单位的上级主管部门鉴证。用人单位是省人才交流中心人事代理单位的，上级主管部门意见可由省人才交流中心签署鉴证意见并盖章。

③ 办理派遣手续。毕业生持鉴证后的《全国普通高等学校毕业生就业协议书》到学校办理毕业派遣手续。

④ 办理报到落户。从每年度7月份开始，毕业生查询本人档案到达情况，确认到达后，持相关材料于当年12月底前到人才交流中心办理报到落户手续。

⑤ 签订劳动合同。毕业生就业后，用人单位应及时与毕业生签订劳动（聘用）合同和办理劳动（聘用）合同鉴证，并按规定为毕业生缴纳社会保险。

（二）就业协议书鉴证

毕业生签署的就业协议书实为三方四处协议，三方为用人单位、毕业生与就业管理部门，四处为用人单位、毕业生、用人单位上级主管部门或办理人事代理委托的人才交流中心、毕业生的毕业院校。人才交流中心不仅仅是人事代理的代理人，同样承担着政府就业主

管机构的就业监督和审核职责。毕业生在与用人单位签署了就业协议书后，需经用人单位的上级主管部门鉴证，即在就业协议书的"用人单位上级主管部门意见"栏签署鉴证意见并盖上主管部门的机构章或"毕业生就业专用章"。用人单位已在相应的人才交流中心办理人事代理的，上级主管部门意见即由人才交流中心签署并盖章；如果尚未办理人事代理，可先办理人事代理手续，或持用人单位出具的人事代理委托书，由人才交流中心对就业协议签署意见、盖章。

（三）人事档案管理

如前所述，一直有研究者将人事档案的归属视为人事代理制度的关键因素。人事档案在我们的工作中也一直扮演一个极为重要的角色，因此涉及人事档案的转入迁出时都需要遵循严格的办事程序。为便于理解，以下的解说依然以浙江省人才交流中心为例。

1. 档案转入

① 档案由原单位统一管理或由原单位统一委托其他人才交流机构管理的，提供与原单位解除劳动关系的证明到省人才交流中心开具调档函，到原档案保管机构调档。

② 档案由个人委托在其他人才交流中心管理的，提供档案个人托管协议到省人才交流中心开具调档函。其中有单位录用备案记录的，还需提供原单位的解除劳动关系证明。

③ 档案由本市各区就业管理处管理的失业人员，在用人单位办理招工录用备案手续后，由各区就业管理处交用人单位直接送省人才中心，不再需要省人才中心开具调档函。

④ 档案已由个人或原用人单位委托省人才交流中心管理的，若档案由个人委托本中心管理转为现用人单位委托本中心管理，则需提供与现单位签订的劳动合同；若档案由原用人单位委托本中心管理转为个人委托，则需提供原用人单位劳动合同及解除合同证明；若档案由原用人单位委托本中心管理转为现用人单位委托本中心管理，则需提供原用人单位劳动合同及解除合同证明及现用人单位劳动合同；人事档案由省人才交流中心内部直接调转。

⑤ 普通高校毕业后，其人事档案和户口已退回生源地，且在当地没有正式就业的毕业生，凭当地人才交流机构出具的未就业证明或者档案个人托管协议到省人才交流中心开具调档函，到原档案保管机构调档。

⑥ 应届普通高校毕业生、毕业后档案和户口仍然保留在学校的往届普通高校缓派毕业生，凭学校开具的缓派证明到省人才中心开具调档函，到学校调档。

2. 档案转出

人事档案管理费用从2016年元旦起已在全国范围内取消。转出档案时有集体户口和党组织关系挂靠的，必须把集体户口和党组织关系先行转出。转出人事档案需提供下列材料：

① 人事档案由用人单位托管的，需提供单位劳动合同和解除合同证明；人事档案由个人托管的，需提供个人《人事代理协议》。

② 根据档案转出去向不同，还需提供以下其他材料：转往本市其他工作单位就业的，若用人单位有人事档案管理权限，则需提供调档函，若用人单位没有人事档案管理权限，则需提供其他政府所属人才交流机构出具的调档函；转往就业管理机构办理失业登记的，需提供本人户口本和身份证复印件；跨地区转移人事档案的，需提供转入地市（县）级以上政府所属人才交流机构的调档函或政府人社部门开具的调令。

③ 其他所需要的材料。

3. 档案查阅与借阅

档案在寄到人才交流中心后，并非直接转交给用人单位。用人单位如需查阅和借阅人事档案，需办理相应的手续。如单位需查阅代理人员档案需由两人以上持单位介绍信与身份证（或其他有效证件）到省人才交流中心档案室办理档案查阅手续。

档案一般不外借，如因公出国政审等特殊原因需借出的，须填写借档申请函，并由借阅人签字，借阅单位盖章。若需借阅党员材料的，借档申请函须由党委盖章。经部门负责人批准后方可借用，用后及时归还，但一般不得超过十五个工作日。

（四）报到与落户手续

报到与落户手续的办理流程：第一步，查询档案到达情况。各大专院校依据毕业生就业协议或人才交流中心开具的《人事档案调档函》将学生档案寄（送）达人才交流中心档案管理部，毕业生可在人才中心网站查询本人档案到达情况。第二步，提交落户所需材料。在确认档案到达后，用人单位、本人或者委托他人将办理落户所需相关材料送到人才交流中心人事代理窗口。第三步，办理落户手续。窗口工作人员对材料进行审核、受理，并在2周内为毕业生办结落户手续。

办理报到落户所需的材料：毕业证原件和复印件（对因未还清助学贷款而暂时没有拿到证书的，出具证书复印件和学校证明）；报到证原件和复印件；户口迁移证；与用人单位签订的经劳动（人事）部门鉴证的一年以上劳动（聘用）合同原件和复印件；原所在市区社会保险经办机构出具的用人单位为当事人缴纳养老保险情况证明（养老保险缴纳清单），一般适用于改派人员；一张一寸照片。

（五）改派与迁出

① 当年未找到工作的毕业生人事档案和户口迁移证一并派回生源地的，且未在生源地办理报到落户手续，现已找到接收单位的，可在人才交流中心领取或网上下载毕业生就业调整表（一式三份），去生源地人才中心签署同意改派意见并加盖公章，再由现接收单位和现人才交流中心在毕业生就业调整表上盖章，然后再携带毕业生就业调整表和原就业报到证到省高校毕业生就业指导中心开具新的报到证，凭新的就业报到证回毕业学校的派出所重新开具或修改户口迁移证，后持相关材料到人才交流中心办理落户手续。

② 毕业生已与用人单位签订就业协议书，但现已同原单位解除协议，并找到新单位，新单位要求毕业生改派的，可在毕业当年和第二年内办理改派。新单位可到人才交流中心办理人事代理开户手续后，领取或网上下载毕业生就业调整表（一式三份），请原签约单位签署同意改派意见并盖章，再到原签约单位的上级人事主管部门盖章，之后分别到新单位和人才交流中心盖章，再携带毕业生就业调整表和原就业报到证到人社局高校毕业生就业指导中心（办公室）重新开具新的就业报到证，凭新的就业报到证回毕业学校的派出所重新开具或修改户口迁移证，后持相关材料到人才交流中心办理落户手续。

情景模拟

1. 选择你最可能从事的三条就业途径，每条途径至少列出三个选择的理由。

(1) 途径一（如进入私营企业）：_____。

理由①：_____；

理由②：_____；

理由③：_____；

更多理由：_____。

(2) 途径二（如专升本）：_____。

理由①：_____；

理由②：_____；

理由③：_____；

(3) 途径三（如应征入伍）：_____。

理由①：_____；

理由②：_____；

理由③：_____；

2. 对三条就业途径的可行性进行分析，重点分析你的优势和劣势，要求各列出不少于三条意见。

(1) 途径一：_____。

你的优势：①：_____；

②：_____；

③：_____；

其他：_____；

你的劣势：①：_____；

②：_____；

③：_____；

其他：_____。

(2) 途径二：_____。

你的优势：①：_____；

②：_____；

③：_____；

其他：_____；

你的劣势：①：_____；

②：_____；

③：_____；

其他：_____。

(3) 途径三：_____。

你的优势：①：_____；

②：_____；

③：_____；

　　　　　其他：_____；
你的劣势：①：_____；
　　　　　②：_____；
　　　　　③：_____；
　　　　　其他：_____。

3. 根据以上分析选定你认为最为可能的就业途径。

(1) 我选择的途径：_____。(如进入私营企业)

(2) 具体定位：

　　地域：_____。

　　行业：_____。

　　单位（性质与规模等）：_____。

4. 根据你所选择的就业途径，假设现在进入了公司开始工作，公司有意向与你签署就业协议书，你即将走完全部的就业程序，请对照《全国普通高等学校毕业生就业协议书》与报到落户手续办理过程，逐步模拟以下步骤：

(1) 填写好就业协议书的毕业生信息栏。

(2) 找公司相关部门填写用人单位信息、签署用人单位意见并盖章。

(3) 找到准确的人才交流中心或用人单位上级主管部门签署意见。

(4) 将就业协议书寄回学校并签署相关意见。

(5) 档案转寄。

(6) 迁移户籍关系。

(7) 办理离校手续。

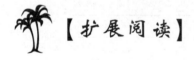

【扩展阅读】

毕业生人事代理

　　毕业生人事代理是指政府人社部门所属的人才交流机构，本着充分尊重毕业生自主择业的原则，高效、公正、负责地为各类毕业生解决在择业、就业中遇到的人事方面的有关问题，并提供以档案管理为基础的社会化人事管理与服务。人事代理工作由县（市）以上（含县、市）政府人社部门所属的人才交流服务机构负责。按照有关文件规定，高校毕业生联系到的接收单位是非国有经济单位（外资、合资、民营、民办、个体、乡镇、区街）及实行股份制改造的国有企业以及自费出国留学、择业期满尚未落实就业单位的毕业生需要办理人事代理手续。

（一）毕业生人事代理的服务内容

1. 向毕业生提供人事法律、法规和政策方面的宣传咨询服务；

2. 为毕业生保管、整理人事档案及提供档案借阅、传递服务；
3. 负责档案工资的核定调整，工龄连续计算；
4. 为毕业生办理见习期满后的转正定级，专业技术职务资格评审；
5. 代办养老保险、失业保险、医疗保险等社会保险业务；
6. 负责管理毕业生的组织关系；
7. 为毕业生挂靠户口关系；
8. 负责接转毕业生的人事关系手续；
9. 为毕业生办理出国（出境）政审呈报手续；
10. 承办与人事管理相关的其他事宜。

（二）毕业生人事代理的作用

1. 保护毕业生的合法权益。不同体制的单位，其人事劳动政策有显著区别，毕业生在不同体制单位中频繁流动会有许多人事问题需要衔接处理好。而毕业生人事代理业务对毕业生流动中个人的档案保存、工龄的连续计算、社会保险的接续、职称评定等问题都能发挥很好的衔接作用，使毕业生在人才流动中的合法权益得到有效的保护，实现单位人向社会人的转化。

2. 帮助毕业生从烦琐的事务中解脱出来。人事代理机构可以为毕业生迅速办理各项与其息息相关的福利及劳动人事事务，毕业生可以全身心地投入自己的工作学习当中，免去了后顾之忧。

3. 人事代理制度削弱了毕业生对单位的依附感，在这种用人机制下毕业生增加了工作的危机感和责任感，能够促进毕业生刻苦学习、努力工作，为单位创造更大的效益。

（三）毕业生人事代理的程序

根据毕业生的不同情况，毕业生人事代理手续办理程序也有所不同，具体程序分别是：

1. 择业期内已联系到接收单位的毕业生将有接收单位签章的就业协议交到省、市人才交流中心，由省、市人才交流中心审核后签署人事代理意见。毕业生将就业协议送交学校，由学校统一办理就业报到证、户口迁移证，并将毕业生档案送交到省、市人才交流中心。毕业生持就业报到证、户口迁移证等材料到接收单位报到，就业单位无集体户口的，可直接落入省、市人才交流中心集体户口。

2. 择业期内暂未联系到接收单位以及准备升学、出国的毕业生，持就业协议到省、市人才交流中心，由省、市人才交流中心审核签署人事代理意见。毕业生将就业协议交至学校，由学校统一办理就业报到证、户口迁移证，并将其档案送交省、市人才交流中心。毕业生持就业报到证、户口迁移证、身份证等材料到省、市人才交流中心报到，签订人事档案管理合同，户口落入省、市人才交流中心集体户口。

3. 择业期满仍未联系到接收单位的毕业生，由学校将其报到证开具到生源地的人社部门，由人社部门所属的人才交流中心负责接收并管理毕业生的人事关系。

第三章 就业素质与就业能力

职业教育，将使受教育者各得一技之长，以从事于社会生产事业，藉获适当之生活；同时更注意于共同之大目标，即养成青年自求知识之能力、巩固之意志、优美之感情，不惟以之应用于职业，且能进而协助社会、国家，为其健全优良之分子也。

——黄炎培

本章主要介绍就业素质和就业能力的含义与基本特征。围绕提高大学生就业核心竞争力，通过案例深入解析培养就业素质和就业能力的重要性，探究培养途径与方法，使广大毕业生能够顺利走上工作岗位，成为职场精英。

- 就业素质与就业能力概述
- 就业素质培养的途径与方法
- 就业能力培养的途径与方法

第一节 就业素质与就业能力概述

阿基勃特曾是美国标准石油公司的一个小职员，他为人诚实，工作努力，但留给人们印象最深的还是他那个奇怪的举止。

每次出差住旅店时，阿基勃特总是在自己签名的下方，认真地写上"标准石油每桶4美元"的字样，在来往书信和各种收据上，只要是他签名，他一定写上这句话。

久而久之，人们不再叫他阿基勃特先生，而是称他"每桶4美元"先生了。阿基勃特对此毫不在意，签名习惯依然故我。

公司董事长洛克菲勒偶尔听说了"每桶4美元"先生的趣事后，非常惊奇地说本公司竟有这种职员，无时无刻不在宣传公司的产品，我一定要见见他。后来，洛克菲勒卸任，阿基勃特——"每桶4美元"先生成了标准石油公司的新一任董事长。

一、就业素质概述

现实生活中发生的许多小事情都蕴含着发人深省的大道理。通过上述案例，你或许已从中体味到就业素质的真谛。在常人眼里,阿基勃特的签名行为简直不可理喻,但在企业家洛克菲勒眼里,则是一种难能可贵的就业素质,是对公司事业的热忱和执着的敬业精神。签名是一件谁都可以做到的事,可是只有阿基勃特一个人去做了,而且长年累月坚持不懈。在嘲笑他的人中,肯定有不少人才华、能力都在他之上。可是最后,只有这位"每桶4美元"先生以出类拔萃的就业素质赢得了成就自己的机会。

类似阿基勃特的故事,在职场中不胜枚举。各行各业对就业素质都有不同的要求。当公司职员需要职员的就业素质,当新闻记者需要记者的就业素质,当老师需要老师的就业素质,当公务员需要公务员的就业素质,其实不管干哪行,都是如此。一个人要想在社会上生存,就不能不去从事就业活动,也就不能没有相应的就业素质。缺乏就业素质的人,是不可能在就业生涯中有所作为的。影响和制约就业素质的因素很多,主要包括:受教育程度、实践经验、社会环境、工作经历以及自身的一些基本情况(如身体状况等)。一般说来,劳动者能否顺利就业并取得成就,在很大程度上取决于本人的就业素质,就业素质越高,获得成功的机会就越多。就业素质是人才选用的第一标准;就业素质是职场制胜、事业成功的第一法宝。如果你想在职业舞台上演出轰轰烈烈的人生节目,也要像"每桶4美元"先生那样注重就业素质的养成和在就业行为上的表现。

(一)大学生就业素质相关概念界定

1. 素质概念界定

《辞海》对素质有以下四种解释:a. 白色的质地。杜甫《白丝行》:"以悲素质随时染,裂下鸣机色相射。" b. 本质。张华《励志诗》:"虽劳朴斫,终负素质。" c. 素养。如政治素质、思想素质。d. 在心理学上,指人先天的解剖生理特点,主要是指感觉器官和神经系统方面的特点,是人的心理发展的生理条件,但不能决定人的心理内容和发展水平。某些素质上的缺陷可以通过实践和学习获得不同程度的补偿。近年来,在学界和社会生活的不同领域,素质一词的内涵和外延得到了进一步的扩展和延伸,使得素质概念有了更加丰富的内涵。

目前对素质概念的界定普遍有以下三种:一是比较笼统的界定,指人的修养和素养;二是生理学和心理学范畴的界定,指人由先天遗传得到的品质,它是人进一步发展的基础,为后天能力的提升提供保障;三是教育学范畴的界定,是指"人们在先天生理的基础上,受后天环境的影响,经过后天的社会实践锻炼,通过自身长期内化养成的基本稳定的、长期起作用的身心特征及其基本品质结构,通常又称为素养"。各领域对素质概念的阐述各有见地,学界普遍倾向于对素质概念的第三种界定。

广义的素质指教育学意义上的素质概念,即是以人的生理和心理实际做基础,以其自然属性为基本前提,个体生理和心理的不同成熟水平决定着个体素质的差异。因此,对人的素质的理解要以人的身心组织结构及其质量水平为前提,它对人的知识、能力、心理的形成和发展会产生重大的制约和影响,但不能决定个体心理发展的内容、走向和发展水平。广义的素质是社会实践的产物,是在社会实践中逐步发育和成熟起来的,即使有某些遗传缺陷,也可以通过后天实践、学习和磨炼获得不同程度的弥补。

2. 大学生素质概念界定

大学生素质是指在高等教育阶段,大学生在已有知识结构和能力支撑的基础上通过进一步的学习和实践，逐步形成和发展起来内在的、相对稳定的、对其持续发展具有促进作用的主体特性和品质，是对大学生整体要求的反映。大学生素质是个内涵丰富的概念。大学生素质的含义有以下三方面的内容：第一，时间段的界定是在高等教育阶段；第二，大学生素质不是先天的、与生俱来的，它是教化的结果，是可以培养、造就和提高的；第三，大学生素质具有三个基本特征即内在性、稳定性和有机性。大学生素质的内在性是指大学生素质不是外部赋予的，而是大学生自身固有的特性和品质，是大学生所习得的知识和能力的内核，是大学生改造主客观世界的力量源泉。大学生素质的稳定性是指大学生素质的要素和结构一直处于比较稳定的状态，在认识和改造主客观世界中的作用是持续和长期的，甚至是恒久、终身的，趋向本能和自发。大学生素质的有机性是指构成大学生素质的各个元素互相关联协调，具有不可分割的统一性。

3. 大学生就业素质相关概念界定

对大学生就业素质概念的界定，目前学术界还没有形成一个公认的、系统的、准确的定义，甚至对大学生就业素质的具体内涵和外延方面所做的表述在现有资料中也很难查阅到。大学生就业素质应该是指在高等教育阶段，大学生在学习和实践过程中逐步形成和发展起来的内在的、相对稳定的、对其持续发展具有指导意义，并且在就业过程中表现出来的心理品质和知识技能的综合素质。大学生就业素质是大学生个体合理择业、顺利就业和成功创业的基础。要从根本上提高就业竞争力，应注重培养大学生内在的就业素质，为其顺利就业和良好职业生涯的发展奠定扎实的基础。

（二）大学生就业素质内涵

大学生素质包含就业素质，就业素质是大学生素质的有机构成。大学生素质的内容则比大学生就业素质的内涵更加广泛、更加丰满。大学生就业素质是大学生求职过程中这一特定阶段和时期有利于大学生就业相对稳定的心理和行为特征，是社会对大学生知识、能力等方面的较为特殊的综合要求。大学生素质主要要素包括专业素质、思想素质、政治素质、法律素质、道德素质、创新素质、人文素质、科学素质、管理素质、社会素质、心理素质和身体素质等。大学生就业素质主要要素包含相对特殊的就业观念、专业素质、思想道德品质、政治素质、身心素质以及适应当前社会环境的创业素质等。

第一，就业观念。主要是指对未来职业的选择倾向、就业定位，对社会需求与自身特色的分析能力。大学生要学会正视自我，认识自我，准确定位自身就业要求，看清自身的优势与劣势，脚踏实地，树立正确的择业就业观。

第二，专业素质。包括实用技能、专业理论、实践能力、操作能力等，这是大学生的本职所在。大学生自身最大的优势就在于专业素质。

第三，思想道德品质、政治素质。政治素质往往能在具体问题上体现一个人的理想、信念、立场、观点和态度，以其对党、对国家、对社会主义制度等所持的态度，可表现为不同的政治立场、政治方向、政治观点。思想道德素质综合性地体现在大学生所具备的世界观、人生观和价值观上，"爱国守法、明礼诚信、团结友善、勤俭自强、敬业奉献"是当代大学生必须具备的基本道德素质。

第四，身心素质。包括良好的身体素质和健康的心理素质。良好的身体素质应该有强壮的身体、一定的健身技能、良好的卫生习惯等。健康的心理素质包括完整的人格、良好的人际关系、健康的情绪、较强的承受能力等。

第五，创业素质。创业素质要求创业者应该具备基本的创业意识、坚强的创业品格，拥有综合的创业能力、完备的创业知识结构，既要在多方面有广博的知识，又要培养精深的专业知识。大学生就业素质个体素质是影响和决定个体言行的内在要素，由此推之，就业素质就是影响和决定求职者就业成功的内在要素。

大学生就业素质培养的特点：

1. 社会性

"人创造了环境，同样，环境也创造了人。"大学生就业素质培养的社会性，是指大学生就业素质培养的某些要素能够满足具有社会意义的社会需要。首先，大学生就业素质培养是时代的产物。近年来，随着科技、经济的全球化，就业问题日益突出，教育以适应社会改革和发展的需要，大学生就业素质培养要求得以产生，并顺应当代社会经济发展呈现出新的趋势和特点，丰富了大学生就业素质培养的内容。比如，2012年教育部印发了《普通本科学校创业教育教学基本要求试行》的通知，要求各高校应创造条件，面向全体学生单独开设"创业基础"必修课，以体现国家对培养创业、创新精神的重视。其次，大学生就业素质培养的主体、客体都具有一定的社会背景，受制于当时所处的社会关系和环境，其思想上、行为上都受到当时社会关系的制约。大学生就业素质培养的主客体是具有思维和主观能动性的人，在教育过程中表现出来的差异性，让主体只能从实际出发，不断改进就业素质培养的形式和方法才能取得教育的实效。最后，大学生就业素质培养受到社会影响。大学生作为社会一员，每天都同社会有着广泛的接触和联系。社会的复杂性让大学生随时受到多方面的影响，有来自学校、家庭和社会的，有直接的也有间接的，有积极的也有消极的。大学生就业素质培养的社会性要求我们在培养过程中要充分利用有利因素，克服不利因素，使社会影响在大学生就业素质的培养中得以优化。

2. 阶段性

大学生是动态发展的，就业素质培养也是一个动态发展的概念，阶段性是指大学生在不同的时期会有不同的需求，大学生就业素质培养内容会随着时间的不同而不断地调整。大学生就业素质培养过程贯穿大学生生涯，因此，每个阶段各有不同，会根据不同年级、时间段，制定不同的培养目标、培养内容、培养方式，因人因时因事施教。

3. 多样性

多样性是大学生就业素质培养的重要特征之一。所谓就业素质培养的多样性是指大学生就业素质是一个由培养内容、培养人员、培养过程组成的多维立体的系统。第一，大学生就业素质培养内容的多学科性。由于培养大学生成长是一个复杂的过程，需要多学科提供理论和知识，这就让大学生就业素质培养内容体系具有多学科渗透交叉的特点，包括了马克思主义哲学、思想政治教育学、社会学、心理学、管理学、创业学等学科。第二，大学生就业素质培养人员组成的多样性。大学生就业素质培养是高等学校教育的一项系统工程，涉及学校党、政、工、学、团等方方面面，高等学校及其有关的教育部门应该予以高度重视、充分认识，不可孤军作战。同时，利用一切可以利用的社会资源，教书育人、管理育人、服务育人，推动大学生就业素质培养的健康、可持续发展。

二、就业能力概述

20世纪关于就业能力的研究，本质上讲是基于政府层面，针对劳动力市场弱势群体的就业问题研究，致力于扩展失业人员寻找工作的平台，并改善他们展现其能力和经验的方式（Hillage and Pollard，1998）。在就业能力最先受到关注的英国，就业能力已成为所谓的"第三道路"政策的中心原则。国内学者对就业能力定义界定：大学生就业能力是一种获得工作、保持工作、取得工作进步的一种综合能力。大学生就业能力不仅仅是获得工作的能力，还包括保持工作的能力以及在工作中进一步发展的能力。高等教育中所有高等学校的人才培养目标就是让培养出来的人才能够适应社会的需求，能够使其获得适当的职业。

（一）能力的概念及类型

能力的概念。能力是一个在实际应用领域含义非常广泛，在学术研究领域较难界定和测量的一个概念。在《当代简明牛津词典》中使用的是"abilities"一词，该词被解释为做事的个人素质或潜质。

能力，是指顺利完成某一活动所必需的主观条件。能力是直接影响活动效率，并使活动顺利完成的个性心理特征。能力总是和人完成一定的活动联系在一起的。离开了具体活动既不能表现人的能力，也不能发展人的能力。能力对人一生就业道路的选择、事业的成败具有重要作用。任何就业都要求从业者掌握一定技能，具备一定条件。一般来说，就业不同，对技能的要求也不一样。任何一种技能都是经过一定时间的训练后才被劳动者所掌握。能力实际上是由多种因素组成的复杂心理结构。一般来说，顺利完成任何就业活动都必须具备两类能力：一般能力与特殊能力。

一般能力：是指完成各项活动都必须具备的基本能力，包括观察能力、记忆力、思维力和想象力，这是人认识世界的基础。因此，又称一般能力为认识能力，而且把这四种认识能力的综合称为智力。在学校教育中，学习各门学科的目的是为将来的就业奠定基础，发展一般能力，开发智力成为学校教育的主要任务，这一点在高职院校也是如此。

特殊能力：是指在某种就业活动中表现出来的能力，它在就业活动中体现为就业能力。所以，就业能力指顺利完成某种就业活动所必须具备的心理特征。语言口头表达能力、语言书面表达能力和计算能力等，这些能力都是完成某些特定就业活动必须具备的能力，它们是了解自己能否胜任某种就业的依据，与就业选择具有更直接的关系。心理学家认为，每一种特殊能力都是由制约就业活动质量的几种心理品质组成的。因此，用人单位在招聘人员时，往往通过考察各种与就业活动有关的心理品质来测量应聘人员是否适合从事该职业。目前，各地的人才中介服务机构也开始采用心理测试的方法来选择人员，这就涉及就业能力。

（二）就业能力的基本内容

"就业能力"这一概念自20世纪初被提出以来发展至今已取得了丰硕的成果（Fugate & Kinicki，2008；Fugate et al.，2004；Heijde & Heijden，2006）。由于所处时代、社会背景和学科领域的不同，人们在如何定义和理解其概念内涵上也存在很大差异（谢义忠等，2013）。广义上，就业能力指的是员工获得初始就业、维持就业以及在必要时获取新的就业的能力（Hillage et al.，1998）。基于当前员工的职业生涯发展不仅受个体自身因素的影响，还会受到组织内外部因素的影响，我们认为就业能力应体现同时包含个体在内部和外部劳动力市场上的竞争力。

就业能力是指人们从事某种就业活动并影响该就业活动效率的个人心理特征。人的就业能力是由多种能力复合而成的，是人们从事某项职业必须具备的多种能力的总和，它是择业的标准和就业的基本条件，也是胜任就业岗位工作的基本要求。从人们从事的活动中，就能看出人是否具有某种能力，以及这种能力达到了什么水平。例如，通过用英语自我介绍和用英语谈论有关专业问题，就可以判别一个人的英语会话能力。

就业能力由两大部分组成，即专业能力和关键能力：

专业能力是指某一专业所对应的就业岗位（群）必须完成的工作任务和职责，即根据就业（工种）的特性、技术工艺、设备材料以及生产方式等要求，对劳动者的业务知识和技术操作能力提出的综合性水平规定。专业能力主要包括专业知识、专业资格、资格证书、专业拓展等。

关键能力包括学习能力、外语能力、计算机应用能力、信息能力、交际能力、社会适应能力、团队能力、创新能力等。澳大利亚教育部次长卢比认为，关键能力包括：

① 收集、分析、组织信息能力。
② 交流思想与信息能力。
③ 计划与组织活动能力。
④ 团队合作能力。
⑤ 运用数学方法与技巧的能力。
⑥ 解决问题的能力。
⑦ 应用科技成果的能力。
⑧ 理解不同文化的能力。

澳大利亚国家培训部门提出的能力标准包括4项：

① 能完成特定的任务。
② 能在任务范围内处理纷繁复杂的工作。
③ 能处理日常工作中的故障和突发事件。
④ 与人共事时能正确处理个人责任和个人期望。

关键能力是一种可迁移的跨岗位、跨就业的能力。由于当今的就业和岗位处于不断变化中，一个人一生将要从事多份职业（在美国，人一生平均更换四种职业和更多的岗位）。专业能力在你寻找第一份工作时起到至关重要的作用，但在人员进行流动过程中，社会适应能力、交际能力、团队能力等不依赖专业知识而独立存在于你的头脑之中，关键能力将会起到比专业能力更为重要的作用。

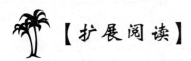

【扩展阅读】

一万美元

20世纪初期，美国福特公司的一台电机出现故障，很多人搞了两三个月都修不好。在束手无策的情况下，有人向公司推荐了当时已经移居美国的德国专家斯坦门茨。斯坦门茨在电机旁边仔细观察，又计算了两天后，就用粉笔在电机的外壳上画了一条线，说："打开电机,在记号处把里面的线圈减少16圈。"人们半信半疑地照他的话去做,结果毛病果真出在这里。电机修好后,有关人员问他要多少酬金,他说:"10 000美元!"啊?10 000美元!那人还以为自己听错了呢!于是,便要求斯坦门茨列一张账单说明费用的支出。斯坦门茨写道:"用粉笔画一条线1美元,知道在哪里画这条线9 999美元。"账单送到了公司老板那里,老板看了后连连点头,很快照付了10 000美元,并用重金聘用了他。

第二节　就业素质培养的途径与方法

就业素质是就业特征与就业规范的内化,是在人的言行、性格和气质中表露出来的特质,这种特质的核心便是就业化的烙印。总结国内外研究成果,根据就业素质在人的就业活动和行为中的作用地位来分析,其构成主要有五个方面:

① 影响人的就业活动倾向、目的及方向方面的素质。如就业需要、就业动机、就业兴趣、就业理想、就业信念、就业价值观、世界观等。

② 影响人的就业活动过程调节和控制方面的素质。主要是主体在就业活动中表现出来的就业认识、就业情感、就业意志、就业行为方面的品质。

③ 影响人的就业活动水平、质量和效果方向的素质。如智力、能力、思维方式、思想道德品质、就业态度、就业习惯等。

④ 影响人的就业活动程度的素质。主要是人的体质和健康状况。

⑤ 体现人的整体形象和面貌方面的素质。如性格、气质、仪容仪表、风度等。

围绕上述就业素质构成的主要内容,大学生就业素质的培养应从以下三方面展开:

一、学会学习,构建合理的智能结构

只有通过学习,人才能成为全面发展的新人。美国著名的未来学家阿尔温·托夫勒指出:"未来的文盲不再是目不识丁的人,而是那些没有学会怎样学习的人。"学习是人类生存发展的基本手段,在某种意义上说,一部人类发展史,就是一部人类学习史。在知识经济的新时代,学会学习是科技迅猛发展的客观要求,不学习或者不会学习,社会就不能进步,国家就不能强盛,个人就不能成才发展,甚至难以生存。

学习的功能在于掌握知识、发展智能、提高素质。学会学习是大学阶段的重要目标。只有通过学习,才能构建起合理的智能结构,从而为良好的就业素质夯实坚实的基础。良好的专业素质和合理的智能结构,是职场成功的重要资本。

1. 智能结构概述

通俗地讲,智能就是运用智慧和知识认识客观事物和解决实际问题的能力。它是一种潜在的心理能量,集中表现在反映客观事物深刻、准确、全面的程度上,运用知识解决实际问题的速度和质量上。

智能的构成包括知识、智力和能力三方面的要素,这三方面的要素有机组合,就是智能结构。智能结构是否合理,关系到一个人的就业素质的优劣。好比一批质量和性能都先进的机器零部件,如果没有按照优秀的设计把各种零部件合理有序地组合起来,就不可能成为一台好的机器。一个人提高专业素质的过程,也是学习知识技能、培养智力、发展能力,并使

之构成合理结构的过程。

2. 智能结构——知识、智力、能力三要素的有机组合

(1) 知识是智能的基础

在智能结构中，知识是人们在认识和改造世界的实践中所获得的认识和经验的总和，是智能的基础。一个人的才能是建立在知识的基础之上，由知识转化而来的，知识是才能的元素和细胞。一个人才能的大小，首先取决于他知识的多寡、深浅和完善程度。古语云："才成于学""才以学为本"。培根说："读书使人明智，读诗使人灵秀，数学使人周密，科学使人深刻，伦理学使人庄重，逻辑修辞使人善辩，凡有所学，皆成性格。"一般来说，谁掌握的知识越丰富、越精深，加工和运用这些知识的思想方法越正确、越先进，谁的才能也就越大。古今中外，凡是有才能的人，都有很强烈的求知欲，都有废寝忘食的刻苦学习精神。马克思为写《资本论》曾经钻研过1 500多种书，而且都写了提要，他每天到大英博物院图书馆阅读，竟在座位前的地板上踩出一双脚印。毛泽东在边学习边写《矛盾论》时，脚上的棉鞋被炭火烤着也浑然不知。唐代书法家颜真卿曾有一首流芳千古的《劝学》诗："三更灯火五更鸡，正是男儿读书时。黑发不知勤学早，白首方悔读书迟。"用通俗明白的语言劝诫人们抓紧时间勤奋学习。

智力就是一个人的智慧和聪明程度，是一个人观察力、想象力、记忆力、理解力、思维力、辨别力和应变力的综合，它是智能的核心。长期以来，心理学界就有智力是"遗传决定"还是"环境决定"的争论，而事实上，智力是遗传、环境、教育和自我努力等多种因素相互作用的结果。现实生活中既有高斯（19世纪德国数学家）10岁就能快速计算出老师出的级数求和（$1+2+3+4+\cdots+100=101\times50=5\ 050$）算术题这样的"神童"，也有努力克服先天不足，取得卓越成就的名人。如著名作曲家贝多芬，幼年时就被老师认定为素质不佳，不可能成为作曲家，然而贝多芬经过奋发学习和努力，22岁时就成了维也纳最好的钢琴家和优秀的作曲家，27岁后不幸得了耳聋病，但正是从这以后，他更加刻苦勤奋，以顽强的毅力创作出了《命运交响曲》等一系列脍炙人口的杰出作品，成为世界艺术史上最伟大的交响乐作曲家之一。著名数学家华罗庚说："我读小学时因为成绩不好，就没拿到毕业证书，在初中一年级时，我的数学也是经过补考才及格的。但是说来奇怪，从初中二年级开始，就发生了一个根本的转变，这就是因为我认识到既然我的资质差些，就应该多用一点时间来学习，别人只学一个小时，我就学两个小时，这样数学成绩就不断提高。"

(2) 能力是知识和智力的结晶

能力是人们在认识世界和改造世界的实践活动中所表现出的身心力量和本领。它具有综合性与专业性、实践性与渐进性、稳定性与自发性等特点。

综合性与专业性是讲人的各项能力是靠多种智力、知识、技能和实践活动共同作用的结果。比如，专业识图绘图能力，就是数学几何知识、机械原理知识（或者建筑、地理知识）、空间想象力、观察分析力等综合而成。但是，即便是水平和素质很高的人，也不可能一朝一夕就具备一切能力。因此，大学生想要优先具备自己将要从事的职业、专业或某些领域内的必备能力，也就是专业能力，就应该根据自己所学专业的特点和内涵要求，把学习专业知识、理论、技能与培养能力结合起来，构建符合自己专业方向的知识和能力结构，为胜任该专业岗位打下良好基础。

实践性是讲人的能力总是与实践活动紧密相连，是在实践中逐渐培养、形成和发展起来，并在实践活动中表现出来的。实践是培养和发展能力的根本途径。渐进性是说明能力的形成是一个较长的过程，它不像知识可以突击获得，比如，我们集中精力和时间看几本书就可以学到很多知识，而某项能力的获得和发展要靠系统训练和培养才能养成。

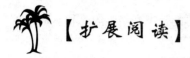【扩展阅读】

纪昌学射

《列子》中有个寓言，说的是纪昌去向神箭手飞卫求师学射箭，飞卫要他先学习注视目标而不眨眼的功夫，学会了才能谈射箭。纪昌回到家，每天躺在他妻子的织布机下，睁大眼睛注视着梭子穿来穿去。练了两年后，就是有人用锥子扎他眼皮，他也不会眨一下眼睛，他告诉了飞卫。飞卫说还不行，你还必须练眼力，你要能把细小的东西看得极巨大，把很模糊的东西看得很清楚，才能学射箭。纪昌又用一根牛尾毛拴了一只虱子吊在窗户上，每天盯着它看，10天后，虱子渐渐变得大起来了，3年后，虱子看起来竟有车轮一样大，再看其他东西，都像山那么高大。于是纪昌找来强弓，搭上利箭，将箭射过去恰好从虱子的中心穿过，而悬挂虱子的牛毛却没有被射断。纪昌在飞卫的指导下终于成为有名的神箭手。

这则寓言说明一项技术和能力的掌握和培养，必须先严格训练基本功，打好基础，循序渐进，从一般能力的培养入手，在掌握有关知识和方法的基础上，再学专业能力和特殊能力，这样就能由浅入深，得心应手。因此，大学生要坚持理论与实践相结合的学习方法，尤其是要高度重视并积极参加各种有利于能力培养的社会实践活动，特别是与专业密切相关的实践教学活动，既可以提高能力，也可以巩固和深化所学的专业知识和专业理论。

能力的增长虽然比较缓慢，但是，某种能力一旦形成后便具有较长的稳定性，在个人进行某项相应的活动时，它就会自发地发挥出来，从而保证活动任务的完成和活动目标的实现。

（3）知识和能力相互依存、相互促进

知识和能力，既有联系，又有区别。一个知识渊博的人，未必能力就很强。歌德曾尖锐地指出："单学知识的人仍然是愚人。"但是，能力的培养和发展离不开知识，缺少知识的、空洞的、抽象的能力也没有多大作用，知识和能力是相互依存、相互促进的。有人曾做过这样的比喻：知识如文字，能力如作文；知识如药品，能力如处方。一个掌握文字较少的人不可能写出好文章，一个了解药品知识少的人肯定开不出好处方。一般来说，知识储备越丰富，可供调用的知识就越多，运用起来就越灵活自如，人的能力也就可能越强。

二、勇于实践，培养较强的社会适应能力

某职业技术学院的毕业生小王，经过3年的学习，以优异成绩领取了毕业证书。然而，从小学到大学，在老师和家长的心目中，他可谓是"标准学生"，整日在书海里埋头遨游，却从未考虑未来。毕业对他来说是一件可怕的事情，他不敢走入社会，不敢面对新的环境，他对老师和家长说："……我不想离开学校，还想在学校里继续学习……"

从这个案例可以看出，小王出现了角色转换适应不良现象。现在的大学生多是独生子女，心理素质较弱，相对缺乏适应社会形势变革，特别是适应市场经济发展的能力。在离开

校园步入社会的时候,如何转换角色、适应社会是每个大学生的必修课题之一。市场经济和科学技术的快速发展,高等教育大众化程度的迅速提高,使得今天的大学生不但就业充满竞争,而且进入职场后竞争同样激烈。现实生活中我们看到这样一种现象:一批同时进入职场的大学生,在同一起跑线上起步,用不了几年,便显现出千差万别的景象,有人春风得意,成绩斐然;有人苦苦奋斗却壮志未酬;也有人一事无成,悲观消沉。造成这一差距的原因固然很多,如专业素质、思想素质的高低等,但是能否尽快适应社会和就业要求,尽快实现社会角色的转变也是重要因素之一。

社会适应是一个内涵丰富的概念。从广义上讲,指的是个人接受社会的制约和选择时,从心理、思想、知识、能力等各个方面,按照社会和时代的要求进行调适,使之与社会和时代合拍并保持协调的过程。狭义的社会适应,是指一个人踏入社会、就业之后,经过一段时间的熟悉和自我调节,能够与社会环境、生活环境和工作环境相适应,基本完成由学校到工作单位、由书本知识到就业实践的转变,进入自己新角色的过程。完成这个过程的时间叫就业适应期,也称社会适应期。

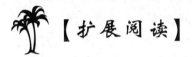

【扩展阅读】

大学生在就业适应期最常犯的毛病

1. 缺乏事业心,缺乏责任感

表现形式是思想上、工作上处于低标准状态,关心自己太多,要求自己太少;对别人、对工作岗位、对社会要求太高,抱怨和牢骚太多,精神不振,作风疲沓,不安心工作,有的甚至刚上班就想跳槽等。这样的人很难在职场站稳脚跟,更难取得成绩。

2. 智能结构不合理,动手能力差

就业针对性强是高职教育的重要特色之一,具备较强的第一岗位任职能力,上岗即能顶岗,顶岗就能顶好岗是高职学生智能结构的核心要求。但是,对一些高职毕业生的跟踪调查发现,有少数人进入职场后实际能力不强。比如,学机械专业的看不懂较复杂一点的装配图,学电子信息专业的不会使用常用的仪器仪表,因此,面对工作任务束手无策。

3. 缺乏继续学习的毅力

有些大学生一毕业,就放松懈怠,自以为"一技在身",就可高枕无忧。殊不知,现代社会竞争激烈,知识更新很快,只有加强专业知识学习,给自己不断充电,进一步巩固与提高,才能跟得上时代的步伐。

4. 组织纪律观念淡薄,文明修养差

有些毕业生在学校养成了懒散放纵的不良生活习惯,到工作单位不善于约束自己,上班自由散漫、我行我素,言谈举止缺乏文明修养,不修边幅、说话粗鲁,让人见了就感觉不顺眼,甚至讨厌。这种人不但缺乏发展的空间,甚至生存的空间也很狭窄。

5. 轻视基层,害怕艰苦

我国整体经济发展水平不太高,并且在地区间、行业间很不平衡,这就决定了一些企业或用人单位的工作、生活条件不够好,在基层单位尤其如此,需要埋苦创业,艰苦奋斗。但少数毕业生缺乏艰苦锻炼的思想准备，进入单位后，讲究待遇，追求享受，害怕艰苦，不愿到生产、服务第一线，不愿到较艰苦的岗位，以致被用人单位当作眼高手低、夸夸其谈，大事不会做、小事不愿做的包袱。

6. 不善交往，社会活动能力差

有些毕业生不注意人际交往能力的培养和不良性格的矫正，进入社会后，在无所不在、无法逃避的人际关系和环境面前显得无所适从、无能为力，以致形影相吊、孤独寂寞，长时间难与周围环境合拍。

作为一名大学生应针对上述现象，结合自身情况，找出不足，认真加以克服、弥补，以此保证少走弯路。具体说来，大学生进入职场要做到"三忌"：

一忌固执清高，目空一切。有人讲："真才实学和人际关系是人生的两个并驾齐驱的车轮，要想更快更好地发展，缺一不可。"大学生进入职场后，千万不能自命不凡，清高自负，目中无人，这个瞧不起，那个看不惯，对别人评头论足，其结果只能是孤立自己，四处碰壁。应该学会理解人、尊重人、帮助人，只有善于尊重和帮助别人，才能赢得别人的尊重和支持。要做到这一点，首先要谦虚随和，不摆架子，乐于与人交往，比如，经常与同事聊聊天、打打球、下下棋等，与领导和同事见面时点个头、问个好，虽然是举手之劳，却有不可言传的意义。其次，要懂得宽容忍让，灵活变通，"入乡随俗"。宽容忍让就是指对自己不公或自己看不惯的人和事，自己无力或没有合理合法的根据去改变时，只要它不损害国家、集体、人民以及个人的根本利益，就可采取暂时宽容忍让的方式，待有机会和条件时，再予以化解或处理，以避免矛盾激化，避免无意义的冲突。灵活变通是指要善于随机应变，具体问题具体分析，灵活处理，不上纲上线，不钻牛角尖。古人云"水至清则无鱼，人至察则无徒"，说的就是这个道理。但要强调的是，灵活变通不等于搞阴谋、耍手腕、翻手为云覆手为雨、投机钻营、左右逢源，这些都是不道德行为，是人们所不齿的。"入乡随俗"就是要尊重并适应当地的风俗、本单位的习惯和规矩，尽量与周围的人"合群"。

二忌好高骛远，朝三暮四。人无"定力"，就无成功。"定力"就是抵抗诱惑的能力、百折不挠的能力、持之以恒的能力。高职学生的学历介于本科和中专之间，与本科生相比难以跻身于管理层，与中专生相比又欠缺吃苦精神，很容易造成"高不成，低不就"的局面。面对实际，高职学生应该调整自己的心态，毕业后一旦选定工作岗位，进入工作单位就应该安下心、扎下根，从小事做起，踏踏实实地做一番事业。千万不能朝秦暮楚、见异思迁，总是羡慕别人，总是怀疑自己的选择，今天想干这个，明天又想做那个，这山望着那山高，心老是静不下来，更不能动辄跳槽。俗话讲，园里挑瓜，越挑越差。随意跳槽，很容易丧失机遇，浪费青春，一事无成。在职场上，谁都不喜欢朝秦暮楚的人，谁也不愿接纳见异思迁者。

三忌自轻自贱，缩手缩脚。充满自信，工作才有动力、才有激情。有的高职毕业生觉得自己的学校名气不够大，牌子不够硬，学历不够高，所以总是显得自卑，不敢充分发挥主观能动性，自然也就不能有出色表现，就越发以为是本人能力不行，形成了恶性循环。美国的布朗尼科夫斯基在《提高创造力的七个步骤》一文中引用马尔兹博士的话：在很大程度上，"你想你是什么，你就是什么；你想你能做什么，你就能做什么"。因此，"增强自信心，你就能变得更富有创造性"。高职毕业生进入职场后要用"天生我材必有用""是金子总要发光"的自信来鞭策和激励自己，善于应用所学的专业知识和技能，利用一切时机，充分发挥自己的聪明才智,大胆实践,大胆展示自己,勇挑重担,敢于创新,不懂就问,不会就学,努力做出成绩,做出贡献。

三、善抓机遇,敢于挑战,塑造成功的自我

每个人一生中都会遇到很多机遇,但现实中又有多少人能抓住每一次机遇?卡耐基说得好:机遇对每个人都是平等的,但成功只给有准备的人。能力强、综合素质高的人善于抓住机遇并且充分利用它们,具有高度智慧的人更善于创造机遇。

何谓机遇?有人说:一个人的成功是"七分努力,三分机遇";还有人讲:一个人的成功是"三分努力,七分机遇"。后者的话可能是夸大了点,但都讲明了现实生活中的一个道理,这就是中国古人所说的"谋事在人,成事在天"。这个"天",其实就是机遇。机遇即机会,即行事的际遇、时机。世间万物的发展都有机遇在里面:没有伯乐,千里马永远只能受到普通马的待遇;宝石深藏在土里,永远不会价值连城。对一个人的发展来说,机遇有两层意思:一是某个人在某个方面具有潜在的才能,但未被人们发现,甚至他本人也没有察觉到,但由于偶然的机会,使他的这种潜在的才能发挥出来,并取得成绩,从而使他崭露头角,踏上成功发展之路;二是人们在工作过程中,由于某个偶然的或意外的事件和机会,导致了新的发现、发明或者发展机会。例如,被誉为"科学幻想之父"的法国著名科学幻想小说作家儒勒·凡尔纳,18岁时在巴黎学法律,一次参加上流人士的晚会,下楼梯时他像顽童一样趴在扶手上往下滑,结果撞在了一个胖胖的绅士身上,这个绅士正是法国著名的大作家大仲马。从此,凡尔纳结识了大仲马,并在大仲马的影响和指点下,走上了文学创作之路,终成辉煌事业。

当代大学生在事业发展方面面临的最大机遇,就是进入21世纪以来,我国开始了全面建设小康社会的伟大工程,社会、经济、科技继续快速发展。发展需要数以千万计的高素质、高技能专业技术人才,发展为当代大学生提供了能够充分发挥聪明才智、大展才华、大显身手、建功立业的极好机会和广阔空间。

何谓挑战?通俗地讲,挑战就是需要考虑和解决新矛盾、新问题、新困难。即将进入或者已经进入职场的大学生所面临的主要有两大挑战:一是科学技术快速发展的挑战。当今全球化的科技革命浪潮,像一支强有力的杠杆,支撑并推动着世界高速地运动、发展,加速了知识经济、信息社会的到来,把人们的思维和视野引向更广阔的宏观世界和更细小的微观领域。一方面,新知识、新技术、新信息层出不穷地涌现出来,另一方面又把旧知识、旧技术、旧信息毫不留情地淘汰出局。在这种趋势下,知识、技术、信息的更新速度加快,各种就业和岗位对个人的就业能力以及素质的要求也越来越高。因此,人们就业发展的机遇增多,但是落后于时代、被职场淘汰的可能性也在增加。二是社会主义市场经济体制的不断发展和完善,尤其是近些年高等教育快速发展,所带来的职场竞争的挑战。20世纪90年代中期开始的高等教育连续多年超常规扩招,使得大批量的大学毕业生进入劳动就业市场,就业竞争加剧,大学生就业难已经成为不争的事实,成为社会关注的热点和难点问题。

机遇与挑战并存。从目前的情况看,社会对技术型人才的需求越来越多,"银领"身价看涨,很多高职院校热门专业的毕业生比本科生还"抢手",这些都给高职教育的改革与发展带来了机遇和挑战。所以,大学生应该善于发现机遇,把握机遇,敢于挑战,在激烈的职场竞争中塑造出成功的自我。

机遇并不是每个人都能得到的。爱因斯坦曾说过:"机遇只偏爱有准备的头脑。"法国科学家尼科尔也说:"机遇只垂青那些懂得怎样追求它的人。"这里所讲的"有准备的头脑""懂得怎样追求",无疑是指有丰富的科学技术知识和才能、有较高的就业素质、有坚定的追求和顽强的奋斗精神。在现实社会中,人人都有发展自己的机遇、获得成功的机会,行行都能出状元。但成功需要实力、奋斗和追求。利用机遇取得成功绝不是"碰运气",等着天上掉下馅饼。机遇特别垂青有准备的人,他们在平时就善于思索,当机遇出现时,就能果断而迅速地抓住。而在毫无准备的人那里,机遇即使一再出现,他也会白白错过。

某职业技术学院的毕业生小章,学的是生物,除了专业本身的就业难度外,他自己对这个专业也并不感兴趣。小章喜欢的是新闻,所以在大学期间,他除了使自己的专业成绩达到合格外,更注意在写作方面做出努力。只要一有空,他就坐在图书馆里查资料、读新闻学著作,较为系统地自学了新闻理论。同时,小章积极参加学校新闻社团,在学校以及周边有重大新闻发生的时候他总能快速地投入采访,写出了很多好的新闻稿件,一时间成了校园里的明星人物。快毕业时,刚好一家媒体来学校招聘,看了小章的作品,立即拍板录用他。就这样,小章一举击败了一些新闻专业的本科生,顺利进入了这家新闻单位。

幸运之神随时可能叩响你的大门,关键在于你是否已经做好了准备。在职业技术学院学生物、毕业招聘时击败学新闻的本科生而进入新闻单位从事新闻工作的小章,如果不是前期经受了艰苦的磨炼、做了充分的准备,就很难脱颖而出。在今天的社会,什么事情都是有可能发生的。不要浪费你自己宝贵的时间去倾听那些抱怨没有机会的人。审视你自己,如果机会出现,你能否把握?你是否已经做好了准备?如果没有,就不要抱怨没有机会。如果你觉得已经做好了准备,机会仍然没有出现,那么不要气馁,相信机会之门总会为你打开。

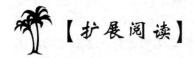【扩展阅读】

成功只给有准备的人

皮尔·卡丹两岁多时就随着母亲移居到法国的冈诺市。当时正值第一次世界大战后世界经济萧条,百业荒废。由于他的家庭十分贫穷,生活潦倒,供不起他继续读书,他只读了几年的书就辍学了。为了生活,他到处工作,17岁时,他到一家红十字会做工。凭借他的勤学和机敏,很快就当上了一名小会计。当会计的这段经历,他学会了一些经济方面的知识,如成本核算和经济管理的知识,这是卡丹人生经验的初步积累。在做会计的同时,他发现自己对裁剪的兴趣很浓厚。3年后,他到了一家服装店当学徒,几年的工夫,他已经熟练掌握了裁剪技术。这时的法国,已经恢复昔日的繁华,卡丹也被日渐浓厚的服装消费气息所熏陶,他决定要成为一名裁缝师。

强烈的自信心驱使皮尔·卡丹不断地拜师学艺,经过不懈的追求和辛勤的劳动,短短的几年工夫,卡丹已经是具有一定技术实力的裁缝师了。卡丹开始到处寻找各种机遇,希望能使自己有一个转机。

这一天终于来了。1945年5月的一天晚上,他独自在维希郊外的一个小酒店里喝闷酒。当他要喝第三杯时,酒店里有一位落魄的老伯爵夫人向他走来。老夫人原籍巴黎,家境破落后迁至维希。这位老夫人见眼前的年轻小伙子无精打采的样子，便主动上前和他交谈。卡丹此时正心烦，有这么一位毫不相干的老夫人交谈，也乐得一吐愁肠，就把前前后后的事讲给她听。

原来这位夫人是冲着卡丹穿着的这套衣服来的，这身打扮很时尚，她想知道这套时装的来历，一问才知，这套衣服是卡丹亲手设计、裁剪并制作的。当她得知这个情况后，情不自禁地脱口而出："孩子，你会成为百万富翁的，这是命运的安排。"原来，这位老夫人年轻时常出入巴黎上流社会，结识了许多服装设计大师和著名的时装店老板，巴黎帕坎女式时装店经理就是她年轻时的密友。于是，老夫人便把帕坎女式时装店经理的姓名和住址告诉了卡丹。

老夫人这个当时听起来可笑的预言，竟然激起了卡丹埋藏已久的希望之火，帕坎时装店经理的名字和住址，简直就是一次从天而降的机遇。他暗暗发誓，振作精神，抓住机会，走向成功。

帕坎女式时装店是巴黎一家著名的时装店，这家店时常为巴黎的一些大剧院缝制戏装。店老板得知伯爵夫人介绍一位外省的年轻人来求职，便亲自接待了卡丹，并对他进行了面试。使老板惊讶的是，卡丹的裁缝手艺以及设计才能远远超出了他的想象。老板便毫不犹豫地雇用了卡丹。在这里，卡丹潜心于自己心爱的事业，刻苦钻研，拜师结友，可以说是如鱼得水。不长时间，卡丹就获得了巨大的成功，名门巨贾中开始流传着一个年轻人的名字——皮尔·卡丹。

不久，卡丹的两位好友鼓动他开设自己的时装公司。1950年，卡丹倾其所有，在巴黎开了第一家戏剧服装公司。这是卡丹大显身手的地方，也是卡丹帝国崛起的摇篮。

卡丹决意自己独立经营时装，并以自己名字的第一个字母"P"作为牌子亮出去。由于是在人才济济的巴黎，没有名气的卡丹，虽然制作了以自己名字为招牌、款式十分新颖的时装，但"P"字牌子还是无人问津，生意清淡。但是，卡丹并没有因此而气馁，他决心在精心设计和适销对路上下功夫。

经过卡丹的不懈努力，"P"字牌服装终于有了转机，赢得了以挑剔著称的巴黎顾客的喜爱。过去，人们瞧不起成衣，可是，卡丹的创造性设计逐步改变了人们的观念。

从20世纪60年代起，卡丹在创作上不断求新，探索进取，他设计的"P"字牌服装，走出法国，在世界深得人们喜爱，并享有一定声誉。卡丹服装行销世界，成为现代时装名牌之一，它以"高尚、优雅、大方"著称，卡丹本人也为此三次荣获法国时装"奥斯卡"设计奖——金顶针奖。卡丹成了世人瞩目的设计之星，法国时装界的王中之王。

第三节　就业能力的培养

2015年，大学毕业后学林学专业的小张进入了烟草行业，被分配到最基层的收购组，担任一名普通的烟叶技术员。当时他的心情非常复杂，一名大学毕业生就这样大材小用了吗？第一个夜晚他几乎没有睡觉。那一夜，他想了许多。一个烟叶技术员应该具有从育苗、苗床管理、移栽、大田管理到烘烤、扎把等过硬技术，还要有一定的口才和责任心。而他自己的理论知识比较丰富，虽然林学专业和烟草有些不同，但是从土里长出来的东西多少有一些共性，不足的是实践知识缺乏。大学毕业生就是要和其他的烟叶技术员有所不同。于是，他确定了工作重点，那就是着重实践操作，对于不懂的地方，都要实践操作一次。找对了路子，工作很快变得轻松起来，小张和当地的烟农也建立起了深厚的友谊。

当年8月下旬，进入收购季节，烟草站要实行微机收购。站里没有懂微机的职工，领导便把他从收购组调到烟草站，负责管理微机。大学扎实的微机理论和实践知识，使他的工作得心应手。

2016年8月，公司需要一名宣传干事。他在大学担任过系团总支的宣传部长，也发表过一些小文章，于是他又从烟草站调到公司办公室。为了更好地做好宣传工作，他还参加了新闻写作培训班，在半年的时间里系统地学习了新闻写作、摄影技术等知识，并且利用业余时间学习了新闻写作方面的书籍。辛勤的付出最终有了丰硕的回报。

总结几年的经验，他认为，克服焦虑其实很简单，就是在能力上做到"人无我有、人有我新、人新我特"。

从这则案例我们可以得到启示：专业能力是核心；自学能力是源头活水；信息能力是导航仪；计算机和外语能力是工具；合作能力是助动器；就业适应能力是调试器。

就业能力（employability）在过去十多年来一直是欧美学术界研究的热点问题，也是许多国家人力资源管理和就业政策的核心。这一概念于1909年提出，通常也被翻译为"可雇佣性""可就业能力""就业力"等不同术语，是一个有着丰富内涵，并不断发展变化的概念。最初，这一术语被用来鉴别潜在劳动者是否具备可雇佣条件，以找到符合企业需要的劳动者。

20世纪关于就业能力的研究，本质上讲是基于政府层面，针对劳动力市场弱势群体的就业问题研究，致力于扩展失业人员寻找工作的平台，并改善他们展现其能力和经验的方式（Hillage和Pollard，1998）。在就业能力最先受到关注的英国，就业能力已成为所谓的"第三道路"政策的中心原则。

随着中国教育事业的发展，全国高等院校毕业生的数量，从2001年的115万人增长到2015年的749万人、2016年的765万人，2017年还将达到795万。大学生就业成为社会各界关注的焦点问题之一。大学生就业工作的重要任务就是将大学生作为国民经济和社会发展的重要资源加以优化配置，以更好地发挥具有较高人力资本的大学生人力资源的功能，最大限度地避免人力资源的浪费。但是，大学生就业难伴随着大学毕业生数量的增长呈现有增无减的态势，并成为人们持续关注的热点话题。

随着就业能力研究的不断深化与发展，就业能力的结构及关键要素的构建、分析、计量和界定渐渐受到政府管理部门、教育机构、专家学者及企业管理者的广泛关注，并取得了一系列基于就业能力培育的研究成果。美国培训与开发协会（ASTD）界定了16项可雇佣技能（Carnevale，Gainer和Meltzer，1990）。美国获取必要技能秘书委员会（SCANS）（1998）认为，就业能力可分为资源、人际、信息、系统和技能等五个维度。英国教育与就业部（DFEE）（1997）认为就业能力可称之为可转化技能（transferable skills），是就业的核心能力（Lee J. E.等，2000），具体包括：关键技能、职业技能和岗位技能等。加拿大会议委员会（CBC）（2000）认为就业能力包括基本技能、个人管理技能和团队技能三大类别。英国学者Knight和Yorke（2001）提出了USEM理论，认为就业能力包括技能、理解能力、自我效能感以及元认知能力四个类别。Havey等（2002）认为，就业能力可以通过学习获得，是个体在学习过程中具备的获取工作、维持工作、突破现状的能力。Fugate（2004）认为就业能力是个体在职业期间确认和实现在组织内部和外部职业机会的能力。Van der Heijde 和 Van der Heijden（2005）认为，就业能力是个体发挥自身的胜任力来持续地在工作中实现自我和不断创新的能力和水平。Overtan（2008）认为可雇佣性不是一种特定的工作能力，而是一种在横切面上与所有行业相关，在纵向上与所有职位相关的能力。在就业能力培育方面，Ehiyazaryan 和 Barraclough（2009）围绕实践经验整合到课程中进行就业能力培育的研究；Crayford 等（2012）研究了创业培训中学习、就业能力和个人发展的关系；Kvist（2012）针对移民群体，从职业教育的角度，对就业能力培育进行了研究。由此可见，对就业能力结构和要素理解的深化，促进了就业能力培育在学校教育和企业培训领域的极大发展。国外就业能力研究呈现视角多元化、研究深入化的发展趋势。国外就业能力的研究，最初关注社会成员的就业能力。国内研究者的视角，则更多地聚集于即将步入工作领域的学生群体。郑晓明（2002）是国内较早引入就业能力概念的学者，在他看来，就业能力是一种综合素质。田卫东（2002）将就业能力细分为基础能力、差异能力和专业能力三个类别。陈薇静（2004）则认为就业能力包括基本能力和特殊能力两个类别。谢志远（2005）认为就业能力是一个由知识、技能、态度、个性、心理承受力等构成的能力群。贾利军（2004）、王苑（2005）、陶晓霞（2007）、朱慧（2008）、王培君（2009）、刘小平（2009）等针对大学生群体就业能力的结构进行了研究，对大学生就业能力的构成做出了不同因素的初步探讨。宋国学等（2006）基于国外就业能力的培育，探讨了高校进行就业能力培育可以借鉴的模式。李洁（2006）借鉴国外企业对就业能力培育的做法，提出以校企合作方式进行就业能力培育的思路。李静（2010）依据大学生就业能力结构的研究，提出了政府、高校和大学生共同提高就业能力，以提升大学生在劳动力就业市场的竞争力的观点。徐苗苗（2011）对企业基层管理者就业能力的培育进行研究，提出了个人和企业两种培育路径。郭文臣（2011）对知识型员工就业能力与职业成功的作用机制进行了研究，对就业能力结构、测量提供了有价值的研究发现，为就业能力培育提供了理论依据。薛灵辉（2012）从工学结合的角度，围绕职业院校、企业和学生三个层面，进行了就业能力培育的研究。与国外就业能力的研究相比，国内研究呈现起步晚、发展迅猛的态势，研究视角从最初更多地聚焦于即将步入工作领域的学生群体，开始向组织内部各个类型的员工群体转向。但毋庸置疑，国内就业能力领域的研究，还需要经历一段消化吸收、本土化适应和创新的过程。

一、专业能力的培养

从前面我们已经了解到专业能力主要包括专业知识、专业资格、资格证书、专业拓展等。其中专业知识、专业资格、资格证书是求职的必备条件，而学历证书、职业资格证书从一定程度上反映出我们的专业能力。在求职过程中，我们往往会遇到有学历比没有学历的容易就业，高学历的比低学历更容易找到满意的岗位。因此，作为大学生，我们不能轻视学历的重要性。有人认为当今的社会是学历社会，这种说法显然有失偏颇，但我们不反对学历社会，因为，学历社会是人类的进步。我们反对的是学历与能力的不对称。就业能力是能力的核心，专业能力是大学生的核心竞争力，我们大学生在校期间一定要重视自己专业能力的培养，包括专业知识和理论、熟练的职业技能以及专业拓展能力。因此，我们大学生应努力做好以下几个方面：

1. 认真学习必要的专业理论知识

当前，有一种观点认为，高职院校学生的专业理论知识只要"够用"就好，更有人认为高职院校学生是以培养动手能力为主，专业理论知识少一点无所谓。这种观点是极其有害的。

专业技能和实践本领是衡量大学生就业能力的重要方面。专业理论知识是专业或行业所对应的岗位及岗位群所需要的理论与知识，包括基础性知识、专业及相关专业知识、社会经济法律知识等。它所反映的是知识的基本结构、基本原理，是系统的、通用的知识。这是大学生在校期间主要的学习任务之一，是培养自己掌握熟练的职业技能和专业拓展能力的基础，只有认真学习，牢牢掌握必要的专业理论知识，才能获得较强的专业能力。如果不认真学习，甚至放弃学习，又如何能为以后的就业打好扎实的基础？又如何在今后的职场中提升自己的专业拓展能力？

高职院校应加强大学生的专业技能培养，引导大学生提高工作技能，增强工作本领。我们面对的21世纪是高速发展的信息化时代，知识、技术、信息的更新速度前所未有，职场的竞争也越来越激烈，人力资源部门对个人的职业能力以及素质的要求也越来越高。一般来说，高职学生的文化基础知识相对比较薄弱，而高职院校所设置的学制又较短（一般为三年）。因此，高职学生在校期间更应珍惜时间，加倍努力学习文化理论知识和专业理论知识，要在掌握专业理论知识的基本原理与基本知识结构上下功夫，要善于对多门相关课程的知识进行综合归纳，融会贯通，将专业理论知识与实践应用结合起来，做到不仅要知其然，还要知其所以然。

2. 掌握熟练的应用技能

应用技能是指利用工具，按照一定程序和方法进行操作的过程。高职学生的特长，在于既有一定的理论知识，又有一定的动手操作能力，能够快速地适应新的工作岗位。正是这一特点使高职学生比一般就职者更受人力资源部门欢迎。也正是这一特点要求高职学生在学校期间必须在努力学习专业理论知识的同时，还要努力掌握熟练的应用技能，提高自己的实践动手能力。

提高实践动手能力，关键是在学校期间要积极参与到专业实践活动中，将理论知识应用于实践，将理论内化成操作能力和技巧，将课堂所学应用于生产实际，勤学苦练，掌握扎实的基本功，练就一身技能。通过专业实践活动，锻炼灵活运用知识、不生搬硬套的能力，培养自己的职业道德，增强责任心、协作精神、爱岗敬业和严谨求实的作风。高职学生可以通过以下几个方面努力使自己的技能得到提高：

（1）技能课

对课堂中所学的基本原理进行验证或联系专业技能基本功，加深对专业基础的理解，多为验证性实验或基本技能操作，如基础物理实验、化学实验、钳工实验、药理、病理实验等。这是专业技能的准备课，也是专业基本功。这部分技能要求熟练掌握。

（2）专业技能课

与专业密切相关的技能训练课，如数控机床加工、中级、高级电工实训、模拟导游、饭店服务实训、秘书技能实训、临床护理实训等。这是专业技能形成的中心环节。这部分技能要求扎实掌握。

（3）综合实训

如计算机网络专业的学生接受综合布线的实训、数控专业的学生进行产品制作、会计岗位综合实训、国际贸易综合实训等。

(4) 现场见习

学生在学习期间,按学校计划到工厂、公司进行观摩性质的见习,主要是增加对专业的了解,对生产实际有一个直观的认识,知晓生产中所应用的技术。

(5) 实习

学生在毕业前通常都有一段时间到企业单位进行实习,将所学的知识应用于实际,一方面检验所学的知识与掌握的技能,进一步巩固和深化所学的知识和技能;另一方面在带教师傅的帮助下,也可以学到更实用的技术,对应掌握的知识和技能进行查漏补缺。

3. 积极取得职业资格证书

如今职场招聘都离不开各种证书,据高层次人才招聘市场的统计信息显示,那些持有高等学历证书和职业资格证书的"双证书"和"多证书"人才,始终是用人单位争相物色的对象,其求职成功率往往高达90%以上。"毕业证书+专业资格证书+技术等级证书",正成为高职学生就业的必需要件。

我们讲的职业资格证书主要有以下几类:

(1) 国家职业资格证书

指国家按照制定的职业技能标准或任职资格条件,通过政府认定的考核鉴定机构,对劳动者的技能水平或职业资格进行客观公正、科学规范的评价和鉴定,对合格者授予相应的职业资格证书。国家职业资格证书是劳动者求职、任职、开业的资格凭证,是用人单位招聘、录用劳动者的主要依据,也是境外就业、对外劳务合作人员办理技能公证的有效证件。

(2) 技术等级证书

指由全国统一的技术等级认证,与特定的职业无关的一种技术水平认证。如用人单位在招聘时往往也看重的计算机应用能力考试证书(分一、二、三级偏软,三级偏硬)和大学英语等级考试(三、四、六级)证书。目前国内许多高职院校都要求学生获得计算机应用能力 A 级或 B 级证书,通过大学英语三级考试等。

(3) 行业资格证书

指从事某一行业所需要的资格证书,又称执业资格证。行业资格证有行业行政主管部门颁发的,如执业药师、证券从业资格证书、注册建造师、资产评估师等。也有某些特殊行业,如从事 IT 行业,要求求职者持有一些 IT 厂商颁发的认证证书,如微软认证、SUN 认证等。

目前,校园里流行着一句话:多一个证书,多一种选择,多一个机遇。这句话一方面反映了当代高校学生面对激烈的就业竞争趋向成熟;而另一方面也导致部分学生由于没有把握好尺度,为考证而考证,其结果适得其反。一些学生为使自己求职机会增多,增加简历的分量,积极加入考证大军,报考各种证书,但所考的并非是自己所学的,也有的是跟风,同学去考什么我也考什么。

对于大学生参加各类资格证书的考试我们应该给予支持,但我们也应该看到,人的精力是有限的,在校的时间是有限的。因此,要把完成学历教育放在首位,在这个基础上再挤出时间和精力去完成与本专业相关的职业资格证书考试,否则是不切实际的。所以,大学生在证书考试时,一定要与所学的专业相结合,已学科目对考试内容应有所覆盖。这样考试的难度会有所降低,所取得的资格证书与所学专业有相关性,在应聘专业对口工作时能起到帮助作用。如，电子专业的学生取得高级电工证书，IT专业的学生取得微软、思科等公司的认证，文秘专业的学生可以考取秘书职业资格证书。同时，也可以与自己的就业兴趣相结合，为自己将要从事的工作做好准备。

4. 培养专业拓展能力

专业拓展能力要求大学生具有成本意识、质量意识、市场运作意识、理解本专业的最新技术应用情况，具有解决问题的能力。

在发展市场经济的新形势下，立足职场，仅仅具有专业操作技能是不够的，还需要具备经济头脑。高职学生的定位是在生产一线从事技术或技术管理工作。因此，专业能力除掌握操作技能外，还要关心企业的生产成本，并能进行市场调查，具备相应的技术改进能力。

（1）成本意识

企业在生产过程中，成本控制是非常重要的环节，成本降低了，企业的效益就会相应提高。大学生在职业生涯中应关注产品在生产过程中的流程是否科学合理，产品设计是否完善，了解节约生产成本的途径，帮助企业节约生产成本。

（2）质量意识

产品或服务质量是企业的生命线，大学生应牢固树立"质量第一"的意识，在以后从事的工作中严把质量关。

（3）市场运作意识

了解产品的市场营销过程，能进行市场调研，根据市场的需要进行生产，为今后从事多个相关的岗位做好准备。

（4）专业发展能力

主要是指技术改造能力和理解、运作新技术的能力。具体地说，一方面要求大学生具有运用自己所学的专业知识和专业技能，对现有的生产流程、生产技术、产品设计进行部分改造的能力；另一方面要求大学生具有紧跟本专业技术、工艺的最新发展，理解并掌握新技术、新工艺，并将其应用于生产的能力。

5. 关注就业感知度的培养

在校大学生对于就业缺乏应有的感知度，而大学生对于就业认知的缺乏也会加剧其在面对就业时的手足无措。这就需要高校就业服务机构提供一系列的就业信息服务工作，一方面高校就业服务机构要将高校就业课程的开设及就业讲座的举办等有关就业工作或就业活动的信息及时发布并通过一定规模的宣传传递到每个可能的受众。另一方面，高校就业服务机构应当通过专门的网站设置、网络链接的提供、橱窗或展板的设置等方式将其机构设置与部门分工以及国家或是高校有关就业的法律、政策等规定及时公布出来。通过连续不断的信息传递，使得大学生对就业工作的认知逐步加深，并及时感知就业工作的方向与需求。此外，高校就业服务机构应当及时汇总用人单位岗位招聘和大学毕业生的各方面信息，为大学生获取信息以及就业单位获取潜在人才提供相应的信息服务工作。同时，高校就业服务机构还应当担负起相应的就业信息存储与管理的责任。

二、学习能力的培养

有关研究表明，"在人的整个一生中，大学阶段只能获得需用知识的10%左右，而其余90%的知识都要在日后工作中不断学习才能取得"。苏联教育家赞可夫曾经说过："无论学校的教学大纲编得多么完善，学生在毕业后必然会遇到他们所不熟悉科学的新发现和新技术。那时候，他们将不得不独立地、迅速地弄懂这些新东西并掌握它，只有具备一定品质、有较高发展水平的人，才能更好地应付这种情况。"那么，我们如何提高自己的学习能力呢？

1. 有明确的学习目标

具有坚定明确的目标是学习能力形成的前提。无论你处于多么有利的地位，假如你没有目标，或者只有很渺小的目标，那你终究是脆弱的。只有心中有一个坚定的、值得你为之做出最大努力的目标，才有可能期待自己的精神上和道德上也达到一定的高度。学习是一种艰苦的脑力劳动，需要具有锲而不舍的钻研精神和坚韧不拔的坚强意志。只有具有一定理想和奋斗目标的人才能在学习和实践过程中无论遇到什么困难、曲折都不灰心丧气，不轻易改变自己决定的目标，而努力不懈地去学习和奋斗，如此才会有所成就，才能达到自己的目的。

1983年，美国哈佛大学霍华德·加德纳教授提出多元智能理论，认为人的智商包括冒险智商、创意智商、身体运动智商、视觉空间智商、音乐旋律智商、自然博物智商、智力智商、情绪智商、语言文字智商、自我内省智商、数学逻辑智商和人际关系智商。多元智能理论认为传统偏重智力商数（IQ）的教育理论会造成许多学生失去自信。根据多元智能的理论，一个人聪明与否，不但集中体现在学业方面，还有八种智能评定一个人的成就。该理论认为，智能是一种人性整合的生活操作模式，是解决问题或创造的能力，而非只侧重IQ。智能并不是与生俱来的，每个人都有能力改进且扩展自己的智能。每个人的智能是多元的，并有自己独特的智能组合。

因此，我们认为：

① 人人皆有无限的潜能与可能，未来更是行行出状元的时代。

② 只要从自己的强项智能出发，就能令自己有成就感，而达到自我悦纳、自我肯定、自我实现，人生也就绽放光芒了。

③ 读书只占其中的一小部分，统整知识、应用信息在未来将是更重要的能力。但是每个人智能构成中各个成分的发展不均衡，在学习的过程中也会产生不同的学习偏好。例如，一部分同学喜欢通过听觉来学习，听老师讲一遍就可以掌握，而另一部分同学通过视觉来学习，喜欢学习通过图表形式表现的学习内容。在大学里，同学们会发现自己周围的人各有特长，有些人善于交际，有些人善于运动，还有些人喜欢推理及唱歌、跳舞等，这些都是由个人所具备的智能结构所引发的外部表现。

人往往会有一种误解，认为只要重视语言智能和逻辑数学智能就行了，而忽视其他智能的培养。比如有些同学认为，只要学习好（考试成绩高）就可以了，是否擅长人际交往并不重要。这是一种片面的看法，从人的智能结构上来讲，也是需要各智能部分协调、全面发展。这些智能是每个人在工作、生活中所必需的。作为个体，在发挥自己特长智能的同时，还必须补足自己不擅长的智能结构，有意识地从整体上提高自己的智能结构水平。

另外，由于每个人智能构成中各个成分的发展不均衡，在学习过程中也会产生不同的学习偏好。例如，有的同学善于交际，有的同学善于书面表达，有的同学善于唱歌，还有的同学善于考试。这都是人的不同智能在个体身上的表现。因此，我们每个同学应该善于发现自己的长处，发挥自己的优势。

2. 了解高职院校的学习特点

在校期间，学习要结合自己的专业特点进行，切不可漫天撒网，今天学习会计理论，明天又研究艺术设计原理，一会儿去考电子商务师，一会儿又去考会计师。人的精力是有限的，我们应当合理分配学习时间。高职院校的学习内容广、课程多、难度大。开设的课程分必修课、专业选课和任意选修课三种类型，又可分为公共课、基础课、专业基础课和专业课四个层次，每一层次或类型的课程均由许多门课程综合而成。课程涉及的内容范围广，深度和难度都比较大，意在使学生获得"必需、够用"的专业知识和宽广的知识背景，在思考问题时可以更加全面。因此，我们可以结合自己专业的特点，根据高职学习特点，调整自己的学习方法。

与中学阶段的学习相比，高职学生要更加注重自主学习。在高职院校里，课堂讲授相对较少，自学时间将大量增加，甚至连学什么样的课都要由学生自己决定。同时，学校为学生学习提供了非常好的环境，如有藏书丰富的图书馆，有设备先进的实验室，还有多样的课外科研、社会实践活动。学校的教学计划还安排了大量的教学实验、实习、社会调查、毕业设计等实践教学环节。这都要求学生能充分利用这些学习条件进行独立学习。大学教师对于学生的作用更多的是引学生入门，修行多深主要靠自己。大学阶段考试的分数不像高考入学考试时那么重要，重要的是你感觉到自己的能力提高了多少。

高职院校的学习方法更加灵活。学习重在平时，重在过程。死记硬背的知识减少，灵活应用的知识增加。在学习上要更注重能力的培养，尤其是思维能力、思维方式的训练，相当多的学习是在解决问题、进行发明创造的过程中进行的。学习不仅发生在学校，还发生在社会实践和企业顶岗实训的过程中。

高职学生在学习的过程中会发现，在专业教学中对实际操作能力的要求相当高，学生有相当多的时间是在实验室、实训室度过的。不仅要学会理论知识，还要求将理论知识应用于实践，这既是高职教育的重要特征，也是高职学生的学习特点之一。

3. 掌握科学有效的学习方法

科学有效的学习方法不仅有助于高职学生在学习中少走弯路，还有利于培养和提升高职学生的各种学习能力，提高他们的学习效率和学习质量。学习方法是一门科学。学习方法因人而异、因不同的学习科目而异、因不同的学习环境而异、因不同的学习手段而异，理工科专业的学生与文科类专业的学生，在学习方法上也会有差异。

现代科学技术的进步，带来学习手段的变化，相应会产生新的学习方法。每个人都会在学习的过程中形成自己独特的学习方法，但在新的环境中，这些学习方法需要重新组合，以适应大学的学习。下面介绍几种学习方法：

（1）整体学习法

从整体出发，把握知识的全部结构和内在联系，使缺乏联系的全部知识在头脑中形成完整的概念。如专业入门课的学习，通过学习，熟悉本专业的概念，掌握专业知识的构成，了解专业发展的方向。

（2）发现学习法

经过观察、质疑、联想，运用已有的知识去发现问题、提出问题、解决问题。学会或发现所需要的知识和技能。这种学习方法适用于一些培养创新能力的课程和专业课程的学习，着重于培养创新能力，发现新知识。

（3）问题学习法

一般由教师或学生自己提出问题，学生根据问题寻找有关资料，提出假设，进行实验，以求解决问题的方法。此方法有利于启发学生思考，调动学生的学习兴趣和积极性，培养学生的综合能力。

（4）比较学习法

通过对所学知识的比较，进而确定知识之间的关系和联系，以正确掌握知识。如在学习语言时，可以通过两者之间的比较进行学习。

（5）合作学习法

通过两个或两个以上的个体在一起组成学习或研究小组，以提高学习效率。协作学习多发生在一些集体项目中，小组成员为了共同的目标而努力，每个人既有自己的专攻，又与别人协作，共同学习。

掌握正确的学习方法，在学习中往往有事半功倍的效果。但"学有其法，学无定法，贵在得法"，在同样的环境下，不同的人会采用不同的学习方法，因此，最好的学习方法是适合自己的方法。

4. 学会自学

数学家华罗庚说，对于一个人来讲，一辈子总是自学的时间多。达尔文说："我认为，我所学到的任何有价值的知识都是由自学中得来的。"

我国著名的科学家钱伟长先生曾经这样述说自己的学习经历："我出生在江南无锡农村，家里很穷，因此中小学没有很好地念过……但是有一点我是可以肯定的，就是大学毕业后，我没有停止过学习。我相信我可以打个赌，我现在每天学习的时间还是比他们多。我每天晚上8点开始，这是我的学习时间，不到凌晨两点我是不停止自己的学习的。我大学毕业的那个时候，没有计算机，没有火箭，没有原子弹，没有宇航，没有半导体，没有激光；有的连名字都没有，按道理我对这些一窍不通，不过你们在学，我也在学，我全把它学来了。我虽然不是这方面的专家，但我全懂，我是靠自学，靠不断地自学，所以学习是一辈子的事。"

美国心理学家布鲁纳认为，人们只有通过练习解决问题和努力于发现，方能学会发现探究的方法。一个人越有这方面的实践经验，就越能把学习所得归纳成一种解决问题和调查研究的方式，而这种方式对他可能遇到的任何工作都有用处。如今，学习能力已受到美国、日本等许多发达国家的重视，在教学中，无论课程结构，还是内容方法，无不体现着对自学能力的培养。这就要求大学生必须转变过去那种依赖教师课堂讲授，靠背一些知识管终身的学习观念，要注重加强自身的学习能力培养。具体地说，大学生可以从以下几个方面培养自己的学习能力：

（1）学会自我激发学习动机

包括产生强烈的求知欲，自己确立学习目标，制定具体的、能够完成的学习目标，在学习中体验成功。

（2）充分了解自身的条件

如通过学业考试了解自己对知识、技能的掌握情况；通过心理测试了解自己的智力发展水平、学习风格、个性特征、情感特征等。

（3）掌握学习策略，对自身的学习活动进行自我监控

经常对自己的学习进行自我意识、自我规划、自我管理和效益效果等方面的评价。

（4）善于从各种渠道获取信息

如学会利用图书馆、使用工具书、查阅文献资料，并善于做学习笔记、积累和整理资料，对所学知识进行分析、归纳和总结以及学会运用多媒体和网络的主要软件工具等。

（5）与教师、同学共同探讨学习方法

交换学习材料，交流学习经验和体会，并在必要的情况下接受他人的帮助。

自主学习能力的培养和发展主要是通过学习者自身来实现。教师在这一过程中起指导、辅导、顾问、合作、帮助的作用。大学生要学会对自己的学习负责，只有对自己学习负责的人才能进行有效的自主学习。

三、信息能力的培养

信息技术的迅猛发展使我们已经进入信息时代。各种信息技术充斥在我们周围，我们的工作和生活离不开各种各样的信息。有人说，工业经济的标志是标准化，知识经济的标志是信息化。在这个资讯的年代，谁拥有了信息，谁就拥有了财富和发展机会，谁就可能是赢家。信息能力成为我们生存的基本能力之一，也是终身学习最重要的工具。

什么是信息能力？简单地说，信息能力是能够判断什么时候需要信息，懂得如何去获取信息，懂得如何去评价和有效利用所需的信息。高职学生的信息能力包括如下内容：

（1）熟练掌握信息工具的能力

指熟练掌握各种信息工具，特别是网络传播工具应用的能力和熟练使用英语语言工具的能力。之所以提出这种要求，是由于全球信息生产存在垄断的特征。一方面是全球80%的研究和开发成果来自发达国家；另一方面是"英语垄断"，目前，Internet上的图文资料绝大多数都是英语，英语是当今最通用的商务语言和科技用语，国际电子通信中90%以上都使用英语。

（2）迅速准确获取信息的能力

根据工作学习目标或者科学研究方向，能够正确地选择信息源，迅速获取所需信息。除了传统的对图书、期刊、资料等纸质文献进行检索外，还能够利用Internet上的信息检索服务。

（3）科学合理地处理信息的能力

当前，信息的产量剧增而质量下降。只有对收集到的信息，经过集中遴选、分析综合、归纳分类、抽象概括这样一个"去粗取精，去伪存真"的加工处理过程，才能使生成的信息富有个性特色，发挥更大作用。

（4）创造性地利用信息的能力

信息利用是信息收集的终极目的，是信息的升华与转化过程。创造性地利用信息，就是要在多重收集信息的基础上，通过思考和理解，迸发出创造性思维的火花，升华为知识和智力，产生出新信息的生长点，进而解决实际问题，发挥信息的最大社会效益和经济效益。

（5）抵御污染信息的免疫能力

现代社会是信息全球化社会，信息在给人们带来机遇和财富的同时，也带来负面效应——信息污染。大学生要树立正确的世界观、人生观和价值观，提高甄别、自律和自我调节的能力，预防、控制和消除那些虚假、失效、冗余、过剩、骚扰以及有害信息的污染。

大学生应该学好信息检索课，利用图书馆和互联网提高信息素养。

（1）图书馆

图书馆收藏着历史，收藏着人类文明的精华，是知识聚集和传播的地方，也是我们获取信息的重要途径。大学生应熟悉本专业图书资料和工具书的基本情况和检索查询方法，了解图书馆藏书和书刊的编排与分类，快速查到所需图书资料。

（2）网络资源

网络是一个巨大的知识宝库，是我们获得信息的重要渠道。在信息时代，越来越多的信息通过网络来获得。网络技术的发展也给我们提供了许多利用网络的工具，如检索工具Google、百度等。我们可以利用这些检索工具检索需要的各种资料，如果需要更深层次的知识，还可以检索专业性网络数据库，它们可提供更专业的文献资料，如中国期刊网CNKI数字图书馆、超星数字图书馆等。

四、外语与计算机应用能力的培养

联合国教科文组织《学会生存》一书中认为缺乏外语和计算机能力的人是未来的文盲。外语与计算机应用能力是大学生求职的工具，也是重要的学习工具，二者也是终身学习的重要组成部分。

随着国际交往的加深，经济全球化带来了就业的全球化，外语作为一门重要的语言工具，其重要性日益突出。在我们的学习、工作、生活中，外语已经不可或缺。有些高职院校的部分教材采用了原版国外教材，也有不少的课程正在试行双语教学，这些都对高职学生的外语水平提出了更高的要求。随着对外交往的日益增加，很多企业迫切需要既懂专业又会外语的人才，因此，只有具备较为出众的外语能力，才能在就业求职时占有一定的优势。

目前，高职外语教学以普通英语三级和英语应用能力A、B级考试为中心。学生的日常用语掌握得尚可，但是具体到工作事务上，专业词汇还是不够，所以，外语考级仅仅是外语学习的一个方面，却不是学习外语的最终目的。学习外语的最终目的是应用，能用英语和国外合作伙伴进行沟通和信息交流，处理日常英语资料信息。因此，高职学生学习外语关键在应用能力的培养，体现在听、说、读、写四个方面。

（1）多听

外语作为一门重要的交流与沟通工具，首先一点是要能听懂。有些学校在推行双语教学，由外教来讲课，也会请一些国外的专家来学校做报告，这对学生的外语听力提出了较高的要求，也是一个很好的学习机会。另外，同学们还可以通过收听外语国家的对外电台节目训练自己的听力。如通过BBC、VOA训练英语听力。"让我听"绝对不如"我要听"更容易收到实效。持"我要听"态度的学生往往一听就要"听出个名堂"，并因此而得到动机的强化和兴趣的培养。可以利用QQ、UC等即时交互工具建立网络语音聊天室，主动地参与听说训练。当然，如果学校实际情况允许，能在语音室内建立个人听说实体空间更好。从英语教学的角度来说，听并非"hear"，而是"listen"，只有集中注意力才能收到较好的效果。

（2）多说

与国外友人进行日常会话，能就某些专业问题进行外语交流。

（3）多看

越来越多的国外产品和技术人员进入我国，其技术文档多数是用英语、日语等语言编写的，因此，可以多看英语影视资料，在娱乐和休闲的过程中完成知识的积累。通过看外文资料可以提高专业外语的能力。

（4）多写

掌握文体格式，增加词汇积累，多读多背好文章，坚持背诵对话、课文中的重点句、重点段落，模仿句子结构做造句练习，适当发散，由浅及深，由易到难，达到知识的输入和积累，培养写作的语感。用外语记录自己的日常生活、书写自己的工作报告、书面表达自己的想法。这样可以锻炼自己外语的书面表达能力。

在21世纪的今天，人类社会已逐步从工业经济时代迈向知识经济时代。知识经济形成的主要标志就是计算机软件知识产业。作为高职学生，掌握计算机及软件应用，也是提升自己职业能力的重要环节。

目前，计算机技术已深入学习、工作的各个环节，成为一项重要的基本技能，高校教师在教学过程中大量采用课件、多媒体等计算机技术进行教学，网络课程在越来越多的学校里得到认可，学生大量的作业也是通过计算机来完成的。对高职学生而言，计算机应用能力主要体现在如下几个方面：

① 善学。计算机在我们的学习、工作和生活中的应用程度日益加深，当每个人的学习内容、工作岗位发生变化时，对计算机应用能力的要求也会相应提高。再则，计算机技术的发展与日俱进，新的软件、硬件层出不穷，在工作上的应用更加多样化。因此，当新的技术出来之后，一定要善于学习，掌握最新的技术，满足学习、工作的需要。

② 善用。虽然计算机技术发展十分迅速，但在整个社会的生活、生产、工作方面，还没有普遍应用这种新技术，计算机领域取得的最新成果应用于现实工作还有距离。作为以动手能力强而立足于职场的高职学生，更应关注这种为社会带来变化的新技术，并将之应用于工作之中。而在计算机普及的同时，也带来了许多应用中的问题。计算机经常会出现一些意想不到的问题，如病毒、网络攻击、程序不兼容等引起的死机，以及一些应用软件由于设计不完善而引发的各种问题。这些日常碰到的应用问题，需要高职学生自己独立解决。

五、合作能力的培养

现代企业的生产、管理等运作方式，要求员工具有较强的团队合作能力，在团队中注重合作与协调。这是一个集体英雄主义的时代，谁将这一理念接受得彻底并能付诸行动，谁就可能捷足先登成为赢家。合作能力在公司用人招聘中越来越受到重视，我们可以从下面的案例中得到启示。

【扩展阅读】

请帮按一下九层

这是全市最繁忙的一部电梯，上下班高峰时期，和公共汽车差不多，人挨着人。

上电梯前和公司人力资源总监相遇。说笑间，到了电梯间，我们随人群一拥而进，每个人转着身子，做小小的调整，找到一种融洽的关系。这时，一只胳膊从人缝中穿过来，出现在我的鼻子前头。我抬头望去，一个小伙子隔着好几个人，伸手企图按电钮。他够得很辛苦，好几个人刚刚站踏实的身子不得不前挺后撅，发生了一阵小小的骚动。

那个人力资源总监问道："你要去哪一层？""九层。"有人抬起一个手指头立刻帮他按好了。那人没有说"谢谢"。

下午在楼道里又碰到人力资源总监。"还记得早晨电梯里那个要去九层的小伙子吗？"她问我。

"记得呀。是来应聘的吧？"九层，人力资源部所在地。

"没错。挺好的小伙子，可我没要他。""为什么？"

"缺少合作精神。"她露出一副专业 HR 的神情，"开口请求正当的帮助对他来说是件很困难的事情，得到帮助也不懂得感激。这种人很难让别人和他合作。"

我点头称是。追求独立是好事，但太过分了，就成了缺乏合作精神，独立的意志就不再受到尊重。推而广之到企业之间的合作，比独立更深了一层意思——利益。追求自身的利益是应该的，但太过分了，就造成无法与人合作的局面，于是自身的利益也就追求不到。

如果那个小伙子坦然而自信地说一句："请帮按一下九层。"结果又会怎么样呢？大家不但不会反感他的打扰，而且帮他的人还会心生助人的快乐，最后他也许能得到他想要的工作。

合作能力的培养更多是通过实践活动来进行的。高职学生在学校读书期间应积极主动参与各项集体活动，加强团队意识，培养自己的合作能力。在团队活动中，学生应处理好如下三个方面的关系：

① 个体目标与团体目标之间的关系。个体目标是团体目标的一部分，只有每一个个体目标实现了，团体目标才能得以实现，个体要在团体中努力完成分目标。

② 竞争与合作的关系。团队中也存在合作和竞争，合作是达成最终目标的必要条件，竞争则是团队内部活力的激发点，竞争决不能破坏合作，而是要服从于合作。

③ 有效沟通与坚决执行的关系。对于团队工作有异议，可以与团队成员进行有效沟通，共同探讨解决问题的办法，但对于已经决定的事情，要求每个成员不折不扣地去完成。

团队精神是一种力量，是大局意识、协作精神和服务精神的集中体现，在现代社会中必不可少的，其核心是协同合作。我们可以通过以下案例进一步理解个人与团队的关系。

某年美国职业篮球联赛开始之初，洛杉矶湖人队士气不旺。原因是他们在前一年输给了凯尔特人队，失去了冠军宝座。这时候，教练派特·雷利告诉大家，只要12个队员每个人在球技上能提高1%,那么,整个球队就能提高12%。结果,由于大家从这1%的要求中看到了希望,所以训练热情很高,大部分队员提高不止5%,有的甚至达到50%。湖人队因此轻而易举地夺得总冠军。每个队员正是因为有了这样一个团体,才实现了冠军的梦想。

六、适应能力的培养

(一)就业适应能力

"无边界职业生涯"时代,劳动力市场的不确定性和波动性增大,员工具有在不同用人单位就业或者超越现有单位的组织边界工作的机会。这种状况一方面有利于个人在组织内外流动,以寻求更好的职业发展机会,同时也失去了以往"终身就业"的保障。因此,个人在工作和组织之间进行灵活的转移,以适应内外劳动力市场各种改变的能力就显得非常重要。

下列因素对于个人适应职业和工作环境的变化具有重要影响:

① 乐观。乐观的人把变化看作一种挑战,对将来事件抱有积极的预期,具有面对挑战的自信心;能觉察到工作场所的各种机会,把职业变化作为一种挑战,持续地追求期望的结果和目标。

② 对经验和变化开放。对变化和新经验持开放态度的人在不确定的情境中面临挑战时,倾向于展现出灵活性,对工作中的变化持一种喜欢的态度。

③ 自我效能。高自我效能感的人对自己的能力更有信心,相信自己能够影响周围的环境和事件,在面临不确定性的情境时,做出更多努力去改善自己的学习和工作环境。

④ 终身学习的倾向。具有终身学习倾向的人会随时注意了解职业的发展现状和未来的发展趋势,学习和掌握职业所需要的新知识和技能,以应付职业环境的变化。

(二)就业能力的结构

就业能力的结构可分为外在就业能力和内在就业能力,它们相互作用,对个体就业造成影响。外在就业能力是影响内在就业能力实现的背景和条件。内在就业能力是个体成功获得、保持和转换工作时必须具备的知识、技能及其个性特征。

1. 外在就业能力

外在就业能力是指影响个体在劳动力市场就业的社会经济因素和个人环境因素,是影响个体内在就业能力成功实现的外在条件。这些因素对于个人就业起促进或阻碍作用。个体所处的时代和国家制度的性质与发展水平,尤其是文化因素的影响更为显著,社会价值观、社会心理与社会舆论环境对大学生就业能力的发展有着直接和明显的影响。以社会历史文化传统为背景的社会心理环境和以现代化传播工具为载体的社会舆论环境以及在此基础上形成的社会价值观,尤其是对职业的社会评价导向,对大学生的价值观,特别是就业观的形成和影响巨大。

(1)影响大学生就业的社会经济因素

① 市场经济状况不仅决定了所需要劳动力的数量,也影响了对所需要劳动力的质量要求。

② 劳动力市场竞争程度。在高等教育精英化时代,大学毕业生作为稀缺人才处于"卖方"市场,劳动力市场竞争程度低,大学生的就业比例和质量都很高;而在高等教育大众化和普及化时代,大学生人数急剧增加,大学生就业市场已经转向"买方"市场,竞争程

度也越来越激烈，大学生就业质量和比例都有所降低。

③ 政策因素。例如，大学生就业政策和户籍制度都是影响我国大学生就业的重要政策因素，导致了用人单位招聘过程中的区域歧视，对毕业生就业产生了负面影响。

（2）影响大学生就业的个人环境因素

① 家庭因素。个人的家庭经济状况及社会关系不仅影响个人工作寻找中的经济投入及就业信息的来源，而且影响个人成功获得工作的质量和数量。

② 学习与工作环境的文化。一个生活在家庭成员之间、同事之间相互鼓励和支持文化中的人，对成功就业会更有信心，更加努力，更加主动。

2. 内在就业能力

内在就业能力是影响个体就业的内在心理因素，主要包括三个部分：职业认同、专业知识与技能、社会资本。

① 职业认同。是个人整合有关自我经历基础上形成的职业志向和愿望，是对个人未来职业的自我定义。在职业认同的过程中，个人常会思考这样的问题："我是谁？我想从事什么职业？我为将来就业需要做些什么？"通过对这些问题的回答，个体对自己的过去、现在和未来进行统筹思考，形成自己的职业定位以及职业发展的理想和目标，构建自己的职业发展蓝图。职业认同是就业能力的动机组成部分，指导、调节个人的学习与行为。具有职业认同的人会在自己职业理想的基础上，搜集和掌握有关职业的信息、要求以及未来的发展状况，采取行动去实现自己的理想和志向。正是在这个意义上，心理学家Fugate把职业认同称为就业能力的"黏合剂"。

② 专业知识与技能。尽管西方一些研究者认为，随着后学历时代来临，专业知识和技能在就业过程中所起的作用会越来越小，用人单位需要的是具有"核心胜任力"的"聪明人"，而不是那些所谓的"专才"。但从我国现有的经济发展状况以及劳动力市场的要求来看，专业知识和技能仍然是影响个体就业的重要因素。找到和保持一份好的工作，专业知识和技能是十分重要的，没有专业知识和技能的人大多只能被迫从事没有技能的简单劳动。在经济衰退时期，那些最早被解雇的员工多是没有足够专门知识的人或只具备过时职业专门知识的人。专业知识与技能是人才资本的核心。

③ 社会资本。社会资本是个人社会网络建立起来的信誉，是在社会和人际交往中形成的一些能力（例如，人际交流与沟通能力、合作学习能力、团队管理能力）和个性品质（例如，诚实、值得信任、热情、有责任感）。社会资本对于个人成功求职和未来职业的成功具有重要甚至决定性的影响，是个人实现职业志向的关键要素。Seibert等研究认为，社会资本对于个人职业生涯成功的作用主要表现在三个方面：获得信息、赢得资源以及在职业生涯中得到帮助。

3. 学校与专业因素

大学生毕业学校的品牌是影响毕业生成功就业的重要条件。不同类型的高校之间，用人单位明显倾向于重点或名牌大学的学生。如果学校层次高、历史长、知名度高以及往届毕业生就业情况好，那么这些学校的毕业生在就业市场上就比同类专业的其他学校毕业生更具竞争力。同时，所学专业也是影响大学生就业的主要因素，专业越与社会经济发展的要求相适应，越能满足用人单位的需要，成功就业的可能性就越高。

大学生就业能力提升的根本途径是提高高等教育的教育质量。高校应调整办学理念，突出办学特色，转变人才培养模式，培养适销对路的合格专业人才。而大学生的综合素质是大学生就业能力的内在基础和发展前提。这就要求高校以素质教育为理念，促进人的全面发展，同时要关注个性的成长与发展。

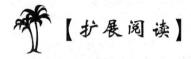
【扩展阅读】

没有人不可替代

出于职业的关系，经常有机会接触不同企业的员工。在和他们单独聊天时，我都会问及"你是否满意你目前的工作"等类似的话题，他们大多数人的回答是"不满意"，具体的原因则不尽相同。但当我继续追问"为什么你不选择跳槽"时，他们的回答却大同小异——"竞争太残酷了，新去一个公司也未必比这里更好""以前的一个同事跳槽了，但结果比在这个单位更糟糕""这儿虽然人才济济，竞争激烈，但只要做好了自己的本职工作，也还过得去，还真不敢想象到了一个新地方会是个什么样子"……

身在职场，你如何看待你现在的工作？

你是否想过，你的工作是否安全？你是否有办法应付职场上日趋激烈的竞争？

今天，我们所面对的职场，已经和我们的父辈完全不一样。"职位终身制"已经一去不复返，"铁饭碗"已经变成了"泥饭碗"，无情的竞争从四面八方袭来。不用讲事业发展，很多人连生存都已经成问题，每年毕业的大学生已经有一半以上不能马上找到工作。再看那些个体户，甚至那些祖祖辈辈"面朝黄土背朝天"的农民，都已经感受到了竞争的压力。一个生活在中国西部某偏僻山村的老农，却不得不面对来自美国得克萨斯州的另一位农民的竞争，虽然他可能从来没走出过他所在的县。

我们手中的"饭碗"已经变得不稳定。更可悲的是，大多数人甚至连选择的机会都没有。身处在一个不断变幻着的社会环境里，公司的成立和倒闭已经成了司空见惯的事，裁员和跳槽更是家常便饭。

更令人焦虑不安的是，就连我们手上的那一个原本并不起眼的工作岗位都变成了随时可能消失的东西——也许昨天你还拥有它，但是，今天早上起来，它可能已经不见了。一项针对跨国公司高层的调查是：如果他们可以在一夜之间将公司中的所有"无用"的员工都裁掉，那么，他们会裁掉多少？结果显示：这一比例在60%～90%；如果数据的真实性无可怀疑，我们就必须面对一个事实——没有人不可替代！

面对这种现实，我们只有具备很强的职业适应能力，才能应对职场中激烈的人才竞争，使自己处于有利的地位。那么，职业适应能力是什么呢？我们可以从以下几个方面进行分解：

（1）表达能力。指运用语言阐明自己的观点、意见或思想的能力，包括书面表达和口头表达能力。在职业生活中，我们需要与人交往，进行沟通，良好的口头表达能力和书面表达能力是最基本的前提。普通话是口头表达的标准语言，每个人都应能流利地、有条理地、准确地将自己的想法表述出来，如能在面试时成功进行自我介绍。书面表达要求能将事实或思想用逻辑性很强的结构表达出来，用词贴切，如能写好自荐信、工作报告等。

(2) 人际交往能力。人际交往能力是大学生踏入社会的第一张证书，从找工作面试开始，这一张证书将伴随你的一生，决定着你职业生涯的成败。

(3) 自我展示能力。我们的传统总是讲究谦虚，但今天的市场经济社会，过于谦虚不是一种美德，因此，我们平时要学会善于表现自己。在求职过程中，展示自我；在工作中，展示自我。通过展示，给自己更多的发展机会。

(4) 自立能力。在生活上自立，在工作中具有一定的独立性，能独立做决策，独立解决问题。

现在，我们知道了从哪些方面着手培养自己的职业适应能力，同学们可以试试从以上几个方面锻炼自己的职业适应能力，以便将来在职场中立于不败之地。

【思考与训练】

1. 联系实际，谈谈立足职场需要哪些素质。
2. 结合自己的学习经验，谈谈你对就业能力内涵及其意义的认识。
3. 针对就业能力培养的六个方面内容，谈谈你是如何认识的。
4. 收集同学及朋友求职成功的经验，写一篇求职成功或失败的经验总结。

第四章 求职就业问题与心理调适

生命里最重要的事情是要有个远大的目标,并借助才能与坚毅来完成它。

——歌德

 **内容提要**

本章主要介绍高职学生求职就业中遇到的诸多问题和心理常见问题,以及如何更好地应对解决、调适改变,从而促进学生树立良好的就业观和健康的就业心理。通过教学使学生以积极的态度、良好的心态、稳定的情绪面对求职过程中遇到的挫折,助学生求职就业一臂之力。

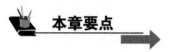 **本章要点**

- 求职就业问题及应对策略
- 求职就业过程中的心理调适

第一节 求职就业问题及应对策略

小赵,女,某高职学校网络专业毕业生,英语三级,已考取计算机三级证书,曾在班级担任副班长。马上就要毕业了,她一心想在杭州大的网络公司做程序工程师。她准备了简历,参加了学校组织的招聘会,符合小赵要求的企业并不多,主要是规模比较小的网络信息公司招网络营销、美工岗位。小赵准备好的简历也没能投递出去。接着小赵又参加了杭州的人才招聘会,规模较大的公司要求要么有网络开发编程工作经验,要么就是要求本科以上。有些公司需要网络编程员,专科也可以,但小赵觉得公司规模小,地点比较偏,待遇太低,还是没有找到理想的工作。临近毕业,小赵开始迷茫了,一时不知道到底该如何就业。

高职学生面临诸多就业问题,有政府、社会、企业、学校诸多原因,也有自身的主观原因,要解决高职学生就业,需要多方联动,关键还要靠大学生自己,只有主观与客观共同努力才能实现更好地就业。

一、高职学生就业求职面临的问题

(一)宏观方面:大学毕业生供需矛盾突出

1999年高考扩招尤其是2001年高等教育大众化以来,高校大学毕业生人数逐年增加,已经从2001年的114万跃升至2017年的795万。加上历年社会失业和未就业大学生,每年的社会就业人数庞大，而高职大学生的学历又处于我国高等教育学历金字塔的最底部，在就业求职中面临着更加严峻的形势。在全球经济不景气的大背景下，我国经济也已步入中高速发展阶段，经济增长幅度明显下降，加上政府调控，钢铁、能源等行业岗位需求减少，很多低、小、散企业也开始从劳动力密集型转向资本、技术密集型，众多企业对中低端就业人群需求逐渐减少。与此同时，互联网+与人工智能的快速发展，减少了直接劳动力需求。综上诸多因素，在一定时期内我国新增就业岗位的相对减少，直接导致大学毕业生供需矛盾日渐突出，高职学生就业难也将成为一种新常态。

（二）中观方面：大学毕业生结构性就业矛盾加剧

"结构性就业矛盾"是指毕业生所具备的条件不能满足岗位需求而产生的就业矛盾。近年来，随着我国产业升级步伐的加快，传统行业不断更新升级，新型行业不断涌现，产业发展对人才的需求不断提高，而高校（包括高职院校）人才培养相对滞后，使培养出来的毕业生在知识、技术、素质和能力等方面不能满足企业发展的需求，出现了毕业生就业的结构性错位，导致毕业生"结构性过剩"，出现了职场上企业经常"招不到合适的人"，毕业生"找不到合适的工作"，进一步加剧了大学生就业问题。

（三）微观方面：毕业生自身问题导致"就业难"

1. 毕业生就业期望值过高，有业不就

我国高等教育早已进入大众化教育阶段，但多数大学生的就业择业观念依然停留在精英教育阶段，就业择业非大城市、国企、高薪稳定、环境优越、受人尊敬的工作或岗位不就，导致毕业生错过了求职黄金期，成为应届毕业生中的"圣男""圣女"，而后再想找到理想的工作困难重重。就业期望值偏高、自我定位不切实际是目前大学毕业生就业难的一个主要原因。有的大学生不顾自身实际条件，就业目标居高不下，盲目攀比，与社会需求形成极大反差。有的大学生对就业形势认识不明确，总是把目光瞄向大城市、大企业，而不愿去中小企业以及基层岗位，岂不知大量的工作岗位都来自基层以及中小企业。

2. 职业价值观扭曲，缺乏清晰的求职目标

目前许多大学生在求职就业中存在"鱼和熊掌兼得"的职业价值观，一方面既想工作岗位薪资高、环境好、发展机会大，另一方面又希望工作时间短、工作内容易、岗位压力小。这种工作岗位在现实中少之又少，甚至根本不存在。

近年来，各级教育行政部门都很重视学生的职业规划，每个高校也都将职业规划课程或就业课程作为必修课，而且围绕职业规划做了大量的工作。但有的大学生职业规划意识还不够强，更多的学生只关注眼前的利益，从而忽视了自己未来中长期的职业规划，一旦求职就业就容易陷入迷茫无助和无业好就的尴尬境地。

3. 就业心理脆弱，"啃老"待业情况严重

目前大部分毕业生都是"90后"独生子女，从小生活条件优越，被家人视为"掌上明珠""心肝宝贝"，家人不忍心让其受到一点委屈，整体受挫能力和吃苦耐劳精神比较缺乏。进入大学后，面对独立的生活学习，有的学生深感不适，要么随波逐流，"当一天和尚撞一天钟"，混个文凭草草了事；要么逃避现实，把自己封闭起来，不主动适应生活、学习，更不关注就业、社会，活在潇洒自由的青葱岁月；要么深陷问题漩涡，身患自卑、焦虑甚至自闭等心理疾病，根本无法进行正常的生活学习。一到毕业求职，部分大学生要么选择逃避，要么频繁更换工作，要么回家"啃老"或待业。

4. 家庭过度呵护，学生缺乏独立就业意识

在部分大学生眼里，上大学是为了家长，甚至是被逼的，因为家长在上大学前已经为孩子找好了工作，就差一个大学文凭，这种"提前就业"的情况直接导致这部分学生从大学一开始就陷入被动学习、被动就业的局面，在学习就业过程中缺乏动力，有的中途因学业问题被迫退学，有的则到毕业时不能顺利毕业，有的毕业后到了单位，也因个人原因辞职或被辞，最终成为无业游民。

二、高职学生就业求职的影响因素

从高职毕业生自身来说，就业难大致分为两种情况：一种是因多种原因确实找不到工作，属"无业可就"；一种是"挑肥拣瘦"，属"有业不就"。如今的高职毕业生面对初次就业，期望值普遍偏高，这导致很多高职学生眼高手低，毕业求职"高不成，低不就"，从而失去了许多就业机会。

1. 主观因素

首先，就业认知有偏差。一是毕业生自我评价较高，客观上不能全面认识自己，同时缺乏科学认知的方法和手段。多数毕业生不能充分认识自己的能力特长、兴趣爱好、知识水平、气质、性格，只知道一味地追求"我想干什么"，而不明白"我能干什么"，不把自己摆在合适的地位上去求职，当然会处处碰壁；二是高职学生对职业的了解存在着局限性和片面性，缺乏全面了解职业的渠道和信息。多数学生对职业的认识仅靠他人的舆论，因此，什么职业"热"就向往什么职业，过分地"心往一处想，劲往一处使"；三是高职学生对社会的了解存在着较多的想象成分，对影响就业的因素认识不足。学生受年龄和阅历的局限，对社会的了解没有全面、实际的体验，因此，在择业的思维认识过程中，对社会的就业形势、就业环境、就业政策等缺乏全面、正确的了解。有的把社会想象的比较美好，对社会的复杂及影响就业的因素知之甚少，因而其个人的就业期望值往往偏高，脱离了社会的实际需求；有的把社会不利于就业的因素看得太重，并且以点看面，进而认为社会太复杂，就业很困难。学生在就业问题上需要树立自救意识和使命意识，通过创新来推进中国的就业扩展。

其次，就业心态有问题。一是攀比心理。在这种心理作用下，即使有些单位适合自身发展，但因某个方面比不上同学选择的就业单位，就彷徨放弃，事后却后悔不已。二是自负心理。部分高职毕业生或因所学专业紧俏，或因自己无论专业知识还是综合素质都高人一筹，或因被不少用人单位垂青，这个单位不顺眼，那个单位也不如意，从而错过不少适合自己发展的用人单位。三是自卑心理。一些大学生或因所学专业不景气，或因自己专业知识、专业技能及综合素质不如其他同学，再加上因求职屡次受挫，产生强烈的自卑感，并进而转化为自卑心理，发展到害怕求职，不敢面对招聘者，自然无法适当地向用人单位展示自身的长处，从而严重影响了就业。四是不满心理。部分学生或因自身综合素质和能力不足，或因时机把握不准而找不到理想的工作单位，但这些学生往往不正确归因，反而认为是老天对自己不公，抱怨自己读大学刚好碰上这个劳动力大量过剩的时代，大学中又主要接受了应试教育而缺乏动手能力，还碰上大学扩招和高等教育进入大众化教育阶段，总之，好像什么倒霉的事都碰上了，从而产生不满心理。

再次，就业价值取向失衡。择业观是大学毕业生世界观、人生观、价值观在就业上的反映,它直接影响和决定择业行为的产生和结果。一是在价值主体上个人取向增强。受市场经济的某些负面影响,当代学生在就业追求上社会价值观淡化,他们更多地看重职业的个人价值,很少考虑职业的社会价值;更多地考虑自身的利益,而很少考虑个人利益和国家利益的结合。二是在价值目标上注重经济价值,功利主义较突出。毕业生在择业时,把经济收入因素放在重要的位置,而对未来专业知识的发挥却看得较轻。三是在地域及单位的选择上,就业观较陈旧。比如奉行"稳定高于一切",看中的是单位姓"公"还是姓"私",或单位的医疗、养老保障制度;普遍向往经济发达地区,追求安逸舒适的工作环境,不愿去老少边穷地区、基层单位、中西部地区,这加剧了艰苦贫困地区人才缺乏的状况。事实上,与前些年相比,毕业生就业的大环境已经发生了明显的变化。一方面,东部沿海地区和大城市、大机关、大企业的人才已经相对饱和,而广袤的西部地区和基层却急需大量人才。另一方面,随着经济结构的多元化和各种优惠政策的出台,民营经济、个体经济大发展的有利条件越来越多,毕业生完全可以凭着自己的聪明才智,到最需要的地方成就一番事业。作为当代大学生,应当树立新的积极的就业观念,即只要能适应,只要能发挥自己的专长,只要有利于自己成长,在哪里工作都一样。对年轻人来说,人生的路还很漫长,一次就业,并不是定终身。

最后,就业能力不足。一方面,毕业生"心比天高",另一方面,他们的综合能力又满足不了用人单位的要求。新形势下的人才标准一改过去单靠文凭或职称来认定人才的普遍做法,提出了把品德、知识、能力与业绩作为衡量人才的主要标准。仅仅拥有知识是远远不够的,大学生更要加强各种能力的培养,如交际能力、组织管理能力、学习能力、运用外语和电脑等现代技术的能力等,只有具备全面的综合能力,才能把所学知识很好地在实践中应用,并在实践中充实自己的知识结构。事实也一再证明,就业过程中,拥有各种证书、综合能力强的学生总是倍受青睐。部分毕业生出于多种原因自身素质难以符合工作的要求,难怪相当多的用人单位以实践能力、创新精神较差,缺乏责任感和主人翁意识,在为人处世方面还存在种种缺陷为由,不要应届毕业生。

2. 客观因素

首先,政策因素。国家政策是人才资源市场配置的具体准则,也是学生在就业过程中应遵循的基本规范。第一,国家重大战略决策往往会引起全国范围内政治、经济的重大变化,从而对学生的就业产生深刻影响。第二,国家及地方人事制度的影响。十八大以来,国家不断深化农村户籍改革和人事制度改革,很多地方出台了一些促进大学生到所辖地区、城市就业、落户的政策,无疑有助于促进大学生就业,同时也有一些城市,如北上广等特大城市依然对大学生设定了就业落户准入门槛,导致一些学生无法在这些城市顺利就业。

其次,经济因素。高校学生的就业属于社会资源配置的一种,它由与一个国家的经济体制密切相关的资源配置模式所决定。第一,经济增长速度的影响。社会劳动力需求的总量主要取决于经济增长创造工作岗位的数量,这个数量又取决于经济增长速度和经济结构。第二,产业结构的影响。当前我国的产业结构正进入转型升级的关键时期,对劳动力结构产生着深刻的影响,继而影响着学生的就业。第三,区域经济发展水平。区域经济发展的状况直接影响高职学生的就业流向,经济发达地区仍然是学生就业的首选地。第四,薪资待遇。地方经济发展水平会直接影响当地人均薪资水平,一般薪资待遇越高的行业、地区对人才的吸引力越大。

再次，高校自身因素。一些高校的专业设置不合理，学科专业结构与产业结构、社会需求的矛盾突出。从高等教育适应社会经济发展的基本规律来看，高等教育的层次结构与社会经济发展对高级专门人才的需求层次应该是基本一致的，即高等教育本身的层次结构应该根据社会经济的发展进行必要的调整。由于我国的高等教育大众化基本是在原有学科专业结构框架内发展起来的，几乎所有高校的学科专业随着大众化规模的扩张同步增长，未能很好地考虑到未来经济、科技和社会产业结构发展及人才市场的预期需要，专业设置存在一定的盲目性和滞后性。学生就业指导和服务体系尚不完善。学生就业指导是教育者根据学生个体特征和社会需要，帮助学生规划职业发展、培养职业能力、选择适宜性职业，以促进学生个人和社会的和谐发展而实施的有组织、有计划的教育实践活动。学生就业指导对学生就业观的形成影响极大。目前，不少高校的就业指导模式滞后于现实的就业要求，表面化、形式化和简单化现象严重。有的高校以开设一门课程的方式进行，以某种教材为纲，限于教材的条条框框，不能理论联系实际，过分形式化和理论化，与当前社会的实际情况和学生实际需要差距较大，学生对此不感兴趣。有的高校在毕业生即将寻找工作的那段时间，以"就业形势报告会""毕业生就业动员会"等形式，对就业形势、就业政策和规定进行一般性介绍，缺乏针对高职学生个体特征进行的专门咨询和直接指导，缺乏对地方经济发展和人才供求变化趋势的有效掌握。有的高校就业指导机构不健全，缺少专职的、专业性的就业指导人员。另外，校园文化所蕴含的行为模式、思想观念和价值取向，也成为影响学生就业的因素之一。

又次，用人单位因素。作为市场的需求方，用人单位的选才标准对高职学生就业的影响不言而喻。由于用人单位对高职毕业生的了解不多，于是名校、英语、计算机、党员、学生干部、社会实践经历等这些约定俗成的"硬指标"就成为用人单位招聘人才时的衡量标准。于是校园里学生大部分时间都在"啃"英语和计算机，这样的选才标准势必造成学生对专业学习的忽视。另外，用人单位片面强调专业对口，许多本来素质很好的毕业生应聘时常因专业不对口而遭拒绝。其实，对于用人单位来说，毕业生的综合素质才是选才的根本。除专业素质外，一个人的理解能力、社交能力、协作能力、创新能力等都很重要。随着高等教育大众化的发展，高校所提供的各类人才越来越充足，导致用人单位盲目追求学历的现象，高职学生就成为就业的弱势群体。大学的各种专业教育仅仅是将来发展的一个基础，能力素质与岗位需求相匹配才是用人单位人才招聘的正途。高职毕业生可塑性强，有活力，创造性强，乐于学习，接受新事物快，只要正确引导，稍假时日便会给单位带来效益。

最后，家庭因素。家庭作为长期而权威的影响因素，在个体社会化过程中发挥着特殊的作用。从高职学生入学时的专业选择上可以看到，大多数专业志愿都掺杂了家长的意志和愿望，家长的职业现状以及对职业的社会地位、经济地位、发展前途的思考往往影响着子女的就业选择，特别是在目前就业机制、就业渠道还不完善的情况下，父母为子女选择就业岗位甚至提前预订就业岗位的现象仍较为常见。

【扩展阅读】

在2017年全国普通高校毕业生就业工作视频会议上，教育部部长陈宝生认为，高校毕业生是国家宝贵的人才资源，是现代化建设的重要力量，是大众创业、万众创新的生力军。

高校毕业生就业创业事关千百万学生及其家庭的切身利益,事关高等教育健康协调发展,事关国家经济社会发展和社会和谐稳定。习近平总书记明确指出,高校毕业生的就业问题,关乎社会安定稳定,一定要高度重视。要做好以高校毕业生为重点的青年就业工作,加强政策支持,强化就业创业服务体系建设,支持帮助学生们迈好走向社会的第一步。做好2017年毕业生就业工作,主要抓好以下五方面工作:

一是坚持基层就业大方向,进一步引导和鼓励高校毕业生到基层工作。基层迫切需要高素质人才,是高校毕业生成长成才的重要平台,也是吸纳毕业生就业的大空间。要多措并举,畅通毕业生到基层就业创业的渠道。一要发挥中小微企业"就业容纳器"作用。据统计,2016年,全国平均每天新登记企业1.4万户,新登记市场主体4万户。各地各高校要收集中小微企业的招聘信息,主动组织企业进校园招聘,为毕业生到中小微企业就业牵线搭桥。二要引导高校毕业生到城乡社区从事教育文化、卫生健康、医疗养老等工作,积极投身扶贫开发和农业现代化建设。落实好县以下基层就业学费补偿和国家助学贷款代偿等政策,鼓励毕业生到中西部地区、东北地区和艰苦边远地区就业。三要继续组织实施好"农村教师特岗计划""三支一扶""西部计划"等中央基层就业项目,鼓励各地因地制宜开发新项目。

二是服务国家发展大战略,进一步向重点领域输送高校毕业生。高校承担着服务经济社会发展、服务国家战略的重要责任。各地各高校要更加自觉地站在国内、国际两个大局的高度,把面向国家战略输送毕业生作为教育系统光荣的使命。一要围绕"一带一路""长江经济带""京津冀协同发展"等重大发展战略主动对接人才需求,向国家重点行业、重点地区、重大工程、重大项目输送毕业生。结合实施"中国制造2025"和"互联网+"行动计划,引导毕业生到先进制造业、现代服务业和现代农业等领域就业创业。二要服务国防现代化建设,鼓励优秀大学生投身军营报效祖国。要优化大学生征兵工作流程,落实预定兵工作机制,对大学新生、在校生、毕业生等不同群体开展广泛宣传动员,落实好退役大学生士兵专项研究生招生计划以及学费资助、复学升学等优惠政策,努力实现大学生征兵数量和质量进一步提高的目标。三要以我国积极参与全球治理体系变革为契机,积极开拓就业新领域。有关高校特别是部属高校要加强国际化人才培养和就业指导服务,有针对性地开展宣传动员,推送更多高校毕业生到国际组织实习任职。

三是抓住创新创业大机遇,进一步推进大学生自主创业。大众创业、万众创新是当今时代潮流,是富民之道、强国之策,党和政府对此高度重视。大学生富有创新活力、最具创业潜力,推动他们自主创业,将对就业产生倍增效应和带动作用。一要切实将创新精神、创业意识和创新创业能力的培养融入人才培养全过程各环节,在培养方案、课程体系、教学方法、实训实践等教学关键环节改革上取得进展。二要鼓励各高校进行更大力度政策探索,完善细化创新创业学分积累与转换、弹性学制管理、保留学籍休学创业等政策。通过多渠道筹措资金、建设孵化基地、开放实验室资源、优先转移科技成果等方式助力大学生自主创业。三要做好创业指导服务,根据大学生创业的不同阶段和不同需求,为大学生提供政策解读、项目对接和培训实训等指导服务。

四是搭建精准服务大平台,进一步提高就业指导水平和服务能力。就业指导和服务是做好高校毕业生就业工作的基础工程。要以学生为本,像关心爱护自己的孩子一样,细致全面了解每一位毕业生的求职状况,千方百计为他们寻找就业岗位,想方设法帮助他们达成就业愿望，及时化解他们的焦虑情绪。一要搭建精准供需信息对接平台，建立毕业生求职意愿信息数据库和用人单位岗位需求信息数据库。利用"互联网＋就业"新模式，针对毕业生不同特点和需求，送政策、送指导、送信息。要充分发挥校园招聘主体作用，主动"走出去、请进来"，持续开展各类招聘活动，采取有效措施防止发生火灾、挤踏等事故，确保校园招聘活动安全。二要大力加强就业创业指导课程和学科建设，建立以课堂教学为主渠道、以职业生涯规划大赛、创新创业大赛等实践活动为载体的多形式就业创业指导体系。深入开展多样性和个性化就业指导服务，帮助毕业生积极主动就业创业。三要切实做好困难群体毕业生就业帮扶，通过建立台账、落实求职创业补贴等措施，帮助他们尽快实现就业。对建档立卡的贫困家庭毕业生、残疾毕业生、少数民族毕业生和零就业家庭毕业生等，实行"一生一策"动态管理。要与人社部门做好离校未就业毕业生信息衔接和服务接续工作，持续为毕业生提供就业信息和指导服务。四要配齐配强专兼职就业指导教师，解决好专业技术职务评聘问题，加强对就业指导教师的培训，建设一支专业化、职业化的就业指导教师队伍。

五是着眼经济社会发展大趋势，进一步深化高校人才培养改革。当前，我国经济社会发生深刻变革，教育面临的供求关系、竞争环境、资源条件等都发生了很大变化。高校必须进一步深化改革，培养适应经济社会发展需要的多样化人才。一要优化高等教育结构，根据经济社会发展需求，充分参考就业大数据，建立完善高校学科专业、层次、类型动态调整机制。要加强应用型本科高校建设，培养一批高层次应用型人才；大力发展现代职业教育，主动适应和对接行业、产业需求，培养一批具有工匠精神的技术技能人才。二要加快教育教学改革，动态调整课程设置，教学内容要与新技术、新产业相结合，完善产学研用结合的协同育人模式。三要强化实践教学，加强实习实训，积极推进"校企合作、校产合作、校地合作"，切实提高学生的创新精神和实践能力。四要建立用人单位和毕业生就业状况反馈机制，健全毕业生就业质量年度报告发布制度，认真听取吸纳用人单位和毕业生对人才培养改革的意见建议，增强人才培养和社会需要的契合度，促进高等教育更好地服务于国家战略和经济社会发展。

三、高职学生就业求职的应对策略

目前，伴随着我国经济转型升级的深入，未来就业形势将越来越严峻，主要反映在以下几方面：新生劳动力增加，文化程度较高；传统企业倒闭下岗职工不断增加，再就业率不断降低；城镇登记失业人员增加，领取失业保险人数达到历史最高峰；农村劳动力转移加快，流动增加；大学毕业生再创历史新高。

就业难问题出现的原因是多方面的，就业难问题化解也需要多措并举，共同努力。国家政府要努力推动经济可持续性发展，调整结构，积极创造源源不断的就业岗位；教育行政部门要出台有关促进大学生就业政策，积极推动学生就业创业；高校要不断调整专业结构和人才培养方案，培养更多适应社会发展需求的高级专门人才；用人单位选才用才要不唯学历所限，为人才选用提供更好的平台与渠道；家庭要加强对子女的自立自强教育，使孩子能够真正承担起家庭、社会使命。除了国家、社会、企业、高校、家庭之外，最重要的还是大学毕业生本人，俗话说："靠天靠地不如靠自己。"唯有改变自己才能更好地就业。高职大学生除了学好专业技能，学习和掌握必要的求职技巧以外，很重要的一条是在努力寻找理想的就业岗位的同时，树立正确的择业观和创业观，主动说服自己，适当降低就业岗位期望值，走多渠道就业和艰苦创业之路。

（一）认清形势，转变观念

随着信息智能时代的发展和国家产业转型升级的深入，社会总体就业岗位增长将非常有限，社会对人才质量的要求也越来越高，就业竞争日益激烈，就业形势日益严峻，需要大学生转变就业观念。一方面，就业观念不能停留在认为上大学就一定能找到一份体面的高收入工作，再择业时，也不要只倾向于党政机关、事业单位，而不愿意到基层乡镇民营企业，更不要存在"等、要、靠"的消极思想。国家发改委统计数据表明，我国中小企业提供了76%以上的就业岗位，所以中小企业、服务行业是一片很广阔的天地。另一方面，也不要以为自己读了大学，就要求比没学历的人员有更高的回报和更好的待遇。对学历不要看得太重，它只能证明在教育上你所达到的程度，但是并不等同于你在工作上所完成的任务，所做出的成绩，不要总是把自己的学历和实际工作联系到一起。第三方面，要紧盯国家就业政策和用人单位要求，以国家、企业用人标准为导向做好个人知识技能和能力的学习积累。

（二）把握机遇，理性选择

我国经济发展的新环境给高职毕业生带来了一些新的机遇，面对这些机遇，我们应积极把握，同时又要理性选择，走适合自己发展的道路，不能盲目跟风。无论是专升本、入伍参军、考公务员、当村官、直接就业或创业，都要根据个人、家庭的实际情况经过慎重考虑，认真分析后做出理性选择。俗话说："三百六十行，行行出状元。"只要提前做好准备，抓住机遇并不断努力，相信每个人的职业发展都将一片光明。

（三）练好内功，全面发展

对于用人单位普遍反映的专业技能不过硬、动手能力差、沟通能力不强、缺乏职业精神、责任感不强等方面的不足，高职学生应尽量克服。第一，要学专学精专业技能，练好专业本领，使自己真正成为企业需要的高技能人才。第二，学习专业知识的同时要积极参加实践，锻炼综合运用知识的能力和解决实际问题的能力，培养自己较强的沟通能力、组织管理能力和心理承受能力，这样才能提升就业竞争力。第三，加强职业道德修养，提升人文素质，增强工作责任感。平时要注重个人良好素质养成，恪守职业道德底线，认真负责，爱岗敬业，做一个干一行、爱一行、精一行，有道德、有责任的大学生。

（四）做好个人职业生涯规划

正所谓"知己知彼，百战不殆"。首先，做好个人认知分析，可以从自我认识、个人特征、价值观、胜任能力、发展目标等方面全面了解个人情况。其次，了解用人单位情况，比如，企业人才需要的标准、公司的制度、公司的福利、公司的发展方向等。最后，提出个人中短期职业生涯规划，结合个人因素、家庭环境、社会环境、职业环境等方面的综合分析评价，提出切实可行的职业发展行动计划，并不断调整完善。

【情境模拟】

贾某，男，23岁，某高职院校钢铁冶炼专业学生，三年前高考填报志愿时，本来选择了移动智能专业，刚好爸爸的一位好朋友在某省属大型钢铁公司上班，这位朋友再三推荐贾某读钢铁冶炼专业，承诺贾某毕业后一定想办法安排到他所在的钢铁公司上班，保证待遇优厚，工作轻松。贾某犹豫半天后很不情愿地修改了填报的志愿。在大学学习过程中，贾某发现钢铁冶炼专业枯燥乏味，而且实习也很辛苦，逐渐失去了信心，但想想毕业后能进国有大型钢铁公司，就抱着混日子的思想读完了大学。到了毕业前夕，由于国家钢铁产能缩减，加上节能减排，其爸爸好朋友所在钢铁公司被迫停产，这时贾某傻了眼，一方面曾经承诺的工作没有了，另一方面自己三年混下来什么也没学到，此时的贾某陷入深深的抱怨、自责和忧愁之中。

思考分析：
请问贾某就业中遇到了哪些问题？如果你是贾某你会怎么办？

第二节　求职过程中的心理调适

案例一：某用人单位到某职业技术学院来招聘毕业生时，小李去面试了，可是才几分钟就被淘汰下来。原因是小李在求职面试中十分紧张，回答问题的时候面红耳赤、语无伦次，面试前辛辛苦苦准备的"台词"、腹稿也忘得一干二净……

案例二：小王非常优秀，临近毕业的他有十分远大的抱负。因此，一般的单位给予的面试机会他根本不重视，马虎应付了事。他希望等待一个最适合他的机会，但是这个机会迟迟不来，他陷入了迷茫之中……

案例三：招聘单位与求职者小张见面的时候，一位领导递上一支香烟请小张抽，可小张却说："不抽！不抽！我没有这种坏习惯！"把招聘者单位的领导搞得十分尴尬，在座的人对小张的回答也感到啼笑皆非。

这些都是在求职应聘中学生会遇到的一些问题，在择业中这些心理障碍会成为成功择业的绊脚石。为了在就业中避免自己存在相同的问题，下面我们对大学生在求职择业过程中常遇到的一些心理问题加以分析。

一、高职学生就业心理

（一）高职学生就业心理理论概述

高职学生的就业心理是以就业为中心，在其他心理的共同作用下形成的，其产生、变化与发展过程较为复杂，大致可以归纳为就业心理倾向、就业心理素质、就业心态三个方面，也就是说这三个方面构成了高职学生的就业心理。

在大学期间，就业心理成为高职学生心理中的一个重要方面。它会影响高职学生的学习、社会实践等活动。虽然由于就业体制的改革，毕业生在就业择业上拥有了更多的机遇和更广阔的市场，但同时还要面对愈来愈激烈的社会竞争，也意味着他们将面临更大的心理压力和冲突。大学时期，是人的心理发展频繁变化的时期，是学生就业心理形成与改变的关键时期，也是从幼稚走向成熟的转折时期。同时，就业心理也与学生的其他心理特点如人格、需要、学习心理等都有着密切的联系，如学习心理中的"辅修热"、大学生课外活动中的"打工热"等都或多或少与未来的就业准备有关。

(二) 高职学生就业心理的一般特征

1. 就业心理倾向不确定

就业心理倾向是指对高职学生就业有推动与指向作用的心理因素。它决定着学生对就业活动的认识、评价与态度，并在很大程度上影响着就业行为。它主要包括高职学生的职业需要、动机、兴趣、价值观等成分。其中，职业需要是指个体对职业的需求，包括谋生需要、承担社会义务、寻求个性发展等方面。动机是指在职业需要基础上形成的推动学生朝一定的就业目标努力的动力过程。兴趣是指个体对从事何种职业的偏好，表现为对特定职业活动、职业环境的喜爱。价值观是人对社会职业的需求所表现出来的评价，它是人生价值观在职业问题上的反映，是人生价值观的一个重要方面，是个体对职业形成的更深层次和抽象的观念系统，它比职业兴趣更深刻、持久，并涉及有关职业问题的方方面面。职业价值观一旦形成就会相当稳定，但是由于种种原因，高职学生的职业价值观还不成熟，这成为影响学生就业心理的一个重要因素。

2. 就业心理素质相对稳定

就业心理素质是指对就业有重要影响的心理能力、活动水平及人格特点，它涉及的内容非常广泛，主要包括就业能力、职业成熟度、就业人格特点三个部分，是高职学生在大学三年的就业准备及其他活动如学习、社会实践影响下形成的比较稳定的就业心理特点，是学生顺利就业、应对就业挫折、实现职业适应与成功以及各种就业心态等形成的心理基础。如果能清醒地认识自己的心理特点，并对自己心理特点及自己对职业的要求进行合理而科学的匹配，做出职业选择，并采取可行的措施去获得职业，那么其职业成熟度就高，反之就低。故学生应在心理素质稳定的基础上认清自己的心理特点，并快速成熟。

3. 就业心态各异

就业心态是指学生在涉及有关就业问题时，特别是在准备就业与寻求职业的过程中形成的具体的心理状态，如焦虑、情绪高涨、失落、信心不足、犹豫不决等状态。学生的就业心态既与他们的个性品质、个人能力、职业价值观等较稳定的心理特征有关，也与就业时所遇到的情景有关。就业心态是了解学生就业心理倾向、就业心理素质的重要渠道。高职学生就业中产生的种种心理健康问题常常是通过各种不正常的就业心态表现出来的。

二、高职学生就业心理问题现状分析及成因

据最新调查资料统计表明，就业问题始终是高职学生最关心和最忧心的问题。学生的理想与追求有明确的目的性，面临着更多的机遇与挑战，因而也往往面临着心理压力与冲突。当代高职学生就业反映的心理问题，一般根源于理想与现实、希望与失望、目标与挫折发生冲突而导致的巨大心理落差。这种落差使学生处于一种心理失衡状态，常常在认知心理、情绪心理、社会心理方面存在着一些心理问题。如不及时加以调适和指导，极有可能诱发诸多心理疾病。

(一) 心理问题现状

1. 认知心理问题

高职毕业生就业认知心理是在就业过程中对自己、对职业及其周围社会环境等的认识、了解和对事物的推理与判断。

学生要么怀有一定的自卑心理,对自身素质和就业竞争力评价过低,不敢主动参与就业竞争;要么自命不凡,认为自己各方面能力很强。自卑是一种弱化的个性,是缺乏自尊心、自信心的表现,是个人认为自己有某些心理或能力方面的缺陷而产生的轻视自己的心理。一个人一旦被自卑情绪所俘虏,他的才智和创造性就难以正常发挥。自卑心理人人都有,只是轻重不同而已,但是过度的自卑会产生精神不振、心灵扭曲以及沮丧、失望、孤寂等不良心理现象。持有这种心态的毕业生主要有以下几类学生:一是部分专科生。这几年有些用人单位偏重学历,不看能力,宁愿要差的本科生,也不要优秀的专科生,导致对专科生的需求比例逐渐减少,专科毕业生供大于求。加上部分专科生就业期望值偏高,不愿到基层,面对研究生、本科生的竞争,很容易产生自卑心理,觉得低人一等。二是部分女生。由于女性的生理和心理特点,一些女大学毕业生在择业时常常受到冷落,有的用人单位不愿要女大学生的现象依然存在。有些女毕业生缺乏自立自强精神,无法面对生活中的各种矛盾,也容易产生自卑心理。三是部分缺乏社会关系以及来自农村的学生。在社会转型时期用人制度以及人才市场尚不健全的情况下,某些关系在毕业生就业过程中依然发挥着特殊的作用。有时拥有良好社会关系的毕业生即使在校学习和能力一般,但通过所谓的关系,就能很快落实一个较好的单位。这就给那些缺乏社会关系或来自农村、性格内向的学生带来负面的影响,特别是那些学习成绩平平、能力一般的学生,在他们看来,学习好不如家庭好。四是部分学习成绩不佳以及受过处分的"问题毕业生"。这些毕业生由于推荐材料存在着"污点",在就业时总是害怕被用人单位发现,害怕被用人单位抛弃。于是,对于用人单位的招聘总是躲躲闪闪,显得没有勇气和信心。他们总认为自己在某些方面不如他人,如学习成绩、社交能力以及家庭背景等。有这种心理的毕业生往往过分注重自己的短处,而看不到自己的长处和优势,他们特别在意别人对自己的态度和评价,影响了求职就业。

自负心理与自卑心理相反,自负心理是缺乏客观的自我分析和自我评价。这些毕业生因为自己的专业紧俏,或自身的条件比较优越,而感觉自命不凡,认为自己学有所成,找一份理想的工作应是很容易的一件事。这类毕业生在就业过程中表现为:选择职业的期望值过高,看不上这个单位,瞧不起那种职业;有的还对用人单位提过分要求,对一些旁观者认为条件不错的单位,表现出不屑一顾等。这种不切实际、好高骛远、缺乏自知之明的心理,会失去许多本可以争取的就业机会。一旦错失良机,择业受挫,毕业生就会产生强烈的失落感,最终会因预期就业目标未能实现而忧心忡忡。

总之,认识自己,其要义是分析自己最适合于做什么,弄清自己所追寻的目标是什么。具体说,就是看到自己能做什么,不能做什么;喜欢做什么,不喜欢做什么,正确认识自我,尽可能走向适合于自己的职业岗位。同时,高职学生对社会的就业环境,对各种性质的单位要有一定程度的了解,只有这样,才不至于对当前就业形势做出错误的判断,对单位的要求和期望值过高。

2. 情绪心理问题

就业情绪心理是指学生就业之前产生的一些情绪问题,或是在就业过程中的情绪波动。情绪是学生心理健康的晴雨表。就业时情绪出现浮躁和波动,是心理成长过程中不可避免的现象。但是,倘若情绪长期波动,不仅会影响到学生的顺利就业,还会影响学生身心的健康发展。我们从焦虑、抑郁、患得患失三个方面对就业情绪心理问题进行分析。

焦虑是由于担心不能达到预期目标或因自卑、自负等原因遭遇的求职失败形成的紧张不安的心理状态,是由心理冲突或遭受挫折引起的,是一种复杂情绪的反应。焦虑心理在就业时主要表现为:毕业生希望尽快走向社会,谋求到理想职业,但又担心自己的理想不能实现,不能找到可以发挥自己专业优势,且经济效益、工作环境又好的单位;害怕被用人单位拒之门外,自己十几年的寒窗苦读付之东流;求职择业事关重大,又担心自己就业失误会造成终身遗憾,对走向社会心中无底,对就业准备感到无所适从。特别是一些冷门专业的学生,来自边远地区的学生,性格内向的学生,有生理缺陷的学生,学业成绩不佳、能力不高、综合素质较差的学生,毕业前还未落实单位的学生,大专生以及部分女大学生,表现得更为焦虑。这种焦虑,使学生背上沉重的心理负担,心情沉重,意志消沉,对任何事情都失去兴趣,注意力极度涣散,食不甘味,卧不安席,惶惶不可终日。高职学生择业中焦虑心理的一种特殊表现就是急躁。在职业未最终确定以前,学生普遍都有急躁心理,不同性格的毕业生表现不尽相同。性格外向者,就业情绪始终处于亢奋状态,心急如焚,急于求成。所以,有的毕业生在不完全了解用人单位的情况下,仅凭有关人员介绍就匆匆签约,一旦发现实际情况与原来了解的情况不符,便牢骚满腹,怨气冲天,不能冷静、客观地思考问题,情绪处于难以自制的急躁状态。性格内向者,在择业中表现出唉声叹气,茶饭不思,彻夜难眠,终日为择业倍感焦虑、忧心忡忡。产生这种心理主要是由于学生缺乏社会经验,独立处理问题的能力不强,在面临人生选择的关键时刻心理不够成熟。其实,轻度的焦虑属于常态,适度的焦虑可以使人产生压力感,催人奋进,促人成长,但是过度的焦虑,则会干扰人的正常活动,导致严重的心理障碍或疾病。

抑郁是指在长期持续的精神刺激因素作用下产生的一种以情绪低沉、忧郁、沮丧、自责、压抑为主要表现的精神状态。就业抑郁心理产生于学生求职过程中,往往因为屡屡遭受挫折,不为用人单位认可、接受,导致情绪低落、心情紧张而压抑。激烈的就业竞争使一些毕业生在就业时受挫连连,碰壁不断。他们往往会产生一种怨天、怨地、怨父母的悲观失落情绪,缺乏继续作战与战胜困难的勇气,有的甚至会表现为饮食失调,身体消瘦,彻底失去继续参加就业竞争的信心,较长时间陷于就业失败事件的阴影中而难以自拔。

患得患失可能使学生与成功失之交臂。部分学生在就业的过程中经常吃着碗里的,看着锅里的,这山望着那山高。当然骑驴找马的现象在毕业生就业的过程中也屡见不鲜。一些毕业生不管三七二十一,找到一个单位就草草签字,然后又将自己的目光投向待遇更好的单位,最终把自己牵扯进毁约的泥沼,也将自己的诚信丢失,这些都是毕业生走入就业误区的心理障碍。这种患得患失的心理,使其在众多的选择中模糊了自己的方向,当断不断,错失就业良机。

3. 社会心理问题

社会心理问题是学生在就业过程中受社会或者他人的影响而产生的心理问题,主要有以下几种情况:

从众心理是指个体在群体压力下,在认知、判断、信念与行为等方面与群体多数人保持一致的心理。引发从众心理一方面是由于高职学生未充分考虑自身的实际情况,如自己的专业范围、职业兴趣与事业追求、实际能力与综合素质等,在择业过程中盲目地从众。看着大家都想去沿海地区,就想去沿海,听说金融IT行业热门紧俏,就想去这些行业谋一份职。这种缺乏全盘考虑,没有切合自己能力与兴趣的职业追求,往往在择业时会经受不必要的挫折,延误或丧失就业机会。另一方面是随着传媒对社会精英,特别是"数字精英""管理精英"大加宣传，对经济价值体现个人价值过分评价时，很容易导致学生迷失自我，忽视自身的个体特异性与自我创造性，追求社会推崇的职业，形成个人价值取向的从众心理。学生正处于人格逐渐完善和成熟的阶段，也容易受社会思潮和社会观念的影响，人云亦云。从众心理表现在就业过程中，部分学生一味地求高薪、求舒适、求名气，一味追求所谓的热门单位、热门职业，没有从职业发展、个人前途、国家需要去考虑，不愿从事基层工作，形成了"有的工作没人做，有的人没工作做"的结构性失业现状。

攀比心理是指在择业过程中不从自身实际出发，与他人攀比的心理。攀比是一种盲从心理，不能对自己进行正确、客观和公正的分析，看不到自己的长项和短处，盲目攀比，舍其所长，就其所短。表现为毕业生选择就业单位时忽视自身特点，对自我缺乏客观正确的分析，不从自身实际出发，往往拿自己身边同学的择业标准来定位自己的择业标准，总想找到一份十全十美的工作，总想和其他同学一样在大城市中找个好工作，不然就差人一等。由于每个人的生活环境、家庭背景以及个人素质、所碰到的机遇是不尽相同的，因而在择业目标、职业选择方面不具有可比性。而大学生血气方刚，喜欢争强好胜、虚荣心较强，容易引发盲目攀比。这种不正确认识自己，不能给自己合理定位而产生的盲目攀比心理使得许多学生迟迟不愿签约，导致与适合自己的就业岗位失之交臂。

嫉妒心理是对他人的成就、特长、优越的地位及条件持既羡慕又抱以敌视的情感。这种心理主要是把别人的优势之处视为对自己的不利和威胁，因而感到心理不平衡，甚至恐惧和愤怒，于是借助贬低、诽谤甚至报复的手段来摆脱愤怒和困扰，求得心理补偿或达到自身的心理满足，往往对本人和对方造成不良的后果。毕业生在择业上的嫉妒心理主要有：看到别人某些方面求职条件好，先是羡慕、转而痛苦、后又不甘心，个别人为了不让他人超出自己，可能采取背后拆台等手段；当别人成功时，说风凉话、讽刺挖苦。嫉妒心理的产生，有时会把朋友当对头，使朋友关系恶化。嫉妒还会使团体组织内人心涣散、人际关系冷漠，并且加重人的内心痛苦和烦恼，以致影响自身的发展和就业的顺利进行。

"啃老族"也称"傍老族"，是指在学校毕业后不寻找工作，赋闲在家，衣食住行全靠父母的一些年轻人。"啃老族"们大多数衣食住行全靠父母而且日常花费不菲。他们不去找工作，或者眼高手低，大事做不着，小事不愿干；他们拈轻怕重、好逸恶劳甚至游手好闲。"啃老族"自身往往存在着人格特征的某些缺陷，存在着一些对立的矛盾。他们有些人胸怀远大理想，但又缺乏相应的实际能力。既希望自主择业，却又不愿承担风险；渴望竞争，又缺乏竞争的勇气；对自我抱有充足的信心，但在遇到挫折之后，又容易自卑；既崇尚个人奋斗、自我实现，同时又有较强的依赖感。部分"啃老族""躲进小楼成一统，管他冬夏与春秋"，沉溺于网络，醉心于虚拟的世界，拒绝跨进现实的社会中。他们在应试教育的模式下成长起来，没有什么职业技能，需要找工作的时候又赶上了就业高峰。不能说他们找不到工作，而是有些工作做不了，有些工作嫌苦嫌累或是嫌钱少不愿意做。挑来挑去，由于父母还能负责其基本的生活，干脆继续躲在父母的羽翼下。严重的"啃老族"心理，不仅让自己在就业竞争中处于劣势，即使就业成功，也很可能会被优胜劣汰的市场竞争所淘汰。

（二）心理问题成因

就业心理问题的形成与存在并非偶然，是有着各种各样复杂的因素。只有分析好这些因素，才能"有的放矢"，针对这些原因对就业心理问题进行调适。

1. 社会因素

学生就业心理问题的形成不可避免地受到社会方方面面因素的影响，这些影响主要包括：高等院校的不断扩招给学生就业带来的压力；就业制度的不完善对就业工作和学生的就业心理产生了巨大的冲击；市场经济发展带来的负面影响扭曲了学生的就业观；招聘歧视的存在对学生就业心理的不良影响。

首先，扩招使高校毕业生逐年递增，造成毕业生就业难，是异常就业心理产生的重要因素。随着高校的不断扩招，供需矛盾将长期存在。所谓的供需矛盾并不是指我国的大学生太多了，而主要是指大学生的层次与专业结构与市场要求的矛盾，以及学生的职业期望与市场供给的矛盾等。比如，冷门与热门专业之间的不平衡、偏远地区要人招不到而经济发达地区人才拥挤，女大学生就业难等问题都将成为供需矛盾的主要体现。这些供需矛盾使学生对社会的认知产生了消极影响，也对学生的就业心理产生了较大的冲击。

其次，就业制度改革本身尚处在继续深化之中，我国的高校毕业生就业市场机制尚不健全，还存在不少问题。如户籍问题、供需信息不畅、就业制度改革不配套、就业市场与协议缺乏权威性等。学生就业机制不完善，导致学生就业心理认识上的误区，使很多毕业生在择业时盲目追求就业环境的舒适、高经济收入等，放弃了自己的兴趣爱好。加上就业市场尚未规范，社会还存在着不正之风，就业制度的不完善对就业工作和大学生的就业心理产生了巨大的冲击，严重妨碍了就业工作的有效开展，从而造成了大学生的心态失衡，由此产生了各种就业心理问题。

再次，在目前我国毕业生市场上，存在着对毕业生性别、年龄、专业、户口和学历等的歧视，对毕业生择业过程中的心理产生着较强的影响。有些招聘歧视是隐性的，有些是明确的。比如户籍歧视：有的地方公务员考试注明要求必须为某地户口才可报考该职；比如地域歧视：有的单位招聘时标明某省籍贯的勿投简历；比如性别歧视：一些单位明确表示不要女大学生，另外一些单位虽然不表示不要女大学生，但对女学生的求职总是百般推诿，对男学生则较热情，部分单位选择女学生也常是在挑不到合适男生的情况下一种退而求其次的决定，这对部分女学生心理产生了不良影响；比如学历歧视：有的用人单位盲目追求高学历人才的使用，只认学历，不管能力，只认名牌高校毕业生，冷落高职院校毕业生。这些就业歧视的存在，使得相当一部分学生动摇甚至失去自信心，导致他们的价值观、就业观发生异变，因而不能正确地对待求职就业。学生求职要求公正与现实存在的就业招聘歧视之间的矛盾，严重影响了学生就业过程中的心理状态。

最后，家庭对个体自我意识的形成、发展起着至关重要的作用。家庭因素主要包括父母的期望、父母的职业定位、父母的地位和社交能力、父母与子女的关系、家庭环境和氛围等方面，这些因素影响了一部分毕业生的就业心理。就业既是毕业生在自己人生中的一大转折，也是其家庭生活中的一件大事，家庭成员从家庭实际出发发表一些意见，提供一些支持是非常正常的事情。然而部分学生在家庭中受溺爱、庇护等，产生享受心理、封闭心理，缺乏吃苦精神，自私，不善于与人合作。而吃苦耐劳、团队精神恰恰是用人单位用人的重要标准，是毕业生应具备的重要素质。这些严重影响和制约了个性的发展，对部分高职学生的就业心态产生了一定影响。

2. 自身因素

很多高职学生陷入就业困境的原因是由于自身素质与社会要求的能力不相适应，他们自身存在着很多的缺陷。

首先，高职生毕业时一般是在 22 周岁左右，处在这个时期的学生心理发展还不成熟、不稳定，生理与心理发展具有明显的不同步，加上他们的知识结构不完善，每个人的生活体验又非常肤浅，对社会的认识不足，不能全面了解社会，因而在观察问题、分析问题、处理问题时，只是凭书本上讲的条条框框去生搬硬套，缺少理性的眼光。有的学生因为学到了一些专业技能，便以为具备了从事有关工作的能力，夸夸其谈，纸上谈兵，其实没有一点工作经验，更无法适应有关工作。毕业生对待就业缺乏足够的思想准备和心理准备，心理承受能力较差，不能在就业压力面前及时调整自己的就业心态，不能正确对待就业出现的问题。

其次，缺少职业生涯规划，就业准备过于简单，对就业政策不了解，就业材料准备不充分，就业技能和技巧运用不得当，会遇到一些意想不到的挫折。一遇到困难和挫折，就产生了各种不健康的心理问题。就业市场化的条件下，许多学生会遇到各种不同的单位。因为遇到的用人单位有先有后，有的单位可以立即签约，有的还要求去试用，有的很诚恳、急切，有的态度不冷不热。大学毕业生在找工作中会花费大量的时间，有的单位还会要求试用，因此学习与求职之间常常也存在矛盾。许多高职学生都希望有一个公平的就业竞争环境，但是在求职中使用拉关系、走后门、请客、送礼等不公平的手段在毕业生中已司空见惯，不公平竞争的问题成为高职学生求职的重要心理矛盾，特别是那些来自农村的自身条件较好的同学对此更是怨声载道。面对以上几种情况，学生都要有一定的准备，甚至制定不同的预案，做出近期和远期的规划。

三、心理问题调适

（一）客体调适

1. 学校、社会、政府对就业心理的合理引导

大学毕业生在就业过程中产生的各种心理问题，学校、社会、政府应给予高度关注，并采取相应措施，帮助他们客观地认识自己，做到正视现实，敢于竞争，不怕挫折，放眼未来。学校应对大学生进行就业教育和择业指导，开展创业教育，增强其创业、竞争、挑战的意识，以就业为导向，合理调整和设置学科专业，确保就业信息数量及传递渠道的畅通，切实关注求职条件较差的学生的就业问题。政府部门也要充分发挥管理功能。规范就业市场，建立统一开放、多元化的市场体系，沟通不同行业、不同系统的用人单位与高校之间的供求信息；采用经济手段、法律手段与行政手段相结合的办法，来加强就业市场的宏观调控，促进就业市场规范化发展。有关部门今后应开设更多的专业性市场，加强毕业生就业的针对性，加强信息渠道的建设，保证就业信息渠道畅通，确保就业信息准确、快捷，进一步完善就业信息网络。社会保障体系必须不分所有制性质、不分职业身份、不分工资分配形式，实行统一的制度，以利于劳动力的流动与资源的合理配置，落实企业自主权，体现公平与效率相结合的原则。用人单位应当充分考虑毕业生的实际情况，尊重毕业生的人格利益和其他利益，减少户籍歧视、地域歧视、性别歧视、年龄歧视、学历歧视等各种就业歧视，为大学毕业生就业提供一个宽松的心理环境。

2. 重视家庭教育的影响

每个父母应从家庭实际出发减少对自己子女就业过程中的负面影响。家长们应抛却虚荣心，要看到我国社会转型和经济发展给大学生就业带来的变化，从思想上教育引导自己的子女树立正确的择业观；要看到市场经济条件下就业市场的繁荣景象，自己首先要从内心深处打破稳定职业的思想，打破吃"皇粮"的思想禁锢；切实估计自己子女的能力和素质，不对子女的职业选择提出不切实际的要求；家长们应重视子女的主观愿望和个性特点，要积极主动地了解国家的有关就业政策，帮助子女选择适合他们的职业；要鼓励他们到祖国最需要的地方去建功立业，帮助子女树立在艰苦的环境中磨炼成才的理想，要教育他们在基层、在条件艰苦的地方更容易为国家创造财富，也更容易成才的意识；要培养子女们树立任何一个行业都能干出一番事业、干出一番成就的理想，要让他们有到社会上去拼、去闯的精神。总之，要让子女接受锻炼，要乐于让子女自己做主，不要在就业问题上为子女施加任何压力，给他们就业营造宽松的家庭环境及氛围。

（二）主体调适

雅典有一座德尔菲神殿，上面刻了两句话，其中一句广为人知："认识你自己。"苏格拉底经常以此自省，同时也借此激励别人。在择业过程中，我们每个人首先也要做到认识自己，要正确、客观地评价自己，了解自身的兴趣、气质、性格和能力，对自己的所学专业、工作能力、爱好特长、优势与劣势有一个完整的把握，这就是所谓"知人者智，自知者明"。这样，在择业过程中，就会有明确的角色意识和目标性，扬长避短，进而合理定位。但是能够准确地自我认知并非一件容易的事，很多大学生就业时就存在着不能够准确地自我认知和自我评价的问题。

很多学生常把一个词挂在嘴边：郁闷。其实郁闷在心理学上就是焦虑的代名词。在就业的初期阶段，最突出的问题是目标焦虑，即现实能否达到心理预期值。

毕业生在求职择业的过程中，可能会出现心理问题，学生需要掌握一定的心理知识，并进行适当的调整及合理的宣泄。

1. 焦躁心理及调适

就业制度改革拓宽了毕业生的职业选择面，但对部分学生来说，职业选择自由度越大，择业心理压力便越大。有的同学面对用人单位严格的录用程序而感到胆战心惊；有的因性别、学历层次等不敢大胆求职；有的因自己学习成绩不佳而烦恼；有的因自己能力不高而紧张。此外，也有部分学生在就业过程中，希望一蹴而就，或幻想无须付出多大的努力就能得到称心如意的工作，但在实际中往往事与愿违。正是因为害怕失败，学生在求职择业过程中会出现焦虑和烦躁不安甚至恐惧的心理。

要克服焦虑、急躁的心理，就需要打破事事求稳、求顺的想法，增强竞争意识。而且有竞争必定会有风险和失败，确立了竞争意识，就不怕风险和挫折，焦虑的心理必定能得到缓解或克服。同时，毕业生还应克服自己择业心切、急于求成的思想，否则越急越容易择业失败，而失败的体验又会强化沮丧和焦虑的情绪。因此也要客观地分析自己，合理地设计求职目标，不要盲目与他人攀比，更不应有从众心理，这样会尽量减少挫折，也会减轻焦虑的程度。

此外，还可以采用合理的情绪宣泄和放松的方法来减轻焦虑。宣泄，是指将自己的忧虑向朋友、老师倾诉，一吐为快，甚至也可以在亲友面前痛哭一场。但是，宣泄一定要注意场合、身份、气氛，注意适度，应是无破坏性的。

至于放松，则有很多种方法。例如，冥想放松法，它是让放松者发挥自我想象和自我暗

示的能力,来达到放松的目的。具体做法是:

① 找一件真实的物件,如橘子。凝视手中的橘子,反复仔细观察它的形状、颜色、纹理脉络;然后用手触摸它的表面质地,看是光滑还是粗糙;再闻闻它有什么气味。

② 闭上眼睛,回忆或回味着这个橘子都给你留下了哪些印象。

③ 放松肌肉,排除杂念,想象自己钻进了橘子里。那么,里面是什么样子?你感觉到了什么?里面的颜色和外边的颜色一样吗?然后再假想你尝了这个橘子,记住它的滋味。

④ 想象暗示自己走出了橘子的内部,恢复了原样;记住刚才橘子里面所看到的、尝到的和感觉到的一切,然后做深呼吸 5 遍,慢慢数 5 下,睁开眼睛,你会感到头脑轻松、清爽。

2. 自卑心理及调适

高职学生求职时对自己的弱项有自知之明是明智的,因为这有助于避开自己不擅长的工作。但是过度自卑则是对自己的潜能优势缺乏了解,缺乏自信心,导致他们缺乏竞争勇气和自信。还有的毕业生在择业过程中自己拿不定主意,犹豫、退缩、信心不足,对自己能胜任的工作不敢说"我能行",而总是"试试看",当遇到几次求职挫折后,更是萎靡不振,自我封闭。在求职时畏首畏尾,容易给人以无能的印象。

要消除自卑心理,至关重要的是要能够正确地评价自己,纠正过低的自我评价。人贵有自知之明,自知不仅表现为知道自己的短处,也表现为了解自己的长处。马克思十分赞赏一句名言:"你之所以感到巨人高不可攀,只是因为自己跪着,不信你站起来试一试,你一定能发现,自己并不比别人矮一截。许多事情别人能做到的你经过努力一样能做到。"因此,正确评价自己,是建立自信、消除自卑的有效方法。其次,正确对待自己的弱点和缺陷,并积极进行补偿。积极补偿的方法有"以勤补拙""扬长补短"等。再次,要克服自卑感还必须学会恰如其分地表现自己的才能。比如,学会如何平静地与人交谈,如何接近陌生人,如何同别人握手寒暄,如何进行开场白、如何使谈话继续和终止等技巧。最后,克服自卑,除了正确看待客观现实,还要努力克服自身的心理弱点。如采取有效的方法摆脱紧张、焦急、忧虑等不良情绪,培养乐观自信和积极的生活态度。

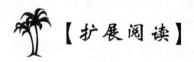
【扩展阅读】

小测试:你感到自卑吗?

【说明】心理自测的结果只能代表目前你所存在的情绪或者心理状态水平,分数的高低只能作为对自我评价的一个参考。如果你的某项分数过高,一定要在心理咨询师的指导和帮助之下才能做出一个正确的判断,切勿给自己乱贴"标签",从而给自己的学习、工作和生活带来影响。

对下列题目做出"是"或"否"的回答。

(1) 你觉得自己这样的年龄应该更高一些吗?

(2) 你对自己的容貌满意吗?

(3) 你是否不太喜欢镜子中看到的自己?

（4）你觉得自己的身体不够强壮吗？
（5）别人给你拍照时，你对拍出使你满意的照片没有信心吗？
（6）你觉得自己比其他人笨一些吗？
（7）你相信自己十年后会比其他人过得好吗？
（8）你是否常被人家挖苦？
（9）是否看上去很多同学不太喜欢你？
（10）你常常有"又失败了"的感觉吗？
（11）你的老师对你的学习成绩感到失望吗？
（12）做错什么事之后，你常常会很快忘却吗？
（13）与同学在一起的时候，你是否常常扮演听众的角色？
（14）你经常在心里默默祈祷吗？
（15）你认为自己使父母感到失望吗？
（16）你是否经常回想并检讨自己过去的不良行为？
（17）当与别人闹矛盾时，你通常总是责怪自己吗？
（18）你是否不喜欢自己的性格？
（19）别人讲话时，你经常打断他们吗？
（20）你是否从不主动向别人挑战？
（21）做某件事时，你常常缺乏成功的信心吗？
（22）即使不同意对方的观点，你也不习惯当面提出反对意见，对吗？
（23）你是否自甘落后？
（24）你对未来充满信心吗？
（25）在班级里，你对自己的成绩进入前几名不抱希望吗？
（26）参加体育运动后，你总是感到自己不行了吗？
（27）遇到困难时，你常常采取逃避的态度吗？
（28）当你提出的观点被人反对时，你是否马上会怀疑自己的正确性？
（29）当别人没有征询你的看法时，你会主动发表自己的意见吗？
（30）对自己反对做的各种事情，你总是充满自信吗？

【评分规则】

第2、7、12、19、24、29、30题答"是"记0分，答"否"记1分。其余各题答"是"记1分，答"否"记0分。各题得分相加，统计总分。

你的总分是：

0~5分：你充满了自信，只要注意别自满和自负。

6~10分：总的来说你并不自卑。但当环境出现变化时，也会感到有些难以适应，对自己的能力有所怀疑。一般情况下，你最终能够恢复自信。

11~20分：只要一遇到挫折，你就会感到自己不行。你最好降低一下对自己的期望值，调整自己追求的目标，以便从每次小的进步中享受成功的欢乐，逐步建立自信。

3. 自负心理及调适

学生择业时的自负是指对主客观条件的估量不够准确，不能正确评价自己的素质和条件，过高估计自己的知识和能力水平，给用人单位留下浮躁、不踏实的印象，造成择业困难。部分毕业生一心追求大城市、高报酬、条件好的单位，而不顾自己的专业或自己的某些缺陷是否适合这一行业。

求职时不能没有自信，但是自信过了头，就成了自负。克服盲目自信的核心是正确认识和评价自我，认识和评价自我的方法很多，比如：

① 社会比较。首先，要将自己与社会上其他人做比较，要通过社会上其他人对自己的态度来认识自己。

② 自我静思。也叫自我反省，通过反省明确自己的专业发展方向是什么，自己的优势和劣势是什么，自己的爱好特点是什么，自己的性格气质是什么，自己最适合干什么工作等，使自己在择业过程中处于积极主动的位置。

③ 保持达观心态。大学生应不断加强自我修养，达观大度，宽容悦纳，只要保持一种谦虚平和的心态，不急不躁，不图虚荣，机会还是很多的。同时，在择业受挫后，能正视现实，敢于取长补短，主动提高和完善自我，才能获得最后的成功。

④ 谦逊虚心。在求职中要意识到"山外有山，人外有人"，保持谦逊的人生态度，学会虚心请教，不耻下问，放下架子，英雄才有用武之地。

4. 依赖心理及调适

依赖心理的实质是缺乏信心，自己放弃了对自己大脑的支配权。在就业过程中，依赖心理表现在缺乏主动参与意识，独立性不强，信心和勇气不足，在社会为其提供的就业机会面前心存依赖，不主动参与就业市场的竞争，不敢向用人单位展示和推销自我，依靠自身的努力去赢得竞争、赢得用人单位青睐，而是一味地依赖亲戚、朋友、社会关系给自己找门路，或依靠家长代替自己去奔波。有的毕业生自以为有某些优越的条件，依赖自己成绩很优秀或是优秀毕业生等，坐等学校落实单位。这种消极被动的求职方式与当今激烈竞争的社会现实很不合拍，毕业生最终可能错失良机。

依赖他人的帮助，毕业生有可能也会找到一份好工作，但是从长远来说，依赖的心理对毕业生的社会适应却是有害的，因为依赖的习惯会使人逐渐丧失自信、失去自我，不相信通过自己的努力会达成自己想要的目标。在当今竞争激烈的社会，自信心、自我效能感（相信通过自己的努力可以完成任务的自信程度）对于一个人的成功越来越重要。因此，要克服依赖心理，毕业生首先要充分认识到依赖心理的危害，提高自己的动手能力，不要什么事情都指望别人，遇到问题要做出属于自己的选择和判断，加强自主性和创造性，学会独立地思考问题；其次要在生活中树立行动的勇气，自己能做的事一定要自己做，自己没做过的事要锻炼做，通过行动上不断累积的成功来强化自己动手的习惯。

5. 盲目从众心理及调适

从众心理主要表现为：人云亦云，缺乏个人主见。法国的自然科学家们曾经把一群毛虫放在一个盘子的边缘，让它们一个跟着一个，头尾相连，沿着盘子排成一圈。于是，这些毛虫开始沿着盘子爬行，每一只都紧跟着自己前边的那一只，既不敢掉队，也不敢独自走新路。它们连续爬了七天七夜，终于因饥饿而死去，而在那个盘子中央就摆着它们喜欢吃的食物。人们也许会讥笑毛虫的呆板与愚蠢，但是，人类有时也会犯同样的错误。例如，在就业过程中，部分高职学生容易忽视自身所学专业和特长而盲目从众。比如，在择业地区中死守"天（天津）、南（南方沿海城市）、海（上海）、北（北京）"，不去"新（新疆）、西（西藏）、兰（兰州）"。在择业单位上，盲目追求物质享受，向往外资高薪企业和行政事业单位。在从众心理的驱使下，毕业生从心理上限制了自己，择业面变窄，直接导致求职失败和困难。

适度的从众，即认为多数人的行为和意见是正确的而怀疑自己的判断，在一定程度上有助于人们遵从一定的规范，形成一致的行为，完成群体目标。但它的消极影响不容忽视，因为它倾向于形成标准统一的行为模式，排斥与众不同，因此，有时会窒息人们的创新精神，不利于个性的发展。在就业问题上，克服从众心理从根本上说还是要认清自我，了解自己的价值观、弄清自己的条件（优势和劣势），摆正自己的位置，根据自己的实际情况，形成一种脚踏实地的务实态度，而不是盲目随大流。其次，克服从众心理需要适当表现自己，做回自己。表现自己能帮助个体发现自己的特长和潜力，做回自己重在自我的突破和发展。想想那些可怜的毛虫吧，毕业生应跨越"从众"的矮墙，告别平庸，走向卓越。

6. 挫折心理与自我调适

挫折感是一种普遍存在的心理现象。人的一生不可能万事如意，遇到一些艰难困苦、危险麻烦以至挫折和失败都是在所难免的。人们在受挫后的恢复能力各不相同，有些人的心理承受能力较强，能从失败中崛起；有些人受挫后一蹶不振，销声匿迹。而绝大多数人处于两者之间。挫折心理的产生主要由内因和外因组成，内因取决于自己的心理承受力，外因主要是外部因素所造成的巨大压力。

消除挫折心理，一方面要正确认识挫折。在就业过程中挫折是不可避免的，无论是抱怨还是气愤都没有用，与其成天怨天尤人，浪费了时间，影响了心情，还不如勇敢地承认和接受当前所面临的现实，脚踏实地地寻求解决问题的好办法。另一方面，要越"挫"越"勇"。

真正要战胜挫折心理，就是要去不断经历挫折，练就钢铁一般的受挫心理，但这种受挫心理不是简单的重复，而是要总结经验、调整心态、端正态度、找出不足，有目标、有准备地直面挑战。

正所谓"吃一堑，长一智"，每个人只有经历挫折，才能学会长大。就业过程本身就是认识和适应社会的一个过程，在求职过程中遇到困难，甚至经过几次挫折获得成功是正常的；在就业中遇到许多心理冲突、困惑，产生一些不良情绪也是正常的。遇到就业问题时，要学会调节自己的心态，使自己能从容、冷静面对，并做出正确、理智的选择。但凡有所成就的人，肯定经历了常人难以想象的挫折磨砺。

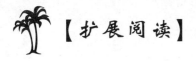

风雨过后见彩虹

1810 年他的家人被赶出了居住的地方，他必须工作以抚养他们。

1818 年他母亲去世。

1831 年经商失败。

1832 年竞选州议员——但落选了！

1832 年工作也丢了——想就读法学院，但进不去。

1833 年向朋友借一些钱经商，但年底就破产了，接下来他花了 17 年，才把债还清。

1834年再次竞选州议员——赢了！
1835年订婚后就快结婚了，但伊人却死了，因此他的心也碎了！
1836年精神完全崩溃，卧病在床六个月。
1838年争取成为州议员的发言人——没有成功。
1840年争取成为选举人——失败了！
1843年参加国会大选——落选了！
1846年再次参加国会大选——这次当选了！前往华盛顿特区，表现可圈可点。
1848年寻求国会议员连任——失败了！
1849年想在自己的州内担任土地局长的工作——被拒绝了！
1854年竞选美国参议员——落选了！
1856年在党的全国代表大会上争取副总统的提名——失败了！得票不到100张。
1858年再度竞选美国参议员——再度落败。
1860年当选美国总统。

他是谁？我敢打赌你肯定知道他——亚伯拉罕·林肯——美国有史以来最伟大的总统之一。

【情境模拟】

路某，男，22岁，毕业于浙江某高职院校，最近面容憔悴，愁眉不展，可以看出精神状态不是很好。原因是毕业前后的几次求职都以失败告终，这段时间一直在为找工作的事忙活，然而，两个多月来参加了数十场招聘会，求职简历送出了一沓一沓，也接到通知去几家不同的单位参加了面试，可是最后的结局都是石沉大海，到现在工作还是没有着落。面临毕业，路某觉得学业和经济的压力都很大，脾气越来越坏，内心非常焦虑，郁闷不已。

思考分析：

请问路某应该怎样调适自己这种消极的心理状态，尽快找到一份适合自己的工作，走出就业阴影？

第五章 求职策略与技巧

"万事皆为大有,兼具万相,唯有智者方能鉴别诸相,而互为借镜。"

——普罗提拿斯

 **内容提要**

本章内容主要介绍求职中的准备策略、技巧以及两个重要的行动环节——自荐材料、面试,包括撰写简历、求职信制作的注意事项及技巧,面试准备、面试礼仪和面试现场回答问题、提出问题的技巧以及网络求职的技巧方法和注意事项,使毕业生能重视并制作符合自己和单位需要的自荐材料,熟知面试和网络求职的流程,以帮助其用最佳状态完成从学生到就业者的成功转身。

 **本章要点**

- 就业信息与自荐材料的准备
- 面试礼仪
- 面试技巧
- 网络求职

第一节 就业信息与自荐材料的准备

找工作什么最重要?实力!但实力首先需要通过简历来呈现、推荐。一份简历究竟需要多长时间来完成?

小王到某职业学院就读时,满怀憧憬。有实干家美誉的小王计划并实施了一件许多大一新生不会涉足的事情:准备"未来简历"。"先拿出简历框架,接下来结合简历栏目来提升自己,增强实力,每完成一个任务就往简历上填充内容——我希望通过这份'未来简历'的完成能够让自己在三年后求职时成为一个人人需要、人人喜欢的毕业生!"小王首先从学长那里要来一份简历模板,正式启动自己的"未来简历"计划。这是一份简历,是一份大学生涯规划,也是自己的求职准备。两年半在校时间里,小王给自己立下军令状:要做高技能人才——"高技能"是大学时期对自己专业上的必需的要求;"人才"则要求自己在课堂之外有丰富的经历,提升综合能力。小王坚信,对"人才"方向的发展可以使自己拥有更多选择:不仅可以成为专业领域内的"专家",到其他行业自己也一样不乏竞争优势。"未来简历"的撰写所带来的忙碌、艰辛、负荷远远超出小王的设想,可是,当他把一次次经历最后转变成文字,简历内容越来越充实的时候,他觉得都是值得的。2015 年年初,别的同学还在纠结实习单位的时候，通过一段时间的信息搜集，结合自身的实际情况，瞄准几家目标单位，小王把进校伊始就投入准备的"未来简历"进行加工，并分别针对这几家单位制作成了几份针对性很强的简历，然后通过招聘会或者网上开始自信地投递自己的简历。五天后，他就收到了一家国内知名企业以及一家国有银行的面试通知。最后，他还是坚持自己的"中国制造"梦想，去了这家企业，并要求去一线。2015年春节过后，在学校安排的实习阶段，他就进入这家单位开始自己的大学实习兼职业生涯的见习阶段。2015年7月，拿到毕业证书去签约的他同时还被负责企业生产的副总接见，被告知公司准备派他去德国学习两年。

"不积跬步，无以至千里；不积小流，无以成江海"——小王的"未来简历"，成就了他的未来。

求职是一项系统工程，对于每一个毕业生来说，求职过程首先是以信息加工为基础的，谁获得了更多的就业信息，谁就获得了就业竞争的主动权。毕业生获得理想职位的关键就是在自己储备的就业信息库中，将自己的信息与应聘单位的信息进行有效的沟通。"酒香也怕巷子深"——再好的产品，也需要营销，再好的人才，也需要自我推销——求职就是"销售"。毕业生不仅要主动地根据社会需要充实和完善自己的知识和能力，更重要的是精心做好毕业前的各项准备工作，才能使自己在激烈的就业竞争中立于不败之地，受到用人单位的青睐，成功推销自我。

一、就业信息准备

信息是自荐材料准备的基础，当求职者准备运用自荐材料来获得面试机会、找到理想工作的时候，就业信息的储备就成为求职行动的第一步。毕业生能够获取最广泛、最准确、最有效的信息，并能够进行整理，找出最适合自己的最需要的求职信息，求职成功的可能性就越大。

（一）就业信息的获取

1. 学校各级就业指导部门

学校各级就业指导部门是毕业生获取就业信息的主渠道，是毕业生就业工作所涉及的所有环节的核心。从目前的就业机制来看，校一级的就业指导部门主要负责与毕业生就业工作所涉及的各级主管部门之间保持密切联系，组织举办校级大型的招聘会、发布招聘信息；二级单位的就业指导服务则发布符合本单位专业需要的招聘信息，也是用人单位选录毕业生所依赖的一个主要窗口。从学校获得的就业信息具有如下特点：权威性高、针对性强、真实可靠。

2. 互联网、报纸、电视等各种媒介

网络的发展，建立了一个崭新的、更加灵活、便捷的劳动力市场平台，为毕业生提供了一个无形的、统一的、开放的就业环境，使所有毕业生可以站在同一起跑线上竞争，不受地域、空间的限制。目前能够获取就业相关信息的网站主要有以下两类：

（1）专门就业网站

主要包括政府主办的就业网站，如教育部主办的中国高校毕业生就业服务信息网，各部委、各省市教育行政主管部门、人力资源和社会保障部门主办的毕业生就业信息网，各高校毕业生就业指导中心网站。此外，还有一些专业的、细化的人才网站，如高校人才网、智联招聘、中华英才网等。

(2) 应聘单位网站

求职者可以去自己意向单位的网站，了解具体的招聘情况和企业信息。

此外，一些企业为了达成既招聘又宣传的营销策略，会通过报纸、电视（除了电视广告，部分知名企业会与一些收视率高的电视栏目合作制作招聘节目，有些卫视还专门推出了现场招聘的真人秀节目——是企业招聘的一个新趋势）、杂志等大众媒介介绍单位情况，发布招聘信息，毕业生也要做个"有心人"。

3. 毕业生专场招聘会或社会人才招聘会

为切实做好毕业生就业工作，各地方、行业、高校每年都举办规模不一的人才招聘会，如高校自主举办的校园招聘会和联合举办的大型校园专场招聘会、综合性人才招聘会等。这些招聘会为毕业生与用人单位面对面接触提供了机会，是毕业生实地获取就业信息、实现就业的重要途径。"凡事预则立，不预则废"，毕业生要做好充分准备，利用这些机会交流、展示自己，及时掌握各单位的用人信息并择机出具自己的相关材料。

4. 社会关系资源

毕业生要积极挖掘、拓展一切可能的信息渠道收集信息，充分发挥社会关系的作用，例如亲戚、朋友、校友等。除此之外，毕业生还要好好利用专业老师的资源，主动寻求帮助，因为专业的老师比一般人更了解行业的发展情况及其学生适合就业的区域、单位、岗位等，通过他们所提供的信息往往准确、具体，具有较高的实用价值，就业的成功率也较高。

5. 实习或社会实践单位

高职的学生在实习期间，一般都会根据专业的要求来选择单位，通过实习，毕业生可以比较深入地了解单位各方面的信息，单位对你也会有所了解，这样求职成功是建立在双方充分了解的基础上。此外，由于职业技术学院绝大多数学生毕业之后就会迈入自己的职业生涯，所以最完备的就业信息的获取是"日积月累"的，学生可以充分利用寒暑假、长假里的社会实践、平时的勤工助学等，这些工作经历也是充分收集企业用人信息的好机会，要利用好这些时机。

(二) 就业信息的整理

求职的最终目标是找到"属于自己"的工作。通过各种渠道收集的就业信息一般比较杂乱，在手中掌握了大量的就业信息（包括一些虚假信息）之后，毕业生就要结合自己的实际情况，对信息进行有目的、有重点、有针对性的分析、处理、取舍，寻找适合自己的。

1. 整理信息，分出主次

根据个人对职业的要求，将符合自己定位和发展的就业信息分出主次，进行分类、筛选。毕业生要找准定位，重点突出，找出符合自身条件的有用信息，切不可把所有信息都平等对待，因为每一份就业信息的利用接下去都涉及精力、财力的投入等。

2. 去伪存真，取其精华

要对大量信息进行分辨识别，哪些是真实的有用的信息，哪些是吸引眼球甚至存在陷阱的。同时，要对其中有用的信息进行分门别类，哪些是最符合自己的，哪些是次符合的，哪些是需斟酌再定的，等等。

3. 补充搜集，完善信息

根据已经掌握的信息进一步通过网络或业内人士了解应聘单位的具体地址、文化以及发展前景，应聘岗位的具体要求以及薪资待遇，等等。在对以上所有信息分析研究的基础上，制定具体应聘方案，为下一步应聘做好充分准备。

（三）就业信息的利用

无论是信息的获取还是整理，最终都是为了通过这些信息得到自己理想的一份工作。

1. 尽快与用人单位取得联系

要珍惜信息的时效性，用人单位招聘信息的有效期就是应聘岗位人员的到位时间。

2. 根据就业信息的要求调整自己的简历，或者调整自己的选择，要懂得变通

有一位专家就曾经说过："如果你有修理飞机引擎的技术，你也可以把它变成修理小汽车或大卡车的技术。"

3. 输出对他人有用的信息

有些对自己不一定有用的信息，要懂得及时分享给需要的同学，一则这是资源的浪费，二则帮助别人（或许可以少去一个竞争者），并且也许你也可以交换得到对你有用的信息。

二、自荐材料

自荐材料是毕业生作为求职者留给应聘单位的"第一印象"，是打开求职之门的钥匙，是能否获取面试机会的关键所在，也是用人单位进行第一轮筛选的重要依据材料。自荐材料包括毕业生推荐表、个人简历、求职信、成绩单、各种证书、取得的成果等。

（一）毕业生推荐表

毕业生推荐表是学校发给毕业生填写的并附有学校方面意见的推荐表，是毕业生提供自我推荐的重要材料，以及用人单位招聘毕业生时的重要参考依据。推荐表中综合评定及推荐意见部分由最了解毕业生全面情况的辅导员填写，并且以组织负责的形式向用人单位推荐，对用人单位意味着权威性、可靠性，很多用人单位把毕业生推荐表作为其他自荐材料的证明。

毕业生推荐表是统一印制的表格，毕业生不能用计算机打印代替手写，也不能通过其他途径如版面的设计、美化等来吸引别人的注意，书法的优劣、纸面的整体观感、文字的组织能力成为招聘者的第一印象。所谓"字如其人"，工整、清晰、又不失韵味的字迹、会让招聘者感受到毕业生的"内秀"：严谨认真、一丝不苟的工作态度。反之，有错别字、纸面脏乱的推荐表会让招聘者对其主人的工作态度毫无信心和信任。所以毕业生在填写推荐表的时候，要充分利用好这份既定的权威、严肃的自荐材料，"斤斤计较"，尽力做到最好。

（二）简历

找工作什么最重要？地球人都知道，是实力；但实力需要通过简历体现。简历是大学生求职必备的工具，是最重要的书面应聘材料之一，是毕业生设计的有关个人的信息表，是对自己的基本情况、经历的记载和陈述，针对自己拟应聘的工作，概括自己的教育背景、工作经历、经验成绩、能力性格以及向用人单位强调的相关信息，其目的是让用人单位全面了解自己，为面试创造机会，最终达到顺利择业、就业的目的。个人简历是毕业生向用人单位展示自己、推销自己的职场名片，完美的简历制作就是一次艺术创造的过程，短短几分钟甚至几十秒,让用人单位看到求职者外形,更了解其内核,成为真正的就业敲门砖。

1. 简历外观

招聘者和职业专家都建议求职者将简历限制在1~2页内,因为在数量巨大的求职简历中,用人单位只花费有限时间来选择自己相对中意的面试人选,而制作精良的简历相当于为自己争取了竞争中的先机。

(1) 坚持简单、清晰、明朗、美观的排版风格

中文字体最好用宋体或仿宋,英文用Times New Roman,标题可用黑体,字体大小合适,正文、栏目标题的字通过字体、大小、加粗来区分,每一栏目之间可用横线隔开。不要把简历搞得太花哨,那会阻碍用人单位考虑你。

(2) 留有空白

行距和间距之间疏密得当,字距、行距太密的简历影响阅读。使用空白,会让招聘方读起来舒服,而且更有利于清晰条理;留下足够的边缘面积;所有的页边距至少应该是2.54厘米,尽量达到整体和谐的视觉美感。

(3) 精心打印

建议使用普通的白色或者灰白色的纸,用高质量的打印机或复印机,避免出来的文档打印效果上存在瑕疵。打印要字迹清晰、美观大方。如果毕业生写得一手好字,可以在部分信息上用手写(避免用草书或行草),这也是让招聘者加深印象的一个法宝。

(4) 保持整洁

在投递或者邮寄简历时,保证简历的干净,避免有污渍、折叠痕迹。

(5) 选择合适的照片

对招聘重视不等于非要使用艺术照片不可,除非去应聘艺术行业,尽量选择正规的照片,着正装,纯色背景,尤以白色为佳;一定是近照,但不要选择大头照,也不要为了图"效果"、效率兼节约,把大一入学时拍的照片搜索出来;照片中的形象要精神而朝气。

2. 简历内容

据调查,招聘者平均在每份简历上花费1.5分钟,一份简历招聘者不会字字阅读,因此要学会言简意赅,用关键词句来表达自己,让人一目了然。一份恰到好处的简历使求职者能优先于别人进入招聘者的视野,在就业中获得更多的竞争机会。

(1) 标题

标题的位置应在简历正文的顶端,居中书写,字号和字体根据正文字体或者应聘单位(如果应聘意向是设计、艺术行业,可以设计得个性和创意)的性质设计。一般情况下,标题可直接写成"个人简历"或"求职简历"。

(2) 个人基本资料

主要包括姓名、性别、出生年月、学历、政治面貌、联系地址、电话号码、特长爱好、邮箱等。个人信息应该力求简单、扼要、直观、清楚,达到自我介绍的最佳效果。

(3) 工作目标

工作目标是寻求的工作职位或要应聘的工作类型,是非常重要的一个环节。确定工作目标时毕业生一定要结合自己的实际情况,根据自己的所学专业、经验特长,能为单位去做什么来选择和陈述。针对应聘的理想单位,求职者通过招聘广告,浏览其网站的拟招聘岗位,尽可能地把个人求职目标放到一个具体的工作部门,或者将它与未来的期望写在一起,并尽

可能写得具体，如"数控操作员""计算机系统管理员""会计""能充分发挥本人所学'图形图像设计'专业的相关职业"等。在简历中陈述自己的工作目标，可以让招聘者充分感受到求职者的诚意、期待，看到求职者对自己与工作的发展方向有明确想法。

（4）教育背景

包括入学日期（起止年月）、学校名称、所获学位和证书、专业方向等，同时可根据自己的应聘单位和岗位，说明自己的辅修课程。招聘者主要通过教育背景来了解应聘者的智力以及专业能力水平，并更注重应聘者现在的学历，所以毕业生应从最近的求学、最高的教育开始，按时间顺序回溯，一般到高中即可。

（5）工作经历

对于应届毕业生来说，这个栏目可以说是一项对大学规划的最好检验。与已经参加工作的人相比较，毕业生可以结合自己在校时期的服务社会的经历，包括自己的社会实践、公益服务、勤工助学、实习经历和实习单位的评价以及在求学期间的第二课堂活动经历，突出以下信息：工作时间、工作或服务单位名称、工作名称、承担职责、结果和取得的成就。招聘者通过这些内容来了解毕业生在求学时期储备、养成的组织协调能力、团队合作能力、沟通能力、应变能力等，以及学业之外的发展、上升空间，这也是一个求职者工作适应能力的积累。毕业生应该根据自己的工作目标，通过工作经历的陈述，证明自己能胜任应聘的工作。

（6）其他信息

毕业生可以根据自己的个人实际情况和应聘意向的需要，增加个人的品行和性格特质、获得荣誉、专业培训、证书等内容。强调成就，强调你的职责，包括相关的行动和直接关系到个人提升的努力，但要避免不必要或者不相关的信息出现。

3. 简历制作技巧

对于用人单位而言，招聘职位并不是要找到最好的人，而是发现最合适的人。简历是求职者和用人单位间第一次相互交流，表达一个真实的自我是招聘者最看重的。

（1）内容真实

这是制作简历的最基本要求。据统计，几乎有50%以上的简历有对实际情况扭曲的现象，招聘单位对求职者的诚信问题非常敏感，一旦发现简历中有虚假的成分，就会取消其面试（或工作）资格，因此求职者绝对不要心存侥幸弄虚作假。书写简历的每一项内容时都要遵循真实的原则，经得起"考验"（很多企业对员工个人资料的存档，都是从其个人求职简历开始），"好公司你是骗不过的，被你骗过的一定不是什么好公司"。即便用人单位没有硬性要求，毕业生也可以将自己的成绩单附在简历上，这样招聘者对应聘者在校期间的表现有更加直观、全面的认识，同时也会对其坦率、真诚、自信留下深刻的好印象。不过，真实与适当的美化并不冲突，就像在人际交往中一个人以精致、美丽又不失自然的妆容出现，赏心悦目之余，自然夺人眼球。

（2）准确无误

细节决定成败，对招聘者而言，看到的最差的简历是诸如有错别字、病句之类低级失误的简历，有些毕业生甚至粗心到在其个人简历封面上将"简历"写成"简厉"，这对求职者来说是致命伤。这意味着求职者对这份简历的轻视，对应聘岗位的无所谓，也是对招聘者的不尊重。毕业生在撰写、制作简历时，真实是道德底线，准确是基本要求，要追求整份简历的准确，包括字、词甚至标点符号的运用，同时要注重行文的规范、流畅，文风要沉稳、严肃、大气，不要引经据典，或一味追求华丽的辞藻，以致有卖弄、浮躁的嫌疑。

(3) 有针对性

现在很多毕业生有自己梦想的单位和岗位，但是在准备简历时贪图方便和所谓效率，继续大学时期的"传统"，将抄袭、"复制"进行到底。做简历，网上下载或者从同学那里复制一个模板，以填空题的形式把自己的资料填充下，然后大批量复印，无论自己面对什么样的应聘单位和其职位需求，狂发同一版本的简历，结果自然可想而知。毕业生在简历制作中要注重针对性：一是要针对自己，可以借鉴模板或者别人的简历，但是要制作出一份最能反映自己的简历；二是要针对自身的职位需求，"量身定做"——将自己的简历做得有针对性，准备好三到四项符合应聘单位要求的技能，更能凸显出自己对目标工作的契合。如果毕业生应聘的是外企，英文简历必不可少，可以寻求帮助，找有外企工作经历的人来帮你修改、把关，争取制作出一份专业的简历。

(4) 用数据和专业术语说话

为了增添简历的真实性、说服力，使其更有分量，在某些栏目的材料佐证上，可以运用数据，量化自己的工作成果，根据自己的工作目标，对主要技能运用必要的专业术语，增加简历的深度。

(5) "简"和"历"充分结合

根据招聘者的浏览习惯，简历要尽可能在一页纸内完成，简洁精干，造句尽量短小精悍，此谓"简"，如果是两页，排版上要刚刚好。据统计，求职者的简历在初选时被招聘者浏览到第二页的机会只有不到5%，篇幅太长或者叙述的时间跨度过大，只能暴露求职者对现状缺乏自信，一味沉湎于过去；在有限的篇幅内，巧妙布局，将自己最有效、最有用、最具分量的材料陈列出来，丰富、翔实的学习、工作经历中有沉甸甸的历史感，此谓"历"。

(6) 渗透营销意识

记者去采访法国一位最著名的销售人员，问他成功的秘诀是什么，他说："很简单，成功地推销我自己！"衡量一份简历是否成功，也许标准同样简单，那就是求职者是否在第一阶段把自己给推销出去了，获得了面试。可以通过一些方法来增加简历效果：

① 每页简历上都标注着求职者的名字；

② 把需要强调的重要信息放在页面的左侧和上端，如在阐述自己的工作经历时，工作名称放在左边，而非惯常的工作时间；

③ 简历上的各栏目是对企业"望闻问切"之后"对症下药"的：每个词都有出处，有落点，获得应聘单位的信任。

(7) 简历"禁区"

在简历中不要提出有关薪水的要求，不要有理想的工作地点的导向性意思，不要过多说明个人的人生观、世界观、价值观，当然也不能提供负面的信息。

当毕业生得到一家素未谋面的公司的面试通知，一定是制作的简历发挥了效力，打动了招聘者，所以接下去要做的第二件事是研究自己的简历，结合职位需求和简历，找出它们的交集，那就是被通知面试的原因。求职者想在未来的面试中继续向着心仪的工作前进，要知己知彼：知己要从简历做起，知彼要从职位需求做起。

求职简历

【求职目标】
财务助理

【基本信息】
姓名：李××　　　　　　　　　　性别：男
出生年月：1993年6月21日　　　民族：汉
籍贯：杭州兰溪　　　　　　　　政治面貌：中共党员

【爱好特长】
爱看财经类书刊，喜欢拼图，写日志

【教育背景】
2012年9月至2015年6月　　就读于浙江××学院会计专业
2009年9月至2012年7月　　就读于兰溪××中学

【主修课程】
成本会计审计、中级财务会计、高级财务会计、管理会计学、财务管理、税务会计

【所获荣誉】
2013年：学院影评征文比赛二等奖、二等奖学金、三好学生
2014年：全省高校珠算比赛一等奖、学院优秀学生干部、学院技能之星

【个人能力】
英语能力：CET-4
计算机能力：省计算机能力二级，能熟练运用Internet、Office办公软件及用友财务软件
执业资格：助理会计师职称、会计从业资格证

【社会实践】
2012—2013年：任学院团委素拓部部长，主要负责对外联络工作，曾组织100余名同学赴桐庐山区开展社会调查，并执笔完成一万余字的调查报告。
2015年5月：实习于杭州××税务师事务所，负责代理记账、纳税申报、所得税汇算清缴、福利企业退税。
2014年暑假：实习于杭州××实业有限公司财务部，负责发票开具，填制凭证，从无出错。
2013年寒假：实习于桐庐灵感广告公司行政部，负责公司资料搜集、整理及销售数据的统计。

【自我评价】
稳重细致，严于律己，善于思考。

【联系方式】
通信地址：浙江省杭州市××路××号 邮政编码：310000
联系电话：0571-88××××××，1381123××××
电子邮箱：LI××@126.com

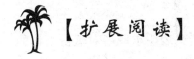【扩展阅读】

HR 如何筛选简历

小焦是一家国际 500 强外企的人力资源部经理，每年年底，企业都会发出招聘启事，为相关的部门增添血液，这也是 HR 一年中最忙碌的时期。今年企业的招聘岗位之一是财务人员。上班打开部门邮箱，发现收件箱中已经有 100 多份简历了。对于简历的个人部分，小焦一般只是一扫而过。在个人描述部分，是求职者针对企业要招聘的财务人员提出的兼职经历、个人评价等问题做出的回答。很大一部分求职者会将自己兼职中取得的成绩大肆渲染，接近夸张，如"我领导学生会组织了一场大型的迎新文艺晚会，该晚会取得了巨大的成功，好评如潮"等空泛的语句，让她觉得这些求职者浮夸、自我，欠缺踏实、诚恳。根据公司提供的求职者的成绩单，小焦要对求职者的学习表现做出评价。成绩优异、年年奖学金的求职者并不一定适合招聘的职位，公司更关注的是与岗位相关的课程成绩。在评价完成绩单后，小焦还要查看求职者包括外语、会计、留学、计算机等资质证书，同时为了避免作假，她会登录相关系统查证。每一份简历读完后，小焦会标注出该简历的评价和最终确认的级别，供招聘部门面试时参考。

公司在招聘的管理制度上有严格规定，每一份简历，必须有 4 名 HR 背靠背阅读，每个人对该求职者做出级别评价，分为重视、关注、一般关注和不符合条件等几类，一旦发现简历中有伪造证书或其他不诚信情况、错别字等低级失误，一律 pass 掉，前者事关人品，后者可以看出一个人的做事态度。午饭前，小焦和她的手下完成了这些简历的初步筛选，他们将各种评价级别的简历分别存档。平均算下来，每份简历被浏览的时间大约在 5 分钟。

下午，小焦要着手简历筛选中最棘手的一项工作。她和下属要将上午筛选出来的特殊简历进行最后决议。这类特殊简历意味着其主人拥有"极端"的方面：如个人素质非常优秀，但存在不适合职位的因素；其他差强人意，但工作经历中存在闪光点。这次，就有两份特殊简历：①毕业于名牌院校，连年奖学金获得者，工作经历丰富，但是在叙述自己的兼职经历时，这位求职者喜欢说"我认为应当这样来决定"等；②毕业院校平平，成绩勉强及格，也没有太多相关能力证书，但是兼职经历极其丰富；而且即使兼职忙碌占据他很多时间，但是从成绩单来看，考试还是都通过，可见其学习能力颇强；在叙述经历部分，这位求职者体现了很强的概括和表达能力，条理清晰，简练有力，颇得 HR 们欣赏。最后，一致决定给他一次面试机会。

对特殊简历评议之后，HR 们确定进入下一轮面试的求职者。

（三）求职信

简历让一个求职者在招聘者面前客观地描述自己，相当于一份带着宣传、推销理念的产品说明书，但求职信的撰写仍然应该是求职者奉为法宝的传统、规定动作，所以任何时候给应聘单位发送简历时都要附上一封求职信。

1. 内容

① 介绍自己；

② 怎样获知招聘信息的；

③ 要申请的目标职位；

④ 最近的工作经历，具备的品行、能力、专业知识及技能，表明求职者对这份工作的契合度；

⑤ 对工作的期待以及信心、决定；

⑥ 希望得到面试的机会，表达感激之心，注明联系方式。

求职信

称呼（收信人的姓名、职衔）：

  第一段：介绍自己是谁（毕业院校，就读专业）；为什么写这封信；所要应聘的岗位名称或者职位；是怎样得知该职位的招聘信息的。

  第二段：表述个人的品行、才能、大学期间所学所得、最近的工作经历（工作名称、承担任务和取得业绩）。根据对应聘单位和目标岗位的了解，求职者描述和突出2~3个与之比较匹配的成就，说明自己为什么应聘该单位和岗位、可以为之做出的贡献以及应聘这个职位的发展前景。在书写这部分内容时注意与简历上涉及的教育背景、经历一致，但不是重复简历，而是对简历的升华，对简历中的部分内容进一步的强调，以引人注目。这一段是整封求职信的核心所在，求职者必须充分斟酌，每一句、每一词甚至标点符号，都是服务自身的"荐"和"求"。根据需要或者实际，也可以分成两段。

  第三段：表达对单位、工作的期待和希望得到面试的机会。这一段中，如果能够，可以活泼地发挥一下，增添一些高雅、幽默、具有创意性的内容（但一定要坚持恰到好处的"度"，过犹不及），激发收信人的共鸣。再次注明联络方式。

  第四段：感谢对方的阅读，并希望对方考虑自己的求职应聘。

  此致

敬礼！

求职人：×××

时间：××年×月×日

2. 注意事项

  ① 短小精悍，言之有物。求职信的长度尽量控制在一页，每段不超过五行，态度要诚恳，文字要有说服力，求职者重点介绍的是自己与应聘公司和目标岗位具有匹配度的经历、专业和成绩，证明有资格、有能力胜任工作。求职信内容不能和简历重复。

  ② 求职信要坚持原创，并且有针对性，切勿网上抄袭或千篇一律。

  ③ 收信人具体到个人，而不是一个部门，这样可以保证阅读此信的人是你预期中的人。避免泛泛地称呼，很多毕业生在制作自荐材料时也喜欢一劳永逸，一声"尊敬的女士/先生"，觉得这封求职信就是万能通行证了。

  ④ 要表达对这份工作的热情和热爱，整封信也许是耗费了大量的时间、反复推敲完成的，但对收信人而言，它一气呵成、节奏流畅。

  ⑤ 如果书法是毕业生的特长之一，那么可以制作一份更具个性、诚意的求职信——手写求职信，但要注意：

a. 选用大小与简历一样、质地精良的纸张,用钢笔按正确的格式书写;
b. 选用辨认度高的字体;
c. 布局给人美感;
d. 确保无错别字及标点错误;
e. 不要有任何涂改的痕迹,包括写错了用修正液或者胶带纸掩盖的痕迹。
⑥ 统一规划。求职信与简历的配套性还体现在字体、页边距、使用纸张的一致性上。
⑦ 仔细核对联系信息(收信人的姓名、职称、电话号码、邮箱地址或者单位地址)。
⑧ 避免提及薪酬、工作地点、物质条件等要求。

(四) 其他

结合简历和求职信介绍的自身情况,根据所应聘的目标岗位的需要,毕业生还要挑选其他附带的一些自荐材料。

① 成绩单。部分应聘单位在对个人简历的索求上会明确规定"附上个人大学期间的成绩单",并会非常关注与招聘岗位相联系的一些专业课程的成绩。虽然单位没有具体的要求,毕业生如果对自己的成绩充满自信的话,还可以附上自己的成绩单。

② 荣誉证书或者获奖证书。有些毕业生认为荣誉证书越多越好——尽量有所选择地附上相关的具有分量和质量的证书。

③ 资格考试证书。

④ 取得的成果或者发明的专利证书。

⑤ 专业范畴内的一些作品,如计算机专业的毕业生设计的程序或者网站的光盘。

⑥ 有关报纸对你所参与、负责、组织的活动的报道。

⑦ 推荐信及推荐人联系方式。

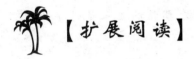

【扩展阅读】

两封求职信

求职信一:

(背景:1900 年,他以优秀的成绩从苏黎世工业大学师范系毕业。毕业后,他希望进入大学任教,更好地研究物理学。于是,他向德国伟大的化学家、被誉为"科学伯乐"的奥斯特瓦尔德写了一封求职信,希望得到助教职位。)

由于我受了您的《普通化学》的启事,写了一篇关于毛细作用的论文,我很冒昧地寄一份给您。同时,我很唐突地问一下,您是否需要雇用一位数学、物理学的助手。我这样冒昧地请求是因为我没有钱,而且只有这样一种工作才能给予我深造的机会。

求职信二:

(背景:1482 年,他离开故乡佛罗伦萨来到米兰。到了异地,他首先给当时米兰的最高统治者、米兰大公鲁多维柯斯弗查写了封求职信,希望谋得一个军事工程师的职位。)

尊敬的大公阁下:

来自佛罗伦萨的作战机械发明者××(求职者的名字),希望可以成为阁下的军事工程师，同时求见阁下，以便面陈机密：

一、我能建造坚固、轻便又耐用的桥梁，可用来野外行军。这种桥梁的装卸非常方便。我也能破坏敌军的桥梁。

二、我能制造出围攻城池的云梯和其他类似设备。

三、我能制造一种易于搬运的大炮，可以用来投射小石块，犹如下冰雹一般，可以给敌军造成重大损失和混乱。

四、我能制造出装有大炮的铁甲车，可用来冲破敌军密集的队伍，为我军的进攻开辟道路。

五、我能设计出各种地道，无论是直的还是弯的，必要时还可以设计出在河流下面挖地道的方法。

六、倘若您要在海上作战，我能设计出多种适宜进攻的兵船，这些兵船的防护力很好，能够抵御敌军的炮火攻击。

此外，我还擅长建造其他民用设施，同时擅长绘画和雕塑。

如果有人认为上述任何一项我办不到的话，我愿在您的花园，或您指定的其他任何地点进行试验。

向阁下问安！

×××

两封求职信主人的求职结果：第一封求职信的收件人虽然有"科学伯乐"之美誉，但是面对这样的求职信，伯乐也失去了慧心，没有识得这匹千里马——求职失败；第二封求职信：米兰大公收到求职信后不久，就面试了这位年轻人，随后正式聘他为军事工程师——求职成功。

第一封求职信的主人是当时 23 岁的爱因斯坦；第二封求职信的主人是时年 30 岁的达·芬奇。

第二节 面试礼仪

小朱是某职业院校计算机专业的大三学生，在网上看到×市大型企业的招聘广告时，怦然心动——因为她一直对他们的产品和服务非常的钟情，可是看到放到第一序列的"本科以上"招聘条件时，有点丧气，看来自己的大专文凭去这家企业是不可能了。但是实在不甘心，考虑很久，她还是投递了自己的简历，附上了她专门写给这家公司的求职信。几天后她居然收到了面试通知。

面试当天到了面试地点，小朱发现门敞开着，五个面试官坐在面朝门的会议桌后面，讨论着。小朱抬起右手，轻敲了两下门，微笑地注视着里面的人。看见没有反应——她确信这个距离对方是足够可以听到敲门声音的，肯定是还有事情需要讨论。小朱轻轻走到与会议室有一定距离的地方，面朝着门口耐心地等候。过了几分钟，有人出来，看见小朱微笑地等在那里，朝她招呼，"你是小朱吧？该你面试了。"

到了门口，小朱仍抬起右手，轻敲了两下敞开的门，微笑地注视着里面的各位面试官,"上午好,打扰了!"刚才通知她面试的人点点头,说,"请进!"小朱回道,"谢谢!"待小朱落座后,招呼她进门的面试官笑呵呵地说:"其实,当我说'请进'的时候,我们就已经决定录用你了——你是所有人中唯一一个敲门后没有听到回应而静静退到一旁的人,还是唯一一个敲了两次门的人,而且从你的求职信中得知你也是唯一一个对我们有23年感情的人——这三个唯一加在一起,你就是我们需要的唯一的人选。相对文凭,我们更注重求职者的专业素养。我代表公司,欢迎你成为我们中的一员。"

正像那句广告词,"一切皆有可能"——小朱,把求职中的不可能变成了可能。

罗伯特·庞德曾经说过:"这是一个两分钟的世界,你只有一分钟展示给人们你是谁,另一分钟让他们喜欢你。"第一印象在面试中确实起着决定性的作用,面试礼仪对求职者第一印象的成功树立则至关重要。礼仪反映一个人的精神面貌,也体现出一个人的文化教养。无数细节的得体构成了一个人典雅的礼仪,同时体现出个人风格。尊重为本,掌握平衡,是礼仪的基本理念,据有关专家分析,在给人的印象中各种刺激所占的百分比是:视觉印象占75%;谈吐印象占16%;味觉印象占3%;嗅觉印象占3%;触觉印象占3%。在面试中,面试礼仪的具备,会让求职者成功"晋级"——抵达彼岸。

一、仪容

据有关专家分析,在给人的印象中各种刺激所占的百分比是:视觉印象占75%;谈吐印象占16%;味觉印象占3%;嗅觉印象占3%;触觉印象占3%。所谓"相由心生",毕业生前去求职时,要对自己进行一定的修饰,这是最基本的面试礼仪。

(一)头发

前发不覆额、侧发不掩耳、后发不及领,女生如果是长发,尽量盘、扎起来,或者梳理成其他不会造成自己和他人困扰的发型,看上去清爽干练;切忌有头皮屑,最好在面试前一天或者当天清洗;染发禁忌,尤其不要选择非常夸张、奇突的颜色,即使你是去应聘发型师的岗位;发型选择适合自己的,去面试时,最好略作造型,有自然光泽的头发会显得健康、朝气——但是不要使用气味严重的美发产品。

(二)面部

鼻毛应剪短,男士胡须要剃净。在正式场合,都应养成化妆的习惯。化妆既可以掩饰自己肤色、面容的不足,又能增加对自己的肯定和悦纳,也是对他人的礼貌和尊重。

1. 切忌浓妆艳抹

最高明的化妆术,是经过非常考究的化妆,让人家看起来好像没有化过妆一样,但这化出来的妆与主人的身份匹配,能自然表现那个人的个性与气质。化妆时尽量选择光线明亮的地方。

2. 务求自然

粉底尽量贴近自己的肤色,并选择薄、透或者带一点点亮光的产品,如果肤色确实太差,肤质存在问题,可选用集底妆、遮瑕、定妆三效合一的粉条。腮红要以能够与肤色搭配融合为原则,呈现出健康红润的面容,不要显得太突兀。要注意脸部和脖子的颜色统一,避免两截化。化妆同时还要考虑和当天服饰款式、颜色的搭配。

3. 化妆的时间要掌握好

妆容的保持有一定的时效性，要充分考虑到阳光、食物、汗水、时间等因素的影响，自己要做好补妆的准备（化妆要避人，去化妆间而不是在公共场所众目睽睽之下），否则弄巧成拙。

（三）手部

手是人体中活动最多的部分之一，也常常是人们目光的焦点，无法藏住秘密。保持手部的清洁，指甲修剪平整、长短合宜，女生可适当选择透明、淡粉等亮色指甲油，忌留长指甲、涂深色甚至五彩缤纷的指甲油，求职者别让招聘者误会自己对指甲的兴趣和重视远远大于面试。

（四）首饰

除手表外，可适当搭配首饰，但要符合身份，以少为佳，如果要戴两种或两种以上的首饰时，同质同色，避免整得珠光宝气、环佩叮当。

二、仪态

体态语言学大师伯德惠斯戴尔的研究成果表明，在两人之间的沟通过程中，65%的信息是通过体态语言来表达的。人的气质、气场和形体姿势分不开，避免因为自己的拘谨、紧张，面试变成被审。

（一）坐姿

面试时，一般大部分时间是坐着，所以坐姿尤为重要。

① 入座轻、缓、紧；落座，人体重心垂直向下，上身正直，头肩平正，女生若着裙装，落座时用手理一下裙边，把裙子后片向前拢一下；落座后不宜坐满座位；手提包放在背部与椅子靠背之间；手自然放膝盖或者椅子扶手上。

② 男生入座时膝部可以分开点，两膝间的距离以一拳或两圈为宜，但不要超过肩宽，不能两腿叉开，半躺在椅子里；女生无论穿裙装还是裤子，入座时膝盖一定要并起来，可略微侧坐。

③ 忌：身体抖动或双腿晃动，给人以漫不经心或没教养的感觉；跷起二郎腿；双手交叉抱胸前，有消极和过分自我保护之嫌；头向后仰靠，半躺在椅子上；猛起猛坐；弯胸曲背。

（二）站姿

① 男生站立，要体现刚毅洒脱，双脚可微张开，但不要超过肩宽，站立时双手自然下垂；女士站立，要体现优美、高雅，双脚成"V"形，双手放在腹前。

② 与人交谈时要注意站向，面向对方，以示尊重。

③ 站立时，挺胸、收腹、平肩、直颈，略微收臀，两眼平视，予人自信。

④ 忌：双腿交叉站立；手叉腰；手插衣袋或裤袋。

（三）走姿

走姿是站姿的延续动作，是在站姿基础上展示人的动态美，最能体现一个人的动态与活力。

① 目光平视，上身挺拔，腰肢放松，双臂自然下垂，掌心向内，以身体为中心前后摆动。
② 男生步伐应有力、稳健；女生步履应轻盈、文雅。
③ 忌：拖脚走；全身晃动。

（四）目光

美国服务业有一句经典的话，"眼睛对眼睛"。专注、柔和、平静的眼神，有亲和力而不失坚定，有洞察力而不具侵略性，本身就是实力、自信、风采的体现。反之，眼睛飘忽不定，或者东张西望，给人传递的信息则是缺乏自信、满不在乎，这样的求职者无法获取招聘方的信任，多遭淘汰的命运。在人际沟通中，眼睛的确是心灵的窗户，打开它，启用它，才能让双方敞开彼此、悦纳彼此。

① 目光平视对方，表示认真倾听。面试的招聘者不止一人时，除了关注提问的招聘者时，也要兼顾旁边的考官，显示出求职者的周全、有礼、成熟。
② 目光的许可空间上至额头，下至上衣第二粒纽扣（胸以上）；多数时候将目光集中在对方眼睛与鼻子之间的三角位置。
③ 如果眼睛患有天生疾病者，如三白眼或者结膜严重充血者，可在面试开始与面试官真诚说明，取得谅解。
④ 忌：目光游移不定；频繁眨眼；盯着对方。

（五）微笑

多年屹立不倒的世界名模辛迪·克劳馥曾说过，"女人若出门忘了化妆，最好的补救方法便是亮出你的微笑。"求职者去面试时，从走进公司的第一分钟起，无论遇到什么样的情况，要保持自然、适度、得体、大方的微笑。对于求职者而言，面试中，简单、易行、免费并且无往不胜的通行证就是微笑，这也是人际交往的润滑剂。在面试中，保持微笑，会起到以下作用：

① 表现心境良好。
② 表现充满自信。
③ 表现真诚友善。
④ 表现乐业敬业。

（六）握手

① 就礼仪的角度而言，一般尊者、女士先伸手，所以当主考官主动伸手示意与你握手时，出手要快，避免自己的失礼、对方尴尬，但是不要贸然主动握手。
② 距离受礼者约一步，伸出右手，掌心向着一侧，两足立正，轻握对方的手指1～3秒。平等而自然的握手姿势是两人的手掌都处于垂直状态，精神集中，身体略微前倾，面带笑容，目光平视对方，热情、大方。
③ 握手时忌左顾右盼，或看着第三者，心不在焉，漫不经心地敷衍应酬对方。
④ 不可交叉握手，从别人两手之上，伸手与对面的人握手。
⑤ 在面试室内握手不能戴着帽子或者手套，不能一只手插在口袋里，但也不必点头哈腰与人握手。
⑥ 与数位招聘者握手时，握手时间大体相同，如果招聘者有座位牌或者知道对方的称

呼、职衔，可一边称呼对方表示感谢一边与之握手。

（七）进出房间

① 进门时，无论门处于关闭、虚掩、敞开的任何状态，都要养成敲门的习惯，径直推门而进，易给人鲁莽、无礼的印象。

② 注意敲门的轻重和速率。正确的敲门方式是用右手背的手指关节轻轻地敲三下，问一声："请问我可以进来吗？"待听到回应允许后再轻轻推门而进。

③ 进入面试场所后，进门后不要用后背随便将门关上，应转身正对着门，用手将门合上，动作轻巧。

④ 面试结束，同样要和招聘者行注目礼，说声"谢谢贵公司/大家给我这次机会，再见"，并将椅子放回原处；如果应聘单位给求职者泡有茶水，临走时要带走扔到垃圾桶。记得轻声关门，如果不小心被风或者失手关重，要及时回头开门解释，避免被人误会你欠缺修养，或者有情绪。

⑤ 女生如果是穿高跟鞋，并且鞋跟击地声音较大，进出房间要讲究走路技巧，尽量避免发出大的声响，对面试官的工作造成干扰。

（八）电话礼仪

当用人单位来电了解信息或者通知面试的相关事项时，毕业生的职场考试已经开始。所有的声音都是有表情的，并且伴随肢体动作——接听、拨打电话时求职者都要牢记这点。在求职期间，可以把自己的简历放在触手可及的地方，方便自己通话时随时参考，同时保证个人信息的一贯性。

① 接听电话。接听及时，电话铃响后应尽量在2~3声内接听（如果漏接，应该拨通后跟对方解释清楚）；应对得当，首先问候对方，介绍自己，规范的电话应对体现的不仅是对对方的尊重，而且是高效率的体现；认真倾听，及时记录，如果有不明白的务必问清楚。

② 拨打电话。主动拨打电话欲了解面试的相关情况时，最好能找到应聘单位具体联络人的姓名、职业等；注意拨打电话的时间：通话时机一般不选择周一上午或者周五下班前1~2小时，不到万不得已不要占用对方的私人时间；打到国外时，要注意时差；准备好打电话的内容：为了体现自己的思路清晰、条理分明，并且确保得到所希望的信息，如职位要求、招聘流程、面试时间，以及符合职位需具备的技能和条件、能力，求职者打电话前务必先拟好提纲，根据腹稿或者文字直截了当地通话。

③ 终止通话。要控制好通话时间，结束通话时，要礼貌地请对方先挂电话。

④ 通话时努力选择安静、免受打扰的环境，保证信息传递的无误，如果接听电话时刚好处于喧哗、嘈杂或者不便接电话的场境，可以采取缓兵之策，礼貌地恳请对方原谅，留下对方的相关信息，容后联系。

⑤ 注意通话时的姿态。通话时保持微笑，语调适合、语速适中，亲切、自然，让声音充满生命力、表现力；尽量保持站立的姿势，这对语音、语调和声音质量都有所帮助。

⑥ 参加面试时，求职者要提前将移动电话设置到无声或者关机模式，切忌在面试场所电话响起，那时所有的理由都是借口。

⑦ 如果你所应聘的单位是比较严肃的行政单位，建议在求职期间，手机彩铃尽量取消，或者避免使用一些颇具个性的彩铃。

（九）聆听礼仪

最好的沟通方式是——在表达，也在倾听，倾听，是沟通中的一项美德。面试过程中，面试官要做的是"问""听""察""析""判"，求职者要做的则是"听""答""问""察""析""判"——听的是面试官的问题，答的是答案，察的是面试官的表情，问的是应聘单位的未来发展情况等，析的是面试官的心理，判的是面试进程的结果。求职者在面试过程中不要一味地赶话，好的沟通是建立在"聆听"的基础上的，只有听好了、听清楚了问题及问题后面的问题，才能答好。

① 认真聆听主考官的每一句话，记住对方说话的重点，了解说话人的意图或者希望所在。

② 用眼睛倾听对方，并不是所有的话都是用语言表达出来的，聆听时自然流露出的敬意和真诚，具有静默的力量美，是一个有教养、懂礼仪的人的表现。

③ 聆听时的姿态：身体微微倾向说话者，用目光注视说话者，保持会意的微笑，不时点头表示关注和同意对方的观点。

④ 根据对方所讲的话题，巧妙地通过应答，把对方讲话的内容引向自己所需的方向和层次。

⑤ 客观地倾听，带着开放的、不带偏见的思想倾听，即使说话者的谈话内容确实无聊、空洞，在面试中也要扭转自己的想法，必须尊重对方说话的权利。

（十）气味

一般情况下，求职者和面试官的距离会使双方对对方的气味都比较敏感，所以身上切忌怪味。

① 面试前最好洗个澡，既可以避免汗味（或减淡腋臭味），还可以使你看上去神采奕奕。

② 抽烟的人当天最好能禁烟。

③ 面试前的就餐忌食大蒜、洋葱等刺激性味道的食物，也不要喝酒，饭后漱漱口，刷下牙，随身携带口香糖或漱口水。

④ 如果要擦香水，需提前两三个小时抹，可擦在耳后、手肘内侧、手腕、胸前及膝盖内侧（香水切不要喷在腋下）少许——建议使用气味清淡、气质含蓄的淡香水，其他具有挑逗性作用的香水禁用。

（十一）面试中禁忌

当着人挖耳朵、擦眼屎、剔牙缝、擦鼻子、打喷嚏、用力清喉咙等，这些都是粗鲁的小动作。喷嚏如果没有控制住，应立即说声对不起；平常被视为可爱、俏皮的扮鬼脸等小动作在面试中也会显得不雅、小家子气，为了掩饰内心的紧张、无措，抓头皮、弄头发、搔痒痒，也要克服；如果被茶水招待用的是一次性杯子，你离开的时候，要带走它，扔到垃圾箱里；在面试中，即使等待面试时，也不要嚼口香糖、抽烟等。

三、着装

俗话说："人靠衣装，佛靠金装。"着装在面试中的重要性不言而喻。有一位毕业生去面试，西装革履、一丝不苟。面试快要结束的时候，总经理对他说："你知道一般软件开发行业对穿着是比较随便的,我们公司也不例外,你完全不必要这么正规。"那位毕业生欠了欠身,回答说:"你们还没聘用我,所以现在您还是我的面试官,我必须尊重您,尊重我的这次面试机会。"老总非常满意,当场就录用了他。

面试中,一般建议着正装。男生西装革履,或者衬衣,女生着素色套装,全身颜色尽量控制在三种之内,深色外套,浅色衬衣,皮鞋、拎包和皮带尽量一色。穿西装要注意一些基本的规范,如衬衣领口和袖子要略长于外套1~1.5 cm,裤子的长度要以刚刚盖住鞋面正中为宜;上衣口袋除了钢笔之外,不要塞其他东西,否则会破坏整体美;如果戴领带,注意要与服饰整体协调,长度在皮带上沿约一寸;有些男生非常喜欢把钱包放在裤子后面的口袋里,在面试中要避免。

所谓"以平常心穿高贵衣,以高贵心穿平常衣",毕业生求职时其实还是一个消费者,穿正装并不是要求追求名牌、名贵的高档服装,关键是要整洁、挺括。

求职者在着装上应尽量避免出现以下这些失误:

① 男生穿西装时,深色衣服和皮鞋配着浅色袜子,袜子过短。无论如何,袜子的颜色、款式都要和西服相配,选择蓝、黑、深灰或者深棕色的棉质袜子,袜筒最好到小腿中部,以免坐下来的时候,把小腿露出来,袜子要有足够弹性,使它们不至于从腿上滑下或缩成一团。

② 浅色衬衣里穿着深色贴身内衣。内衣颜色选择要合适,如果是寒冷时节,着长袖内衣,要注意内衣袖口、领口不能暴露于人视线中。

③ 男生着西装时内配短袖衬衣。如果要穿西装参加面试,必须内搭长袖衬衣。

④ 衬衫放在西裤外,领子太大,领脖间存在空隙。

⑤ 男生腰上皮带掉漆,或者悬挂手机、钥匙之类,惨不忍睹。

⑥ 女生去面试时光腿、三截腿,或者丝袜有刮破迹象(最好随身携带一双丝袜,以防万一)。

⑦ 穿着时装式拖鞋甚至拖鞋。面试是一个正式的社交场合,求职者必须尊重招聘者,穿正装是得体、有礼的举止。

⑧ 皮鞋旧、脏、脱漆,或者风尘仆仆。"千里之行,始于足下",不要忽视一双鞋子的魅力。注意鞋面保持光亮,鞋跟要结实,系带的皮鞋一定要检查鞋带是否干净和系紧了。比起要应聘的工作,一双鞋子的投资或者投入是值得的。

⑨ 衣服皱巴巴,领口、袖口脏,衣服上有油渍,衣袋、裤袋内鼓囊囊。

⑩ 女生穿着太紧、太透或者太露的服装。面试场合不同于日常或者晚宴场合,不要穿太短或者晚礼服一样的"性感"衣服,予人轻佻之感,是求职大忌之一。

四、"TOP"原则

这里"TOP"分指 Time(时间)、Occasion(场所)、Persons(人物)。

(一)时间和场所

在所有的陋习中,迟到、没有时间观念最让人无法原谅和容忍。对求职者来说,没有任何迟到的理由,如果迟到,其后果当然也是非常严重的,很可能意味着你失去了一次机会。求职者对守时切不可掉以轻心,一定要重承诺、守信誉,如果突然发生了不可抗的意外事件不能按时赴约或者不能参加,要及时告诉用人单位并表达自己的歉意。接到面试通知,在确定面试时间和地点之后，查找交通路线，以免面试迟到；明确乘车路线，并要留出充裕的时间去乘车，如对交通不熟悉，最好把路线图带在身上。条件许可的话，最好的办法是提前一天前往面试的地方，一则可以预测时间、路况，二则可以让自己心里对环境多一份把握，让自己为面试添一条自信的条件。

（二）人物

进入面试现场后，首先要做的是与面试人员招呼问好，所以在获得面试通知时，最好能获得招聘者的姓名，或者到达目的地后，询问接待人员。在询问时要问清楚对方的名字，不要觉得不好意思，因为装懂叫不对对方的称呼比没听懂更加严重，前者是失礼行为，后者只会让人感觉到你的认真。有些应聘单位会在面试现场摆放招聘者的座位牌。尊称为对方的姓加其职务，如果对方职务是副职，一般略去"副"字，以正职相称，社交场合中，称呼就高不就低；职务较低或者不知道职务的，作为刚从学校去求职的应聘者可以礼貌称呼为"老师"。此外，知道面试人员的名字不仅仅是为了招呼或者告别时用，最重要的是面试过程中不断重复，无形之中会帮助你拉近与他们和应聘单位的距离，并赢得他们更多关注和兴趣，如当对方提出一个问题时，你在回答之前首先带上尊称，"谢谢陈总的提问，我认为……""是的，金部长，我想……"当现场有人对你肯定或者夸奖时，你微笑表达，"谢谢丁主任！"如果是团体面试，根据面试官的职务有时可以清楚地知道他是否是能当场拍板决定录用的人，这时候对你来说，每一时刻，都潜藏机遇。

某公司人力资源部经理曾经说过："第一印象很重要。我自然喜欢那些给我第一印象好的人，这意味着他们对这个职位感兴趣，希望给我留下好印象。我要找那些衣着得体、身体语言良好、充满自信而不盲目自大的人。前10秒钟非常重要——问候和握手。如果做错了，你就不得不在面试的其他环节和时间内弥补回来。"面试过程中，求职者言行的每一个细枝末节，都会成为面试官是否录取求职者的重要参照依据。当然，最好的仪态是不可能在短时间内并且是在重要的特殊场合被充分展现的，所以，即使不是面试时期，也要注重修身——因为利器总是愈磨愈光，绝不会弹性疲乏的。

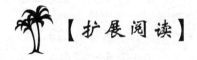

【扩展阅读】

坚持就是胜利

在日本，有这样一位个子矮小的年轻人，由于家境贫困，瘦弱的肩膀不得不挑起养家糊口的重任。一天，他来到一家电器工厂，找到一位负责人要求安排一项工作，哪怕是再低下的也行。对方注意到他身体矮小，但又不便直说，于是婉言拒绝道："先生，我们厂暂不缺人手，您一个月以后再来看一看吧！"过了一个月，这位青年果真来了，对方又推托说："我现在有事，等几天再说。"一个星期后，他又进了工厂的大门。如此反复多次，这位负责人再也找不到托词，只好实话实说："先生，您的衣着太寒酸了，无法进我们工厂工作。"年轻人二话没说，回去向别人借钱狠下心买了一套整齐的衣服。他精心打扮，回到厂里。对方在无可奈何之际，只好以他在电器方面的知识懂得太少为理由，拒绝录用。两个月过去了，年轻人回到厂里，他诚恳地对这位负责人说："先生，我已经学了不少有关电器方面的知识，您看我哪方面还不够，我会一项一项地去补课。"对方两眼盯着这位坚持不懈的年轻人，看了老半天，然后十分动情地说："我搞人事主管工作多年，可还是第一次碰上您这样来找工作的，真是太服您了。"就这样，他以顽强的毅力打动了这位负责人，终于答应他进厂工作。后来，他又以其超人的毅力，逐渐发展成为一个非凡的人物。这位年轻人日后成为著名的日本松下电器公司的总裁，他的名字叫松下幸之助。

以小见大

早在读书时，恰科就立志要当一个银行家。开始，他鼓起勇气到一家最有名气的银行碰运气，结果吃了一个"闭门羹"。然而，这位年轻人雄心勃勃，并不气馁，又先后走进其他几家银行去求职，可是连连被拒之门外。几个月之后，恰科又去了开始到过的那家最好的银行，并且有幸见到行长，但是再遭拒绝。他无比颓丧，慢慢地从银行大门出来，突然发现脚边有一枚大头针。想到进进出出的人可能会被大头针弄伤，小伙子马上弯腰拾起了针，然后小心翼翼地放进旁边的垃圾桶里。到家后，奔跑了一天的恰科躺在床上休息。他已经先后求职52次，可连一次面试的机会都没有。尽管命运对自己这么不公，可第二天恰科还是准备再去碰运气。在他离开住所关门的时候，意外地发现信箱里有一封信。拆开一看，天啊！原来真是那家赫赫有名的银行发出的录取函。原来，恰科昨天捡大头针的一幕被行长看见了。他认为精细小心正是银行职员必须具备的素质，于是改变了原先的想法，决定录用这个小伙子。凭着这枚小小的大头针，恰科终于进了银行的大门。在后来的工作中，他屡创辉煌，成为法国的"银行大王"。

第三节 面试技巧

2015年在某职业院校就读的小陈毕业在即，正在努力寻找自己理想的工作。大学期间，他是校团委的办公室主任兼宣传部长，学校文学社的创始人兼社长，经历丰富的他坚信自己即使与名牌院校的学生去竞争，也具有很多优势。他在网上搜寻时看到他所在城市的一家证券公司在招募员工，大喜过望，可是，看到招聘要求时，心里大失所望：人数5名，要求为女性。小陈深思了一下，既然这是自己喜欢的，何不尝试一下？他从网上详细搜索资料，然后动用自己的人脉索取情报。几天后，他拿着自己的简历直奔证券公司，并且敲响了公司李总的办公室。李总听说来意之后，笑着说道："年轻人，我们只招女的——这次男女不平等啊！"小陈诚恳地说道："李总，我知道。可是，我在来的路上一直给自己打气，有时候敲开一扇门就是打开一个新的世界——刚才敲门的时候，比我参加第一次演讲比赛还要紧张！"李总被这个朴实、真挚、充满朝气的年轻人打动了。两个人结果聊得颇为投机。就这样，小陈得到了面试的机会。

面试当天，100多人中，只有小陈一个是男生。面试现场，李总坐在主考官中间。自我介绍之后，李总问道："小陈，你的特长是什么？""演讲、书法，你们看到的简历上的求职信就是我自己手写的，文字功底不错。"小陈骄傲地补充道："我是我们学校文学社的创始人和社长。""那你现场给我们来一段演讲吧，主题就定为'我与面试'好了。"小陈笑着说道："好好好，不过，不好意思，我要站着才能演讲好，请李总和各位老师暂时委屈做一下我的观众,掌声鼓励!"不出所料,小陈成功通过面试,进入了下一轮笔试。最后,公司录用了5个人,但是与招聘启事上略有出入的是:4位女性,1位男性小陈。

小陈后来说:"老师,你相信传奇吗?——我原来不相信,可是,我后来知道真的是有传奇的——我就是传奇。"

"十年磨一剑,霜刃未曾试。今日把示君,谁有不平事?"如果说自荐材料的制作还是纸上谈兵,那么面试可以说是毕业生在求职中开始进入实战阶段。面试是在特定场景下,经过精心设计,用人单位通过和应试者面对面的观察、沟通等方式,了解面试者的素质特征、能力状况、发展潜力及求职意向等人员甄选方式,也是求职者综合素养的一次全面展示。成功的面试其实是一场双赢的战争。在面试中,做最好的自己,并能展现自己的最好。"若用六个字形容面试的成功秘诀,那就是"Prepare,Prepare,Prepare,Practice,Practice,Practice!"

一、面试准备

很多同学的签名曾经换成过"人生没有彩排,每一天都是现场直播!"但是作为毕业生,在求职舞台上,你是主角,是导演,也是工作人员,招聘官是现场直播的评委,应聘单位就是观众——你征服了他们,就意味着得到了这个舞台。为了最后台上的荣耀和掌声,要舍得花时间在台下练习,并争取更多彩排,最后征服招聘者。

(一)知己

面试前要把个人资料梳理出来,形成文字,让自己的简历烂熟于心,切忌在面试中因为紧张和准备不充分,自相矛盾。求职者要把文凭、身份证、报名照、钢笔、其他相关证件、便签纸带齐,并随身携带几份身份证复印文件,以供面试期间不时之需。此外,容易晕车的求职者也要提前做好应对准备。英国著名的心理学家柯蒂斯曾说过:"我越了解自己,越热爱自己!"要把这样的自己自信地展现给招聘者。

(二)知彼

"知己知彼,百战不殆",求职者接到面试通知后,首先要明确企业原始的招聘广告,从而了解他们的需求、愿望和期望值;要通过网络等各种媒介尽可能充分了解应聘单位和求职岗位,包括单位的性质、文化理念、规模效益、人员结构乃至他们的发展方向、规划蓝图、应聘岗位对知识技能的要求。这让求职者底气十足,在面试时能有的放矢地展现最好的自己,同时对招聘者而言,他们会充分感知到求职者对应聘单位的尊重、热爱,对这份岗位需求的热切,以及认真、踏实、真诚的态度。一个对应聘单位一无所知的求职者,面试的成功率是非常低下的。

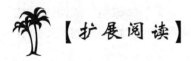
【扩展阅读】

需要了解的雇主情况列表

基本情况
- 姓名、地址、办公电话

- 完成的生产线或者提供的服务
- 工厂、商店、批发商店、部门、分支机构和员工的数量
- 地理位置
- 公司总部的地点
- 母公司或子公司的信息

雇主历史/形象
- 组织在行业中的地位（领导、后起之秀）
- 组织在国内和当地的声誉、奖赏或者其他赞誉
- 雇主活跃于哪个协会中
- 主要的竞争者（你如何帮助雇主在竞争中取得优势）
- 股票价格及历史（如果有关的话）

财政信息
- 组织和行业的规模
- 潜在的发展
- 在过去5年内每年的销售以及预算

哲学观/目标
- 使命陈述——应该反映目前的策略和长期的目标
- 高层执行官的传记信息——收入、年龄、教育和历史
- 政治的、研究的或者社会兴趣以及财政支持

专业/工作环境问题
- 组织结构和过程，包括团队工作
- 职位描述，包括非全职的和永久性的工作
- 培训计划的类型和质量
- 收入和利益
- 典型的生涯发展道路
- 雇主对工作者的考察和评价过程
- 入职职位和经理的背景

——摘自：【美】Reardon, Lenz, Sampson, Peterson. 职业生涯发展与规划 [M]. 北京：高等教育出版社, 2005: 247-248.

（三）知题

预测、设想可能遇到的问题，并准备一些询问应聘单位的问题，同时自己勤于练习。沟通能力是日积月累培养、形成的，但是通过用心的准备、练习，至少，面试期间的沟通还是可以在一定程度上达成。由于时间的局限性，面试的话题是相对固定、有章可循的，完全有可能把沟通话题准备好。

（四）知行

很多求职者都会纠结于一个问题："怎么样可以让我面试的时候不紧张？"其实，紧张是正常的，适度的紧张能够让你注意力高度集中，未尝不是一件好事，但是要做到"适度"，功夫还是在台下，面试的训练必不可少。求职者要不断演练面试的流程，设想面试中

会遭遇到各种可能以及突发状况，并一一想好应对办法，练习仪态、练习眼神、练习微笑、练习补救，练习流程间的转换，练习突发状况中的灵敏应对。开始可以对着自己练：找一面镜子，问自己："这是最出色的我吗？这是他们需要和喜欢的人吗？"然后找家人、朋友练习，或者与同学互相面试。慢慢地，求职者就会发现一个全新的自己，一个自如、大方的自己，一个面对招聘者可以微笑以对的自己。所有良好的心理素质，都来源于充分的备战和实践。

二、问答技巧

面试中，很多面试问题没有所谓标准答案，只有是否适合的区别——所以求职者要准备的原则是从自己出发，核心是与自己适合。在准备问题应对或者提问中一定要契合自己，包括回答方式、语气、语调和神情。如果在面试中求职者遭遇到考官奇奇怪怪的问题时——这也许意味着自己得到了应聘单位的重视。

（一）思而后言，边思边言

面试虽然节奏紧凑，但是当招聘者提出问题后，求职者还是要留点"空白"给自己思考，在应答、提问的过程中也要做思考状，即使当你听到某个问题后窃喜不已，因为这个问题在私下已经准备、演练过了，成竹在胸。求职者要记住自己是去参加面试的，不是去背答案的，要注意方式方法。

（二）先观点，后展开

应答时，可以先抛出自己的总的结论，然后对自己的观点做具体的展开。面试现场，有时候一个问题需要从多方面、多角度进行回答，最好不要数字化，"我从三个方面来说谈一下……""因为下面五个原因，我觉得……"最好用"几"来代替，避免在紧张的情况下，不慎自己挖了个小陷阱。

（三）塑造亲切、和善的沟通形象

一般参加面试时，每个招聘者都已经有求职者的一份简历。有个学生去参加面试，主考官说："请介绍一下你自己。"学生理所当然地反问道："你不是有我的简历吗？"一句话就把主考官给噎死，把自己给堵死了。在面试中，尽量少用咄咄逼人的反问口气。并非所有的应聘单位都有专业的、经验丰富的面试官，有些面试官会用封闭式问题，"你能不能……""你可不可以……"这时，求职者不能斩钉截铁地答道"能""可以"等节约时间的回答，一则失去了推销自己的机会，此外也会给应聘单位留下不善沟通、态度傲慢的印象。

（四）犯错不可怕，可怕的是犯错后乱了阵脚

人在紧张时，话语表达会失去控制，从而犯一些平时不可能犯的错误，如你上午九点去参加面试，进了面试房间，跟面试官问好，"大家下午好……"说错话时大可不必泄气懊恼或者心慌意乱，从而影响整个面试，可以诚实地致歉，"对不起，我实在太珍惜这次机会了，所以非常紧张，变得好像不是自己了。……"要确信真正客观、智慧的面试官深信相对于一个企业需要的人才而言，在一些无关原则的事情上说错话微不足道，尤其当求职者犯错后能够诚恳甚至幽默地加以化解。所以求职者在准备面试时要设想当遇到一些突发状况的时候，准备应急方案，具体到一些补救的言语。此外，很多招聘者问的问题也许是企业目前

存在的或者未来需要解决的问题，求职者被问到的问题可能是面试官想看看"旁观者"的看法。在面试的过程中求职者要善于控制自己的情绪，美国心理学家尤利斯提出三条忠告："低声，慢语，挺胸。"

（五）秉持诚信

知识是关键，做人是根本——在面试中秉着诚实的原则作答，知之为知之，遇到不懂，或者有难度的问题，就老实承认，不必不懂装懂，固执抵抗，只要注意表达方式，如"×经理，很抱歉，这个领域我真的还没有涉足过，但是谢谢你今天的提问给我提供了一个学习的方向，我回去会好好去寻求答案，希望下次见面的时候，我的表现能够让你满意"，或者，"对不起，这个我不是很了解，但是我说说我的浅见……"只会让人觉得踏实、谦虚、靠谱。

（六）提问技巧

有学生去面试，末了，主考官和蔼地问道："请问你有什么问题吗？"学生兴致勃勃地问道，"请问你们单位的宿舍提供热水器、空调、电视机吗？"在面试中，面试官一般还是会问这个问题："你有什么问题？"这个问题也是在面试中要准备的一个必备项目。

① 提的问题要讲究质量，符合求职者的身份，不招致应聘单位的反感，可以围绕应聘单位、求职岗位、个人的发展方向等方面展开，在面试现场的提问不要显得太急功近利。想出一个好的问题比一个好的回答更见功底。

② 提问时机的选择。除了面试官主动提出"提问"这个环节之外，如果你的心理状态好，有足够把握，可以主动出击。如在面试现场出现短暂沉默的时候，你适时地提问有助于打破僵局，同时能掌握主动权。

③ 求职者在提问这个环节上尽量不要涉及关于薪酬、物质条件等方面的问题，否则会给招聘方留下非常在乎物质利益的印象。

三、面试结束后事项

很多求职者非常注重面试前准备、面试进行环节，但是往往忽视面试结束后的跟进以及总结。面试结束并不意味着求职过程的结束，为加深招聘人员对自己的印象，给面试胜利注入更多能量，同时从也许会遭遇失败的面试中获取经验，使自己成为"面霸"，求职者在面试结束后，还要注意以下环节：

（一）感谢信

感谢信的投寄是求职者富有责任感和感恩心的反映，尤其对于没有得到确定答复的求职者而言。面试结束后，无论成功与否，作为一个素养良好的求职者，都应该在第一时间（尽量在面试结束后的24小时内）发一封感谢信给所有参与面试的人员：表示感谢并重申、强调自己对这份工作的热忱和自己适合这份工作的优势、特色所在。每个公司在集中面试的阶段，一天下来接待的面试人员非常多，情真意切、及时有效的感谢信可以充分唤起对方的记忆，并延长他们的记忆周期。美国管理学家艾德·布利斯将面试之后不写感谢信描述为"在工作面试中的十大错误之一"。求职者如果面试成功了，这封感谢信能够在上司或者同事中留下礼貌、专业、成熟的深刻印象；面试失败，虽然和这家公司毫无关系了，但是求职者仍然认真地完成这一环节，也许机遇潜伏在其中。

感谢信的内容主要包括：

① 感谢。感谢信开头应介绍姓名、简单情况，以及面试时间（恢复对方的记忆），然后对其面试中的指导表示感谢。

② 消除疑虑。面试中由于紧张，可能不能正常发挥，如语言不当，或者现场回答的问题不妥当，通过措辞良好的感谢信来解释和说明，进一步得到对方的信任。

③ 举证。

④ 强调自己对这份工作的热诚和期待，希望建立长期关系。

与求职信一样，感谢信要求内容简洁，尽量不要超过一页纸。

（二）分析总结

面试后的分析总结需要直面自己，坦诚自己在面试中的表现，从而积累经验，提高自己的面试能力。每次面试完后要问自己：

① 面试过程中我所回答的哪些内容引起了面试官的兴趣或者肯定？

② 哪些环节面试官对我有所怀疑？

③ 我在自我介绍以及整个流程中是否充分表述了我适合目标岗位的资质、能力以及潜力？

④ 我在面试刚开始是否因为太过紧张表达有些混乱，肢体显得僵硬？

⑤ 我表明自己对这份工作的期待，对公司文化和氛围的认同、热爱了吗？

⑥ 哪些问题让我在现场穷于应付？

⑦ 面试官给了我哪些建议？

⑧ 这是最出色的我吗？我推销自己了吗？

⑨ 如果下次还有面试，哪些地方是我要改进的？我该加强哪些方面的准备和练习？

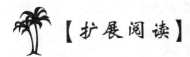
【扩展阅读】

问题准备

一、面试中的常见问题

1. 你能介绍一下自己吗？/你怎样描述你自己？

2. 你为什么选择我们公司？

（你为什么申请这份工作？）

3. 你能为我们贡献什么？

（你能让我坚信你就是我们要找的人吗？为什么我们要录用你？）

4. 你最大的优势和劣势是什么？

5. 五年内你对你的职业生涯有何规划？

（你的短期/长期目标是什么？）

6. 你有什么特长？可以现场为我们展示一下吗？

7. 你的业余爱好是什么？

8. 你是应届毕业生，缺乏经验，如何与其他有工作经历的人竞争/如何胜任这份工作？

（我们原来想找的是本科以上、具有三年以上工作经验的人，你能胜任吗？）

9. 如果你的意见与上司不一致，怎么办？
10. 你为什么还没有找到工作？
11. 你参加过其他公司的面试了吗？
12. 你的大学经历如何帮助你准备你选择的职业生涯？
13. 如果你被录用，有什么要求？
14. 你喜欢独立工作还是团队工作？
15. 如果我录用你，你将怎样开展这份工作？
16. 你最崇拜谁？
17. 谈谈你的一次失败的经历。
18. 你是一个有开拓精神的人吗？
（你是有创造力的人吗？/你是个勤奋的人吗？）
19. 你喜欢在外企还是国内的公司工作？
（大公司和小公司，你更钟情哪个工作环境？）
20. 大学期间担任过什么职务？你是如何开展你的工作的？你觉得学历和工作经验哪个更重要？
21. 看你的简历，大学时期你的学习成绩并不怎么好，怎么评价你的大学生活？
（你在大学期间工作经历这方面似乎比较欠缺，大学三年你是怎么度过的/你对你的大学生活有过什么规划？
看你的简历，获得过多次奖学金，但是工作经历这一栏就没有多少实绩，会不会被人误会为"书呆子"？）
22. 你在大学期间获得过哪些证书？
23. 你的应聘岗位并非你的专业，你认为自己能胜任吗？
24. 你读过哪些书？哪本书对你影响最大？
25. 你为什么选择现在的学校和专业？
26. 看过哪些电影？哪部电影对你触动最大？
27. 在你大学期间的工作经历中，最大的成就是什么？
28. 如果你是主考官，你在选拔人才时注重哪些方面？
29. 对这项工作，你有哪些预见的困难？
30. 作为一个管理者，你认为最艰难的任务是什么？
31. 如果你被录用，将从公司最基层的学徒工开始做起，你能坚持下去吗？
32. 你希望在什么样的上司手下干活？
（你希望与什么样的同事共事？）
33. 薪酬方面，你有什么要求？/你对工作地点有什么要求吗？/你愿意出差吗？
（这份工作刚开始薪水并不高，你能坚持你的选择吗？薪水和工作，哪个对你更重要？）
34. 对不起，这个岗位需要耐心、细致，我们更倾向于女性来应聘，在招聘启事上你应该看到我们对应聘人员的要求。
对不起，这个岗位对人的体力要求比较高，我们更倾向于男性来应聘，在招聘启事上你应该看到我们对应聘人员的要求。
35. 你在最后一个学期的实习单位换了三家，为什么频繁更换实习单位？

36. 你在××单位实习了半年，为什么没有考虑在该单位留下来工作？
37. 实习期间你最大的收获是什么？
38. 如果另外一家单位同时录用你，你怎么选择？
39. 你在多长时间内可以对工作做出贡献/产生价值？
40. 毕业后为什么不马上工作？
41. 如果你的上司和你的同事工作上发生矛盾，你站在哪一边？
42. 以你的能力来应聘这份工作也许会大材小用？
43. 你如何评价之前你的实习单位？/前一家工作单位？
44. 工作之后，你打算继续深造吗？
45. 你对单位有什么建议吗？
46. 请你谈一下大学期间有没有与工作相关的社会活动经历？
47. 对于我们企业，你知道哪些情况？
48. 高职院校的学生更偏重技能，这个管理岗位你能胜任吗？
49. 大学三年，你在技能和能力的发展上是如何规划的？
50. 大学期间的工作经历中，你曾经遇到的最大问题是什么？你是怎么处理的？

二、可以提问的问题：

1. 不知道贵公司认为我还需要在哪方面多做努力，更好地满足你们的职位需求？
2. 贵公司是如何评价员工的？对理想员工的定义是什么？
3. 您怎样定义您的管理风格？
4. 公司对员工有什么样的期望？
5. 您更欣赏下属用什么方式与您沟通？
6. 如果我来贵公司上班，上岗前要参加哪些培训？
7. 贵公司是否鼓励员工在职进修？对于在职进修的补助办法具体是怎样的？
8. 这份工作目前面临的最大挑战是什么？
9. 为什么这个职位被空缺出来了？以前在这个岗位上的员工有什么样的发展？
10. 贵公司在人事和预算方面对这个工作有什么计划支持？

面试的时候，面试官所有的问题概括起来只有一个问题："我们为什么要聘用你？"而求职者所要解决的也永远只有一个答案："我就是你们需要的人！"对于毕业生而言，所有的技巧都只是过程中的一种手段，目标则是求职，或者为求职积累经验、开阔视野；对于企业而言，最好的未必是最合适的，最合适的才是最好的——毕业生在求职中就是要成为与企业具有高匹配度的最合适人选。

第四节　网络求职

小刘是某大城市一所高校的应届毕业生，网上收到一家心仪的应聘单位的拒绝信后，苦恼不已的他去向同班的小李取经。小李看了看他的简历，摇摇头："你要看人家单位要有什么样经历的人，然后再按照他们的要求夸大一下自己的经历，如果真的没有就编几个出来，这样才能增大面试机会。"小刘按照小李的建议，重新修改了简历通过邮件投向了另外一家心仪的单位，不料被这家公司发现并拒绝。此后，该公司不再接收小刘所在学校的所有毕业生的简历，并将该学校毕业生拉入招聘黑名单。

一份有水分的简历背后，不仅展示了一个人的经历，更重要的是它能折射出一个人的品格，受害的不仅仅是应聘者本人，很有可能殃及一个学校的学生甚至所有的毕业生，这种负面影响是极为深远的。

网络求职是求职者利用互联网与自己相中的单位进行求职面试以获得岗位的一种择业方式。实际上，网络求职与现场求职性质是一样的，不过供求双方是通过互联网来实现的。网络求职不用查报纸，不用去招聘会，不用求亲告友，只需轻轻点一下鼠标，许多合适的工作就会遴选出来，进而进行网上求职甚至面试。网络求职具有方便、快捷、廉价等特点，同时也存在一定虚拟性。目前，网络求职已成为社会求职就业的主要途径之一，无论对于高职大学毕业生或社会人士都比较流行，成功率也越来越大。

一、网络求职的方法与技巧

（一）网络求职信写法

求职信应包括你所做出的成果及解决的问题的事例，这些事例与你所申请的工作类型相关。要尽可能表露出你对用人单位及其行业的熟悉，不妨在求职信中简短评价公司及其顾客的状况，让对方觉得你能很快胜任新职位。求职信书写以商业信件的格式为准，求职信的格式、用字、措辞都应正式、规范，不宜太长。英文简历一般不用长句或陌生词句。

（二）网络求职简历的写法

撰写网络求职简历一般和纸质简历并无本质不同，一方面要将简历有关材料扫描成电子文档，务必规格统一，图文清晰。材料包括成绩单、各类证书、鉴定评语等。另一方面简历制作好后务必转换为 PDF 格式，无论对方用什么软件不至于格式、文字发生变化。英文简历一般要简洁明了，社会工作细节和兼职可以详细罗列出来，但一定要条理清楚。

（三）网络求职网站筛选办法

目前我国已有招聘网站上万家，网上发布招聘广告的企业达到数百万家，人才网站的专业化程度大大提高，市场规模不断扩大。大学生需要掌握科学的招聘网站遴选方法，才能够提高效率，节约时间，保证质量，提升安全系数，降低择业风险。在实际操作中，可重点考虑以下几类网站，多网齐下。

1. 政府主办或主管的就业网站

近年来，国家为切实做好大学生就业工作，建设了国家、省、市、高校为主体的四级就业信息网络体系。政府主办或主管的就业网站信息可信度高、信息量大，一般都经过审核，是大学生网络求职信息搜集的首选。

2. 高校毕业生就业主管部门主办的就业网站

目前，很多高校都建立了自己的就业专题网站，并且不断更新用人单位招聘信息，尤其每年校园招聘会前后，很多单位（尤其是国家大中型企业、外资企业）会第一时间委托高校发布最新校园招聘信息，大学生通过高校就业网站进行网聘求职，成功率远远高出其他方式。因此，高校毕业生就业网站是大学生网络求职的又一重要渠道。

3. 运营规范的商业招聘网站

近年来，我国的商业招聘网站发展迅猛，前程无忧、智联招聘、中华英才网三家知名商业招聘网站已经成为网上招聘求职的重要平台。对于高职毕业生而言，大型、知名商业招聘网站也是网络求职的不错选择，只不过在岗位选择时要多些对比筛选。

4. 知名企业的单位网站

知名企业一般都在自己的门户网站设有"人才招聘""加入我们""人力资源"等专栏，有的单位还设有"校园招聘"专区。而且，网站在功能、安全性、服务等方面较之中小型企业更为完善，可信度也更高。所以，大学生可以定期浏览名企网站，关注人才招聘信息，抓住就业机会。

（四）网络求职简历投递技巧

1. 申请的职位要准确

应聘职位的名称要按公司在招聘公告中的职位名称来写，不要自己随意发挥。比如招聘"渠道部总经理助理"，不要写成"总经理助理"或是"渠道助理"；招聘"副总裁秘书"不要写成"总裁秘书""文秘"。

2. 标题上注明应聘职位

关于邮件的标题问题，如果对方在招聘的时候（在职位公告中）已经声明了用哪种格式为主题，务必照着做，因为这是它初步筛选的标准。一个HR一天要收到上百份简历，如果标题只写了"应聘""求职"或是"简历"等，这份简历有可能被忽视。最好在标题中就写上自己的名字，这样便于HR再次审核你的简历。

3. 要用私人邮箱

首先，在给用人单位发送简历的时候，要用自己的私人邮箱，切勿用公司的信箱。其次，选择稳定性、可靠性高的邮箱，尤其是免费邮箱的选择更要注意。

4. 选好发送渠道

网络求职时，网站如果已建立了最新的与该职位相匹配的简历，那么不妨点击"申请该职位"通过该网站发送简历，这样做可以使HR能及时收到你的简历，而不会当作垃圾邮件删除，而且对你应聘的职位一目了然。

（五）网络求职的关键要素

网络求职有其特殊性，求职过程应该注意以下六个关键要素：

1. 针对性

不管是递交书面简历还是电子简历，针对性都应该是简历投递的第一要素。具体而言，针对性体现在三个方面：针对自己的职业定位与生涯规划选择真正适合你的岗位，针对特定的岗位设计针对性版本的简历，根据岗位性质使用针对性的语言。其中最重要的是准确的职业定位。

2. 关键词

越来越多的企业，特别是一些大公司，通常都会用智能化的搜索器来进行简历筛选，通过搜索关键词，根据这些字出现的频率确定简历排名的前后。必需信息如英语六级（CET6）、高校名称、特定的条件/技能（比如学生干部、注册会计师、Office等）。

3. 诚信度

诚信是网络求职的第一注意事项，有的人为了提高求职成功率，虚造一些证书或业绩，即便欺骗也只能骗过机器,几乎无法通过后期的审查、面试。求职者这样做会降低自己的诚信度,不但进不了公司,还会被行业内甚至招聘网站列为黑名单,对今后求职发展造成很大影响。

4. 更新度

经常不断更新自己的简历,让人感觉是最近在找工作,有助于提高求职成功率。经常刷新简历有两个好处:第一,表明你现在正在求职,而不是让人感觉找了很长时间工作找不到的那种。第二,当招聘人员在搜索人才时,符合条件的简历通常都是先按刷新的时间顺序排列,而他们一般只会看前面一两页。

5. 易读性

面对成百上千份简历,HR一般都会快速浏览那些在最前面且简短明了的简历。因此要求求职者发送简历最好用文本格式,一般不要使用附件;另外,简历不宜太长,1~2页刚好;最后,发邮件时把电脑系统的时间改为一个将来的时间,让你的邮件永远在最前面。

6. 及时性

及时查阅用人单位的回复信息并加强后续联系。求职者不要投完简历就"万事大吉"了,网络求职的过程中经常有人会因为没有及时查阅用人单位的回复信息而错失就业机会。

【扩展阅读】

网络求职常见问题

五花八门的问答题是网络求职的必要环节,其中开放式问题最难应对。下面就两个常见的开放式问题案例介绍如下:

问题一:请简单介绍一下你通常的娱乐和消遣方式,包括运动和兴趣。

常见回答:本人兴趣爱好广泛,尤其喜好足球、篮球等体育活动,阅读、写作也是兴趣所在,在业余时间还喜欢上网、旅游等。

回答点评:果然是爱好广泛,回答简练。但细读下来,好像每一个大学男生的兴趣爱好都是这些吧。这样的回答无疑是告诉HR:我很普通!

问题剖析:对于介绍自己兴趣爱好的问题,在网申中出现率在80%以上。因为HR想要了解一个"有血有肉"的你,喜好是最简单而直观的途径,而你对自己的描述也要比个人资料形象生动一些。介绍自己的兴趣爱好,要突出重点,并说明为何有这些喜好。主要介绍那些与申请职位相关的兴趣以及需要团队协作的爱好,也可突出有个性的特色爱好,以给HR留下深刻印象。语言应尽量生动、流畅,毕竟HR选人时会有主观因素。

问题二:请描述自己大学中最突出的非学业成就。

常见回答:大学四年中我个人最大的非学业成就是坚持写日记,虽然多数只是记录每日发生的琐事,但能坚持4年非常不容易。日记主要记录了我大学4年的生活、见闻以及一些感悟和体会,可以说是自己成长的轨迹,也是未来的一笔巨大财富。

回答点评:一说到非学业成就,很多人就要抓耳挠腮了,更何况是"最突出"的。但即便是"小事",申请者也可以通过突出事件的意义和自己的感触使其变成一种成就。四年如一日的记日记就是很了不起的成就。答题者坚持不懈、认真生活的人生态度跃然纸上。对于这样的"有心人",HR 怎能视而不见呢?

问题剖析:对于这类问题,HR 目的是从你的回答中判断出你的价值观,即在你眼里什么最重要;对你而言,什么才是成就,因此突出成功经历的经过才是最重要的。虽然问题是在问成就是什么,但既然是非学业成就,HR 真正希望你能告诉他的是你是怎样获得成就的,过程是什么,至于你具体获得的是什么成就 HR 并不关心。另外,尽量不要谈论在学校所学习的东西,而要突出从生活实践中获得的成就。

二、网络求职的注意事项

网络是把双刃剑,一方面网络求职提高了求职的效率与成功率,另一方面网络求职也存在一些问题,值得大学生在求职时警惕防范。

(一) 网络求职常见风险

1. 诈骗钱财

诈骗钱财是求职陷阱中出现频率最高的一种犯罪活动,不法分子利用网络求职双方互不见面的特点,以种种名义骗取求职者的钱财。

2. 骗人骗色

在网络求职中,有的不法分子专从应聘者中寻找一些经历简单、处事单纯的女大学生,冒充招聘人员,采用手机联系,单独约见应聘者在宾馆、度假村等高档消费场所面试的方式,趁机进行犯罪活动。

3. 骗取成果

有些不法分子专门在网上搜集一些公司的科研信息,然后利用招聘幌子,将这些科研题目交给大学生,要求大学生以笔试形式去解答,诱骗大学生帮其攻关,然后他们通过转手出卖科研成果谋利。

4. 其他犯罪活动

有的不法分子将女大学生的个人信息张贴在色情交友网站上,骗取网民的点击率和中介费;有的将网络求职的大学生骗至传销窝点,对他们的人身自由加以限制,强迫其参加传销活动。近年来,各种新型网络传销五花八门,譬如通过"网络团购""网上购物""网络代理""网上学习培训"等名义发展下线,表面上薪资高,赚钱快,实际上都是传销。

(二) 网络求职规避风险的方法

1. 验证单位资质

大学生在网络求职中首先要对招聘单位"验明正身",确保自己的合法权益,避免误入陷阱。毕业生可以通过政府工商网络查询、核实招聘单位信息,对于事业单位和大型公司企业毕业生可以登录单位网站查验人才招聘信息。

2. 切勿轻易交费

有些网络招聘要求毕业生通过网上银行交纳报名、考试、培训等费用,毕业生在未验证信息的真实性之前,一定不要轻易交纳任何费用。

这些看似和应聘有关的收费项目实际上很多都是欺诈陷阱,毕业生交纳费用后杳无音信者比比皆是。

3. 提防"猎头公司"

现在人才网站众多，不少猎头公司缺乏规范管理，随意转发招聘信息以提高网站点击率，有些早已过时的招聘信息仍然能够出现在人才网上。

4. 保护个人信息

毕业生不要在网络求职中轻易泄露个人信息（如身份证号码、家庭住址、家庭成员信息等）。同时，在网络提交的个人信息如不慎被人泄露，如接到陌生的电话、短信、信件时，要及时采取措施，以免遭受更大损失。

5. 隐秘信息有所保留

求职者在登记电子简历时，尽量填写完整，保证学历、工作经验等情况的真实性，但填写资料时应注意保密，名字可使用英文，重视诸如手机号码、住宅电话以及银行账号等个人信息的安全性，一般不要留下家庭详细地址和家庭固定电话号码。不要随意将自己的生活照片发到网站，必须用照片时最好用标准照片，不要轻信许诺到外地上岗。上门应聘时最好结伴而行。

6. 用法律武器维护正当权益

大学生在网络求职中受到伤害时，要学会保存、搜集证据，并依据国家法律维权，减少损失。当人身安全受到威胁时，要首先想方设法报警，待危险解除后，再追究相关单位和人员的法律责任，并依法获取合理赔偿。

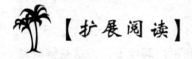
【扩展阅读】

网络求职小心有诈！

核心提示：如今网上求职已成为不少求职者找工作的主要途径之一，但网络的虚拟性却很容易让一些求职心切的人落入纷繁复杂的网络陷阱。下面列举当下四大典型的网络诈骗案例，让我们擦亮眼睛，杜绝上当受骗！

手段一："黑中介"钓鱼诈骗

案例：急于找工作的小刘在网上搜索到一家名为"卓爵人才服务"中介服务网站，宣称可以帮助他找到适合个人发展的高薪工作，承诺提供"一条龙"服务，制定个人职业发展规划，几年内保证升职。但网站客服告诉小刘需缴纳400元的服务费才能享受此服务。

支付完成后，对方告诉小刘需要等待一天，他们的中介服务人员正在准备相关资料，可等了一天小刘还是没有收到中介提供的职位信息，他赶紧拨打网站上的客服电话，但却显示为空号，再访问该网站时，页面也已经无法打开了。

警示：据某"网购先赔服务商"统计，有不少人因虚假招聘钓鱼网站受骗，为此而申请赔付的案例占比为10.7%，人均损失高达685元。因此，特别是即将毕业的大学生们找工作、找兼职一定要去知名的正规招聘网站，不要轻信中小网站的招聘信息，对于中介信息要提高警惕，尤其是面对收取中介费或者所谓的"要入职就得先缴费体检"等要求时一定要慎之又慎。如果访问的网站在打开时就被安全软件提示风险，一定不要继续访问，以免被骗。

手段二：过分索要个人信息，诈骗亲属

案例：小李把自己的求职简历挂到一家人才招聘网上，第二天，一个自称广告公司负责人的男子打来电话，说在网上看见她的求职简历，在详细地询问了她的有关情况后，要求她留下家庭电话，以便通过父母做进一步的了解。

不久，一位自称移动公司工作人员的男子又打电话给小李，称要排查故障，让她关机三个小时。之后，小李的父亲在家里接到一男子打来的电话。此人自称是医院的，小李出了车祸被送到医院，需要八万元手术费，希望家属马上把钱汇来，否则不能手术。小李父母立即四处张罗借钱，马上汇了出去。事后，父母与小李联系上后才知道，被骗子骗走八万元。

警示：如此诈骗一眼看上去没有什么破绽，但如果在过程中细心留意完全可以避免，因此求职者在提供个人信息的时候要谨慎，有关隐私的千万不可透露出去。另一方面，也要加强与家人的联防，比如商量一个"接头暗号"等，防止沟通不畅时遭遇诈骗。

手段三：打着温情牌的传销组织

案例：小张在求职的时候偶然加入了一个名叫"湖北老乡会"QQ群，里面的群主对他照顾有加，并极力向他介绍一种特殊的工作团队："网络销售并不是传销，它与传销有着本质的区别。加入我们的老乡会，只需3 800元和两年的时间，即可得到三种财富：180万到220万元的金钱、众多志同道合的朋友以及你超人的能力。这是我们的使命，再说群里面都是咱们湖北老乡，再骗也不能骗自己人。"

然而就当小张将3 800元汇入所谓的"同乡会账户"的第二天，QQ群就突然解散，所谓的老乡群主再也联系不到。

警示：如今的求职有不少工作是经熟人介绍，各种所谓老乡会、同学会蜂拥出现，里面的"好心人"看似十分热情，其实背后不乏诈骗人员，求职者一定要多加防范，即使是真正生活中的熟人也要留心，人心都是肉做的，不保证会变质。

手段四：兼职"刷客"月入过万

案例：在校大学生李某看到一网页上的兼职刷客招聘信息。网页上介绍，只要按照公司的要求，前往指定的网店多次购买充值卡帮店家刷交易量，对方不仅返还交易的金额，还能每笔给他几块钱的提成。

当晚6点许，李某登录对方指定的网站，通过网银用105元购买了一张面值100元的移动充值卡，对方当即给其银行账号汇入人民币108元。随后，对方让李某登录另一网站，让其多次购买面值100元的游戏点卡。因为第一次挣到了钱，李某更加放心这份兼职，仅仅两个小时左右，就通过网银分7次共花人民币15 146元购买多张游戏点卡并确认收货。但这一次，对方未再返现。此时的李某才发觉自己被骗了。

警示：其实这种所谓的刷客形式有很多种，如淘宝刷钻、刷信誉、刷销量等，但殊不知做刷客自身就已违法，绝大多数电商网站都明令禁止刷客行为，做刷客本身就是一种协助商家不诚信的活动，任何人都不应该支持和参与这种不合法的活动。

网络招聘诈骗的花样越来越多，安全专家万仁国坦言，高级骗子还会综合利用技术方法、心理学手法，骗术不断翻新，如果没有平时防骗知识的储备，聪明人也一样会被骗。"从我们与受害者的长期沟通来看，网络欺诈、网购欺诈的受害者中很多人都有多年的网购经验，可以算得上是网购老手，但他们仍然会被骗。"万仁国在解释被骗原因时认为，"网购老手虽然熟悉正常网购的流程与方法，但并不了解骗子们的手段与方法。"

IT法律专家、律师赵占领则认为，求职者应当注意防范风险，尤其是微博、社交网站等提供用户自行发布信息的渠道，求职者在收到企业面试通知后一定要注意以下几点：

① 面试前一定要去当地工商局网站上对企业信息进行查询，以确定通知面试的企业是否存在及年检是否合格；

② 通过网络及其他渠道，查询该企业口碑或是否已有求职者投诉过该企业；

③ 凡是遇到企业以任何的形式收取费用，求职者都应提高警惕，不要缴纳。《劳动合同法》规定，用人单位招用劳动者，不得扣押劳动者的居民身份证和其他证件，不得要求劳动者提供担保或者以其他名义向劳动者收取财物。即使企业要求员工进行培训，也是由用人单位进行缴费的带薪培训。因此一旦企业要求求职者缴纳费用，说明该企业存在诈骗的可能，至少不是正规企业。

——摘自《江苏工人报》

【情境模拟】

模拟面试——团队面试

一、角色设置：

招聘者（包括主考官和其他随从，工作人员）；求职者。

二、环境设置：

创造一定的面试场景氛围。

三、演练内容：

① 面试的基本流程和要求；

② 面试的典型问题解答；

③ 面试结束后招聘者对模拟面试中应聘者的点评；

④ 求职者的感受交流；

⑤ 团队分享，提出改进建议；

⑥ 根据求职者的表现，应聘单位和现场观众决定是否录用（两者可预设比例）。

四、演练方法和目标：

采取模拟面试现场的方法进行集体实战演练，尽可能把面试时会遇到的情况一一罗列出来，从面试环境、着装、面试官、时间长度等一一考虑进去，并进行交流、分享，使学生充分体验"求职面试"，正确把握面试过程。

五、演练流程：

① 抽签。根据学生的组队，请每组主考官抽签，确定每组的面试顺序和应聘单位，包括面试的10个随机问题。

② 情境介绍。主持人向学生介绍第一组面试时间、地点、应聘单位情况。

③ 面试开始。面试从求职者敲门开始，必需环节：进门招呼；自我介绍；问答；告辞。主考官的提问根据抽签内的10个问题选择至少5个，并且可现场临时发挥。

④ 面试结束。招聘者达成意见，点评求职者的现场表现；求职者自我表述，与大家一起分享他的"面试心路历程"；现场观众也可参与，最后老师对求职者及招聘者的表现进行总结。

⑤ 现场决定是否录用求职者。
⑥ 第二组开始。
⑦ 要求每组把面试模拟过程形成文案报告。

六、注意事项：

① 模拟面试一般安排在理论课之后的第二、三周，使学生有充分时间准备，保证模拟面试的实效性；要求全体学生全程参与：部分参与演练，其余观摩；一起交流、探讨，共同感受。

② 在模拟面试进行前，让学生完成个人简历的制作。

③ 根据模拟面试的内容和流程设置，结合专业特点和学生实际，指导教师要提前将任务布置给学生，并将模拟面试的设计方案发给学生，要求学生组队设计整个模拟面试，落实人员，保证模拟面试的目标实现。

模拟面试设计方案：

a. 情境：所在专业应届毕业生到应聘单位参加面试。

b. 应聘单位信息：拟招聘的岗位及其要求；单位所有制性质；单位的经营理念和文化；发展规划。

c. 求职者的基本情况：个人简历的资料；职业报酬期望；职业发展规划。

d. 现场录用决定。

④ 教师的辅导贯穿全程，模拟面试设计、组织、进行的全过程应发挥全体学生的积极性、主体性，保证每个角色都能充分发挥，从中受益，克服对面试的恐惧、紧张情绪，解开面试的神秘面纱；鼓励学生在课外开展关于求职面试的系列活动。

⑤ 模拟面试中，招聘者的面试点评、求职者的自我评价、观众的感受也要组织好，教师在这个过程要加以引导，对求职者在面试过程中的各个细节加以深入剖析，如求职者的面试礼仪、神情、微笑、语言表达、沟通、现场应对、心理素质等，既要给予鼓励，又要指出问题。于老师而言，模拟面试的过程也是一个最全面的细节讲解过程。

⑥ 教师还要组织每组的主考官，准备现场抽签的材料：应聘单位、10个问题的设计。

⑦ 有条件的建议现场进行摄像录制，以便得到更多的信息。

第六章 就业权益的保障

在中国的就业市场上，90%以上的招聘信息均含有歧视性条款，包括年龄歧视、性别歧视、学历歧视、户籍歧视、地域歧视乃至身体歧视，等等。凡此种种都是对大学生就业权益的公然侵犯和蔑视。

——中国人民大学劳动人事学院副院长 郑功成

本章内容主要介绍大学生就业过程中涉及的法律制度、法律权益、权益保护、就业侵害预防以及劳动争议解决等方面的内容。通过教学深入解析相关法律问题，提升学生权利意识，并重点培养学生应对毕业过程中法律问题的能力，使其能够顺利就业。

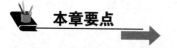

- 就业的相关法律权利
- 就业基本权益的保护
- 就业侵害的预防
- 劳动争议的解决

第一节 大学生就业相关法律概述

某职业学院学生小王到一家民营企业做纺织品检验工作。企业在招聘时给小王的口头承诺是：月薪3 000元，外加年终分红；工作满一年，分房；工作满三年，配车。在如此丰厚的待遇面前，小王就轻率地与该企业签订了工作合同。然而，一个月之后，小王发现上当了。月薪确实是3 000元，但工作中他发现有诸多的"处罚条款"，让他备受压力。例如，迟到一次罚款300元，在食堂吃饭剩饭剩菜罚100元，等等。结果小王一个月实际拿到手的工资只剩1 000元左右。为此，小王向企业提出辞职。企业以工作合同为凭，要求小王交10 000元违约金。小王跟企业理论表示，在招聘的时候企业开出的待遇不是这样的；企业则表示，请出示证据。此时，小王进退两难，很是烦恼。

近年来，大学生在就业过程中遇到的法律纠纷日益增多，维权需求不断增长。大学生在就业过程中，常因缺乏相关的法律知识，在遇到现实法律难题时一筹莫展。为了实现顺利就业，高职生应该更多了解国家就业法律制度和就业基本权益，提升解决就业方面法律问题的实践能力。

一、大学生就业相关法律概述

我国关于大学生就业的法律可以分为实体性法律与程序性法律两大类，分别规定了大学生就业的实体性权利、义务与程序性权利、义务。这些法律法规是对大学生就业权益进行保护的法律基础，主要包括《中华人民共和国宪法》《中华人民共和国劳动法》（以下简称《劳动法》）《中华人民共和国劳动合同法》（以下简称"《劳动法合同法》"）《中华人民共和国高等教育法》（以下简称"《高等教育法》"）《中华人民共和国就业促进法》（以下简称"《就业促进法》"）《中华人民共和国劳动争议调解仲裁法》（以下简称"《劳动争议调解仲裁法》"）以及相关的行政法规、地方法规等。以下重点介绍《劳动法》《劳动合同法》《就业促进法》以及《劳动争议调解仲裁法》的主要内容。

（一）《劳动法》的主要内容

《劳动法》于1994年7月5日由第八届全国人民代表大会常务委员会第八次会议通过，并于1995年1月1日正式实施。该法主要内容包括立法宗旨、调整范围、促进就业、劳动合同和集体合同、工作时间和休息休假、工资、劳动安全卫生、女职工和未成年工特殊保护、职业培训、社会保险和福利、劳动争议、监督检查、法律责任等。

为使《劳动法》在司法实践中更具操作性，劳动部、最高人民法院相继就《劳动法》实践中的一系列问题做出了比较详细的规定。如劳动部发的《违反和解除劳动合同的经济补偿办法》就用人单位克扣、拖欠，违反最低工资标准发放工资以及违法解除劳动合同等问题做出了一系列经济补偿规定；人社部发的《非法用工单位伤亡人员一次性赔偿办法》就非法用人单位在用工过程中造成劳动者人身伤害的赔偿事宜做出了详细规定；最高人民法院《关于审理劳动争议案件适用法律若干问题的解释》（一）、（二）、（三），就相继对司法实践中劳动法的适用问题做了详细规定，如关于"加班费"的问题，相关解释就规定"劳动者主张加班费的，应当就加班事实的存在承担举证责任。但劳动者有证据证明用人单位掌握加班事实存在的证据，用人单位不提供的，由用人单位承担不利后果"等。

（二）《劳动合同法》的主要内容

《劳动合同法》于2007年6月29日第十届全国人民代表大会常务委员会第二十八次会议通过，并于2008年1月1日正式实施。该法主要内容包括立法宗旨、调整范围、用人制度、劳动关系的建立和劳动合同的订立、劳动合同期限和试用期的相关规定、劳动合同的履行和变更、劳动合同的解除和终止、特别规定、监督检查、法律责任等。

《劳动合同法》的出台，使得我国劳资关系进一步得到明确，劳动者的合法权益保障力度也大大加强。《劳动合同法》扩大了《劳动法》的适用范围，使民办非企业职工有法可依；《劳动合同法》规定用人单位违法不签订劳动合同的，须向劳动者支付"双倍工资"；劳动者有权做主是否续订"无固定期限劳动合同"；《劳动合同法》对试用期做了严格规定，试用期期限为1~6个月，最长不得超过6个月，同一个用人单位只能约定一次试用期等；"违约金"只有在培训服务期和竞业限制两种情形中可以约定，且有一定的上限；单位应当依法为劳动者缴纳社保费，否则劳动者可以随时解除劳动合同；劳务派遣员工的劳动合同最短须签2年；非全日制员工的工资不能按月结算，最长结算周期不超过15天；用人单位收取"押金"或者其他财物的，相关部门可以处以最高2 000元的罚款；对于恶意欠薪的将加付应付金额50%~100%的赔偿金。

(三)《就业促进法》的主要内容

《就业促进法》于2007年8月30日第十届全国人民代表大会常务委员会第二十九次会议通过,并于2008年1月1日正式实施。该法主要内容包括立法宗旨、就业指导方针、基本原则以及政府在促进就业中的责任、制度、政策、法律责任等方面的内容。制度方面包括,加强对就业工作组织领导的政府责任制度;加强对劳动者工作的公共就业服务和就业援助制度;加强对市场行为规范的人力资源市场管理制度;加强对人力资源素质提升的职业能力开发制度;失业保险与预防制度。政策方面包括:经济发展政策;财政保证政策;税收优惠政策;金融支持政策;城乡统筹政策;区域统筹政策;群体统筹政策;灵活就业的劳动和社会保险政策;援助困难群体的政策;失业保险政策。

《就业促进法》的出台,使国家加快了职业培训、失业保险、就业援助等制度的建设。如《就业促进法》第15条规定,国家实行有利于促进就业的财政政策,加大资金投入,改善就业环境,扩大就业。县级以上人民政府应当根据就业状况和就业工作目标,在财政预算中安排就业专项资金用于促进就业工作。就业专项资金用于职业介绍、职业培训、公益性岗位、职业技能鉴定、特定就业政策和社会保险等的补贴,小额贷款担保基金和微利项目的小额担保贷款贴息,以及扶持公共就业服务等。就业专项资金的使用管理办法由国务院财政部门和劳动行政部门规定。为职业培训、失业保险等制度提供了物质保障,为公民真正享有就业权利提供了切实保障。

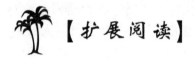

【扩展阅读】

《就业促进法》亮点解读

2007年8月30日,第十届全国人大常委会第二十九次会议表决通过了《中华人民共和国就业促进法》,该法于2008年1月1日起正式实施。该法的实施,对于我国就业领域工作的法制化推进具有重大意义。

首先,《就业促进法》的实施,有利于促进就业政策的法律化,使广大群众充分享有了就业权利。第六次全国人口普查显示,全国劳动力资源人口为92 148万人,比10年前增加了近1亿人。从我国当前的劳动力需求的数量和结构看,我国的就业压力非常大,劳动力供求总量矛盾和劳动力结构性矛盾日益突出,《就业促进法》建立促进就业的长效机制。这次制定《就业促进法》时,把有期限的、在实践中行之有效的政策规范化、制度化、法律化了,建立起了促进就业的长效机制。

其次,《就业促进法》的实施,有利于打击各种就业歧视行为,促进了就业平等。公平就业被作为第三章出现在法律条文中。在就业促进法中对妇女、少数民族、残疾人、传染病病原携带者(如乙肝病毒携带者),以及农村劳动者这些人群的公平就业问题做了有针对性的规定:"国家保障妇女享有与男子平等的劳动权利";"用人单位招用人员时,不得歧视残疾人"等。为了加大保障公平就业力度,《就业促进法》还在法律责任一章中明确规定,劳动者受到就业歧视后,可以向人民法院提起诉讼。

再次,《就业促进法》的实施,有利于促进对困难群体的扶持,充分实现了就业群体间的实质公平。例如,对于"零就业家庭"法律规定,法定劳动年龄内的家庭人员均处于失业状况的城市居民家庭,可以向住所地街道、社区公共就业服务机构申请就业援助。街道社区公共就业服务机构经确认属实的,应当为家庭中至少一人提供适当的就业岗位。

最后,针对人才和劳动力市场中存在的一些非法中介机构提供虚假信息,损害劳动者权益的现象,《就业促进法》对职业中介机构的设立规定了准入门槛。法律规定,设立职业中介机构,应当依法办理行政许可。经许可的职业中介机构,应当向工商行政部门办理登记。未经依法许可和登记的机构,不得从事职业中介活动。

——整理自百度百科、人民网

(四)《劳动争议调解仲裁法》的主要内容

《劳动争议调解仲裁法》于2007年12月29日第十届全国人民代表大会常务委员会第三十一次会议通过,并于2008年5月1日正式实施。该法主要内容包括立法宗旨、调整范围、调解的相关制度、仲裁的相关制度等。它是对我国境内发生的劳动争议进行调解和仲裁的程序性法律依据。

《劳动争议调解仲裁法》第二十二条规定,发生劳动争议的劳动者和用人单位为劳动争议仲裁案件的双方当事人。劳务派遣单位或者用工单位与劳动者发生劳动争议的,劳务派遣单位和用工单位为共同当事人。这一规定使用工单位与劳务派遣单位对劳动者承担了相应的连带责任,给被派遣的劳动者以更好的保护。因此,一部分企业为了规避义务,将职工的劳动关系转为劳务派遣的做法未必能达到其预期的法律效果。

二、大学生就业基本权利与义务

当代大学生在就业过程中遇到的权益被侵害的情况不断增多、内容趋向复杂,对毕业生的侵害日益严重。用人单位的违法行为给毕业生造成了权益上的侵害和精神上的折磨。为此,作为就业主体,大学生应该明确自身权益,并在权益受到侵害的时候通过合法的途径予以保护。

(一)大学生基本就业权利

根据《宪法》《劳动法》《高等教育法》《教育改革和发展纲要》《普通高等学校毕业生就业工作暂行规定》等法律、法规和政策的规定,毕业生就业享有以下权利:

1. 获取信息权

毕业生只有在享有充分就业信息的基础上才能实现最佳就业,法律保障毕业生获取信息的权利。获取信息权包括:信息公开,即就业相关信息必须向全体毕业生公开,不得被隐瞒、截留;信息真实,即用人单位有义务向毕业生和学校提供本单位真实的情况;信息全面,即毕业生获取的信息是完整的、全面的;信息及时,即毕业生获得的信息是及时的、有效的。

2. 接受就业指导权

《高等教育法》规定,学生有权从学校接受就业指导。学校应该成立专门机构,安排专门人员对毕业生进行高校毕业生政策宣传、就业技巧的指导、职业分析与定位,帮助学生就业。

3. 被推荐权

向用人单位推荐毕业生是高校在就业工作中的重要职责,毕业生有权要求学校相关部门做出推荐。被推荐权包括如实推荐,即根据毕业生实际情况进行推荐,不得随意贬低或者拔高毕业生的在校情况;公正推荐,即应该给每一位毕业生一个公平、公正的推荐机会;择优推荐,即在如实、公正的基础上,根据毕业生在校表现进行择优推荐。

4. 平等就业与选择职业权

《劳动法》第十二条规定,劳动者就业,不因民族、种族、性别、宗教信仰不同而受到歧视。毕业生在求职就业过程中如遇性别歧视、户籍歧视、学历歧视、疾病歧视、身高歧视、相貌歧视等情况,应依据法律积极维权。

同时,《就业促进法》第三条也规定,劳动者依法享有平等就业和自主择业的权利。劳动者就业,不因民族、种族、性别、宗教信仰等不同而受歧视。毕业生只要符合国家的就业方针、政策,可以自主地选择用人单位,学校、其他组织和个人均不得干涉。

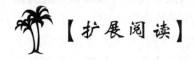【扩展阅读】

全国"相貌歧视第一案"

出生在河南商丘一个普通的家庭的秋子2006年7月毕业于商丘职业技术学院英语专业,并取得教师资格证。2006年12月1日,秋子与上海昂立教育投资管理咨询有限公司分别签订了实习合同与外派合同。根据实习合同的约定,秋子在位于郑州市的华北大区师训部进行为期一个月的实习。12月21日,根据外派合同的约定,秋子接到公司通知,其工作地点为公司的加盟学校——浙江省昂立国际教育嘉善学校。24日,秋子到达学校,当日又接到华北大区师训部负责人的电话通知,要求其当日返回郑州,另有工作安排。秋子于26日返回位于郑州的华北大区师训部,后者以秋子相貌不佳为由,多番推诿,拒不按照合同规定履行劳动合同。2007年2月5日,秋子怀揣录音证据前往上海劳动仲裁部门维权,最终获得法院支持。该案被称为全国"相貌歧视第一案"。

——整理自人民网"案件传真"栏目

5. 劳动保障权

《劳动法》第三条规定,劳动者享有取得劳动报酬的权利、休息休假的权利、获得劳动安全卫生保护的权利、接受职业技能培训的权利、享受社会保险和福利的权利、提请劳动争议处理的权利以及法律规定的其他劳动权利。如遇用人单位违反法律规定,未能给劳动者提供相应保障,毕业生可援引法律要求用人单位履行法定义务。

6. 违约求偿权

无论是毕业生、用人单位、学校签订的三方协议,还是毕业生、用人单位签订的劳动合同,其约定的权利、义务均受法律保障。如遇用人单位违反相关约定,侵犯毕业生相关权利,毕业生均有权要求用人单位承担违约责任,支付违约金,并有权要求用人单位进行补偿。

(二) 大学生基本就业义务

毕业生的就业权利与义务是相互统一的，毕业生在享有就业权利的同时也应承担相应的就业义务。高职学生基本就业义务如下：

1. 如实介绍自己情况的义务

根据《劳动合同法》的相关规定，用人单位一旦发现员工求职过程中，对个人信息描述存在虚假、夸大等欺骗性行为的，可以不做任何赔偿而将其辞退。毕业生只有以诚相见，如实介绍个人的情况，才能树立良好的个人信用，实现更好的职业发展。

2. 诚信履行就业协议的义务

就业协议的内容受我国民事法律的调整，主体双方在履行就业协议的过程中要做到诚实守信，不得无故不履行协议约定的内容。协议一旦签订就不能随意违约，只有当约定、法定的解除条件成立或者出现不可抗力时，毕业生才能单方解除协议，放弃履行协议内容。

3. 恪守职业道德

职业道德，是指与人们的职业活动紧密联系的符合职业特点所要求的道德准则、道德情操与道德品质的总和，它是对人们在职业活动中行为的要求，也是职业群体对社会所负的道德责任和义务。毕业生在走向社会、服务社会的过程中，应该恪守职业群体的道德准则，重视职业道德的养成。

第二节 大学生就业基本权益保护

小黄系某职业学院数控技术专业2015届毕业生，2015年2月，小黄经过面试，成功应聘于某市市区的某网络设备公司。小黄上班3个多月，看着身边跟自己相同岗位的员工一个月拿到3 000多元的工资，自己却只有区区800元的实习工资而已。公司的一位老员工也提醒小黄，应该尽早地签订劳动合同，以免自己的合法权益得不到法律保障。为此，小黄多次与公司交涉，希望能尽早签订劳动合同，成为公司的正式员工。然而，公司始终以其仍在实习期为由，没有与小黄签订就业协议、劳动合同，发给小黄低于其他职工工资标准的实习工资800元。小黄深感不公，却不知该如何寻求帮助。

随着经济社会发展和大学生就业市场化的不断发展，毕业生在实习以及就业过程中经常出现非常复杂的维权情形。面对这些复杂的情形，毕业生往往求告无门，无法科学、合理、有效地维护自身权益。毕业生在就业过程中的权利、义务是通过与用人单位签订就业协议书和劳动合同的形式加以确定的。为此，毕业生也可通过以上两种途径对自身的权益进行合法的保护。

一、大学生就业权益保护的主体

相关行政主管部门、高等学校以及毕业生本人是保护毕业生就业相关权益的责任主体，三者分工合作，构成对毕业生就业权益保护的有机整体。

(一) 相关行政主管部门的保护

毕业生就业主管部门，通过制定相应的规则确定毕业生的权益和处理侵犯毕业生权益的行为这两种方式对毕业生的权益进行保护。毕业生的合法权益受到侵害时，可以及时向当地毕业生就业行政主管部门求助，也可以向有权主管用人单位的行政机关举报，以维护自身的合法权益。

（二）高等学校的保护

对毕业生权益进行合法保护，是高等学校就业工作的重要职责之一，毕业生遇到就业权益受到侵害的时候可以请求学校予以保护。高等学校可以依据就业主管部门的相关规则制定各项具体的措施来规范和指导毕业生就业，对于用人单位在毕业生就业过程中做出的不公平、不公正行为，学校有权予以抵制。

（三）毕业生的自我保护

毕业生是就业权益的享有者，毕业生本人是其就业权益最有力的维护者。毕业生自我保护应该重点提升以下三方面意识：

1. 法律意识

毕业生在就业过程中，应该自觉去了解当前国家关于毕业生就业的政策、法规，熟悉毕业生在就业过程中的权利和义务，形成自身在就业过程中的法律意识、法律思维能力，以预防侵害自身就业权益的情形发生。

2. 自律意识

毕业生在就业过程中，应该自觉遵守相关的就业法律法规、职业道德、工作规则。毕业生在就业过程中不得滥用自身权利，在行使自身权利时应该做到善意、诚信，避免侵犯其他毕业生和用人单位的合法权益。

3. 维权意识

毕业生在就业过程中，会遇到积极或者消极侵害其就业权益的情况。当遇到权益受损的情况时，毕业生应该持起维权这柄利剑，通过合法的途径使其自身权益恢复到完满状态，救济受不法行为侵害的就业权益。

二、大学生就业基本权益保护的途径

（一）签订就业协议

就业协议，是保障毕业生就业权益的重要途径，可以很好地保护毕业生的相关权益。在当前毕业生就业实践中，因为各方对就业协议的认识不同，未签订就业协议、签订就业协议程序错误等原因造成的就业纠纷屡见不鲜，毕业生因就业协议签订的相关问题造成人身权益和财产权益的损失不在少数。为了更好地保护自身权益，毕业生应该明确了解就业协议及其签订的相关知识，做好就业准备。

1. 就业协议书的概述

就业协议书，是明确毕业生、用人单位和学校三方在毕业生就业中的权利和义务的书面形式。就业协议书由国家教育部或各省、市、自治区就业主管部门统一制表。它具有三方面的特点：一是作为毕业生与用人单位达成就业意向，用人单位同意接收毕业生的主要依据；二是毕业生与用人单位签订就业协议后，双方权利义务行为均受法律调整，双方权益均受法律保护；三是就业协议是民事合同，不同于劳动合同，受民事法律保护。

就业协议书在明确毕业生、用人单位和学校三方在毕业生就业中的权利和义务的同时，也是学校、就业管理行政部门进行就业指导、就业计划编制等方面工作的重要依据。就业协议书，是学校为毕业生办理报到、接转行政、档案转出、户籍转移等手续最重要的依据。

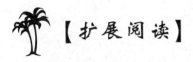
【扩展阅读】

"一张纸"的权利价值

小张同学凭着自己的实力很顺利地通过了面试、体检、政审考核等程序，从众多应聘者中脱颖而出，该单位当即表示同意录用小张，但提出因没有携带公章，需请学生本人和学校先在协议书上签署意见和盖章，然后由他们将协议书带回去再补办有关手续。该校就业指导中心的老师凭着多年的工作经验，提醒小张要考虑周到一些，最好等单位先签字盖章，即把录用手续办完了之后，学校再盖章。但该单位和小张本人都很急迫，无奈，学校就业指导中心的老师还是给他的就业协议书先盖了章。半个月之后，该单位却将小张的就业协议书退回来了，理由是身体条件不合格。小张同学顿时傻眼了，心里非常纳闷，当时体检明明已通过，体检结果都亲自看过了。于是便打电话咨询单位，单位解释说："很抱歉，当时我们忽视了其中一项指标，原以为可以忽略不计，但在报送上级审核时未能通过。"小张无奈，又只好求助校就业指导中心的老师，老师出面打电话调解，可该单位却声称："请学校先盖章，是我们考核的一个内容，我们并没有在学生的协议书上签字盖章，该协议书并未生效，况且我们已及时将就业协议书退还学生本人，我们可以不负责任。"最终，因为找不到任何表示某单位同意录用小张的文字依据，小张同学的那份协议被迫作废，他在懊悔的同时，也暗自庆幸好在某单位退回协议还算及时，否则，不知道要错过多少机会。

——摘自教育部全国高校大学生信息咨询与就业指导中心编著的《大学生就业案例分析》

2. 就业协议书的签订

（1）签订就业协议书的基本原则

主体合法原则。签订就业协议的各方必须具备法定的主体资格。毕业生要取得毕业资格；用人单位要有录用毕业生的主体资格；高校应如实将所掌握的用人单位的信息公布给毕业生。

平等协商原则。签订就业协议的各方在法律地位上是平等的，任何一方不得将自己的意志强加给另一方。协议应该在各方自愿、平等、充分协商达成一致的基础上签订，除协议书规定内容外，各方可以在协议书备注栏中补充确定各方权利义务。

（2）签订就业协议中的注意事项

明确用人单位主体资格。就业协议双方是否具有法律规定的主体资格是协议书生效的前提条件。用人单位只有具备用人的自主权力才能与毕业生签订合法、有效的就业协议。因此，毕业生签约前，务必要明确用人单位的主体资格。

明确协议条款的合法性。毕业生在审查就业协议条款的时候要注意三方面的内容：审查协议的内容是否符合国家相关法律、法规和政策的规定；审查协议的权利、义务与法律责任约定是否合理；审查除协议本身之外是否有补充协议，审查其补充协议的具体内容。

遵循就业协议签订的程序要求。毕业生与用人单位协商一致达成协议，首先由毕业生签名确认并署上协议日期，其次由用人单位及其上级主管部门加盖公章并注明日期，最后交由学校毕业生主管部门办理相关手续。

3. 就业协议书的解除

（1）无效就业协议

无效就业协议，是指因欠缺有效要件或违反协议订立原则而不发生法律效力的协议。无效协议自始无效。

无效协议包括两种情形，即未经学校同意的协议和采取欺骗等违法手段订立的协议。因无效协议产生的法律责任由责任方承担。

（2）就业协议的解除及其法律责任

就业协议书一经签订即具有法律效力，任何一方不得擅自解除，否则违约方应向权利受损方承担相应违约责任。

就业协议解除分为单方解除和合意解除两种形式。单方解除包括单方擅自解除、单方依法解除、单方依协议解除等形式。单方擅自解除，系违约行为，应当承担法律责任。单方依法、依协议解除，是指一方依据法定或者协定的条件而进行的协议解除行为，无须承担法律责任。

合意解除，是指毕业生、用人单位、学校三方经协商一致，解除原订协议，使协议不发生法律效力的行为。此类解除行为符合法律规定，任何一方都无须承担法律责任。

（二）签订劳动合同

用人单位与劳动者一旦形成劳动关系必须签订劳动合同，对双方的权利、义务进行明确约定。毕业生有权要求用人单位与自己签订书面劳动合同。毕业生不与用人单位签订劳动合同的，用人单位可以以书面形式解除与毕业生之间的劳动关系。书面劳动合同是毕业生主张工资报酬、劳动保护、休息休假、工伤赔偿等权益的必要依据。为了更好地保护自身权益，大学生应该充分了解劳动合同的基本知识，并掌握签订、履行、解除劳动合同的基本原则。

1. 劳动合同的概念、类型

劳动合同，是劳动者与用人单位之间确立劳动关系，明确双方权利和义务的书面协议。它是用人单位与劳动者履行劳动权利义务的依据。劳动合同分为固定期限劳动合同、无固定期限劳动合同和以完成一定工作任务为期限的劳动合同三种类型。

固定期限劳动合同，是指用人单位与劳动者约定合同终止时间的劳动合同。双方约定的劳动合同期满，双方无续订劳动合同的意思表示，劳动合同即告终止。如果双方有续订劳动合同的意思表示，可以续订。

无固定期限劳动合同，是指用人单位与劳动者预定无确定终止时间的劳动合同。在不出现法律、法规规定的或者当事人约定的变更、解除劳动合同的条件或者法定终止情形时，无固定期限劳动合同可持续至劳动者法定退休年龄为止。

以完成一定工作任务为期限的劳动合同，是指用人单位与劳动者约定以某项工作任务的完成时间为合同期限的劳动合同。当该项工作完成后，劳动合同即告终止。

2. 劳动合同的订立

（1）劳动合同应当以书面形式订立

根据《劳动合同法》第十条规定，建立劳动关系，应该订立书面劳动合同。签订书面劳动合同是《劳动合同法》规定的用人单位应履行的强制性义务。如果不签订书面劳动合同，用人单位将承担相应法律责任。劳动合同的书面形式除劳动合同书外，还包括专项劳动协议、用人单位依法制定的劳动规章制度等劳动合同书的附件。《劳动合同法》规定，用人单位自用工之日起超过1个月不满1年未与劳动者订立书面劳动合同的，应当向劳动者每月支付2倍的工资。该项双倍工资的赔偿请求权受劳动仲裁一年时效的限制，从劳动者知道或应当知道权利被侵害时起算。

（2）劳动合同订立的基本原则

劳动合同订立和变更应当遵循合法，公平，平等自愿、协商一致，诚实信用的原则。

合法原则，即劳动合同必须依法订立，不得违反法律、行政法规的规定，不得违反国家强制性、禁止性的规定。合法原则要求，劳动合同要做到主体合法、内容合法、程序和形式合法。

公平原则，即订立、履行、变更、解除或者终止劳动合同时，应公平合理，利益均衡，不得使某一方的利益过于失衡。劳动合同法加强保护劳动者的利益，消除双方当事人事实上的不平等，使劳动者与用人单位的利益均衡，以实现结果公平。

平等自愿、协商一致原则。平等，是指在订立劳动合同过程中，双方的法律地位平等，有双向选择权，任何一方不得凭借事实上的优势地位强迫对方接受不合理、不公平、不合法的条款；自愿，是指在订立劳动合同过程中，双方的意思自治，任何一方不得将自己的意志强加于对方，也不允许第三方非法干扰；协商一致，是指经过双方当事人充分协商，达成一致意见，签订劳动合同。

诚实信用原则，即劳动合同的双方当事人订立、履行、变更、解除或终止劳动合同过程中，应当讲究信用，诚实不欺，在追求自身合法利益的同时，以善意的方式履行义务，不损害他人的利益。

（3）劳动合同的基本内容

劳动合同条款，可分为必备条款和可备条款。必备条款，是法律规定劳动合同必须具备的条款，它是劳动合同生效必须具备的条款。可备条款，是劳动合同的约定条款，是指除必备条款外劳动合同当事人可以协商约定或者不约定的条款。

根据《劳动合同法》第十七条规定，劳动合同应当具备以下条款：用人单位的名称、住所和法定代表人或者主要负责人；劳动者的姓名、住址和居民身份证件号码；劳动合同期限；工作内容和工作地点；工作时间和休息休假；劳动报酬；社会保险；劳动保护、劳动条件和职业危害防护；法律、法规规定应当纳入劳动合同的其他事项。

劳动合同除应当约定必备条款外，用人单位与劳动者还可以约定试用期、培训、保守商业秘密、竞业限制、服务期限、违约金等条款。

3. 劳动合同的终止、变更和解除

（1）劳动合同的终止

劳动合同的终止，是指符合法律规定情形时，双方当事人的权利义务不复存在，劳动合同的效力即行消灭。劳动合同只有法定终止，没有约定终止。根据《劳动合同法》第四十四条规定，下列情形出现时，劳动合同终止：劳动合同期满；劳动者开始依法享受基本养老保险待遇；劳动者死亡、被人民法院宣告死亡或者宣告失踪的；用人单位被依法宣告破产的；用人单位被吊销营业执照，责令关闭、撤销或用人单位决定提前解散的；法律、行政法规规定的其他情形。

同时，根据《劳动合同法》第四十二条规定，有下列情形的，劳动合同到期也不得终止，应延迟至相应情形消失时终止：从事接触职业病危害作业的劳动者未进行离岗前职业健康检查，或者疑似职业病病人在诊断或者医学观察期间的；患病或者非因工负伤，在规定的医疗期内的；女职工在孕期、产期、哺乳期的；在本单位连续工作满 15 年，且距法定退休年龄不足 5 年的；法律、行政法规规定的其他情形。

（2）劳动合同的变更

劳动合同的变更，是指当事人双方对尚未履行或尚未完全履行的劳动合同，依照法律规定的条件和程序，进行修改或增删的法律行为。当订立劳动合同的主客观情况发生变化时，用人单位和劳动者可以在平等自愿、协商一致的基础上变更劳动合同的内容。变更劳动合同，应当采用书面形式。

（3）劳动合同的解除

劳动合同的解除，是指劳动合同当事人在劳动合同期限届满之前依法提前终止劳动合同关系的法律行为。劳动合同解除可以分为合意解除、用人单位单方解除、劳动者单方解除三种情况。

合意解除，是指用人单位与劳动者协商一致，解除劳动合同。如果是由用人单位提出解除动议的，用人单位应向劳动者支付解除劳动合同的经济补偿金。

用人单位单方解除劳动合同，是指在具备法律规定的条件时，用人单位享有单方解除权，无须双方协商达成一致意见。用人单位解除劳动合同的法定条件，具体参见《劳动合同法》第三十九、四十、四十一、四十二条规定。

劳动者单方解除劳动合同，是指在具备法律规定的条件时，劳动者享有单方解除权，无须双方协商达成一致意见，也无须征得用人单位的同意。劳动者单方解除劳动合同的情形包括预告解除、用人单位违法解除两种，具体参见《劳动合同法》第三十七、三十八条规定。

4. 违反劳动合同的法律责任

违反劳动合同的法律责任，是指劳动者或者用人单位不履行或者不完全履行劳动合同时所应承担的法律上的责任。违反劳动合同的法律责任，主要是过错责任。当事人只有在存在过错的情况下才承担法律责任。

从责任形式上看，违反劳动合同的法律责任主要包括民事责任、行政责任和刑事责任。民事责任的承担形式主要是继续履行合同和赔偿损失；行政责任的承担形式主要是行政处罚；刑事责任主要是刑罚制裁。

（三）就业协议与劳动合同的区别

就业协议是毕业生、用人单位和学校三方签订的协议书，表明的是就业和录用的主要意向。劳动合同是劳动者和用人单位相互间权利、义务的约定，受《劳动合同法》的调整。就业协议一般在毕业生派遣报到前签订，可以认为是劳动合同的预约合同。两者的区别主要体现在以下几个方面：

1. 主体不同

就业协议的主体有三方，即毕业生、用人单位、学校。毕业生和用人单位通过人才市场，进行双向自主选择，在协商一致的基础上经学校审核达成协议。劳动合同的主体是双方的，劳动者和用人单位在平等、自愿、协商一致的基础上达成劳动合同，用人单位和劳动者存在着管理与被管理的关系。

2. 内容不同

就业协议中，毕业生的义务是如实向用人单位介绍自己的情况，按时到用人单位报到；用人单位的义务是如实向毕业生介绍自己的情况，负责办理接收毕业生的有关手续；学校的义务是负责完成派遣工作。就业协议是三方当事人关于毕业生就业意向的协议。劳动合同是劳动者与用人单位之间为确立劳动关系，明确双方在劳动关系中的权利、义务的合同。

3. 适用法律不同

到目前为止，我国还没有出台专门解决因就业协议发生争议的法律法规。当事人因就业协议发生争议的，主要适用部门规章，其效力有一定的局限性。因劳动合同发生争议的，可以适用《劳动法》《劳动合同法》以及相关的法规、部门规章进行处理。

4. 处理机构不同

发生就业协议争议，一般情况下先由毕业生和用人单位进行协商，协商不成的，则报送毕业生所属的学校主管部门，由学校主管部门审查后，报上级主管部门批准，进行相应处理。发生劳动合同争议，一般情况下先由劳动者和用人单位进行协商，协商不成的，可以申请劳动争议仲裁机构处理，处理不成功的，可以进一步起诉到法院，由法院做出最终裁判。

第三节　大学生就业侵害预防

2015年1月大学毕业后待业在家的小赵，找到某公司内勤工作。签订劳动合同时，公司提出见习期一年，见习期的工资是正式录用的工资的70%，见习期满后方可享受正式录用的工资待遇。小赵深感不平，然而鉴于严峻的就业形势，小赵只好答应，并与该公司签订了劳动合同。2015年12月1日，小赵收到公司将与其解除劳动合同的书面通知，理由是"劳动合同订立时所依据的客观情况发生重大变化，致使劳动合同无法履行"。并据《劳动合同法》第四十条的规定，提前30日以书面形式通知小赵，将于2016年2月解除合同。后经人指点，小赵才发现这是这家公司惯用的伎俩，目的就在于通过利用"见习期"与"试用期"之间的法律漏洞，以较小的代价骗取劳动者的劳动。

随着毕业生自主就业政策的不断深入，就业市场发展不断健全，人才市场化流动日趋成熟。就业市场中出现的就业"陷阱"更加复杂、隐蔽，对劳动者的危害进一步增加。同时，随着高校招生规模的不断扩大，就业市场中高学历应聘者之间的竞争日渐白热化，大学生就业压力不断增大。为此，强化高校毕业生就业法律意识，提高其防范就业侵害的能力就显得更为紧要。高校毕业生在就业过程中尤其要关注面试、试用期以及合同签订阶段可能出现的就业侵害，做到防患于未然。

一、求职、面试阶段的就业侵害及其预防

（一）求职、面试阶段的就业侵害

面试阶段的就业侵害，是用人单位在劳动者应聘、面试过程中非以招聘为目的，而侵害劳动者个人信息、财物、智力成果，以及利用劳动者进行非法活动的侵害性活动。这类活动充分利用就业市场的严峻形势和毕业生求职、就业的急躁心态，侵害了毕业生人身、财产权益。由于载体不同，该阶段的就业侵害可以分为传统媒介的就业侵害和信息网络媒介的就业侵害。

1. 传统媒介的就业侵害

传统媒介的就业侵害，是指劳动者在传统就业招聘途径中遭受到的就业侵害。它有几种典型的表现形式：以面试招聘之名骗取各种费用、以面试招聘为名骗取个人信息；以面试考核之名骗取劳动成果、以面试招聘之名实施犯罪活动、以面试招聘之名诱骗毕业生进行非法传销。

（1）侵犯求职者隐私权的行为

用人单位和毕业生为了积累人才选拔和岗位挑选的数量，往往要求毕业生留下基本信息，乃至身份证复印件等资料。毕业生为求一次面试的机会，也会不加提防地将用人单位索要的信息毫无保留地提供给对方。这本是提高双向选择效率的有效方式，然而部分不法的用人单位以招聘之名骗取毕业生的信息并非法转卖，利用这些私人信息盈利，对毕业生及其家庭造成极大侵害。为此，毕业生在给用人单位提供信息的时候，要提高保护个人、家庭隐私的意识，防止掉入不法分子的圈套。

（2）侵犯求职者知识产权的行为

随着就业市场的竞争压力不断增大，用人单位对应聘者的要求也日渐提高。应聘者在入职前往往要经过专业技能、职业精神等方面的层层考核、筛选，才能得到梦寐以求的工作。然而，也有用人单位借招聘考核之名，让应聘者完成各种方案、项目，并以此为考核的基本要求。等应聘者将自己的劳动成果交付之后，用人单位却以各种理由拒绝聘用应聘人员，以套取应聘者的劳动成果。

（3）侵犯求职者人身、财产权的行为

不法分子利用手机短信、招聘广告等方式发布"待遇优厚、工作环境优美"的招聘信息，以诱骗应聘者，当应聘者受骗之后，便利用各种条件对应聘者进行诈骗、抢劫等犯罪活动。高校毕业生要谨慎分析处理各种就业信息，对于通过非正常渠道获取的就业信息要高度警惕。

处于野蛮生长阶段的互联网金融，使得部分大学生深陷各种"套路贷"的泥潭。在求职、面试阶段，大学生应避免自己陷入"培训贷""美容贷"等圈套中。所谓"培训贷"，就是企业与金融平台合作，由欲求职的大学生以个人名义向该平台贷款作为其入职前的"培训费"，而该款项直接打入企业账户的一种信贷模式。经营这类业务的金融平台往往以放宽贷款资质为诱饵，在看似合理的利息外附加"服务费""担保费"等高额费用。这样，部分大学生还没找到工作就背负了大额的贷款。

（4）诱骗求职者从事非法传销的行为

非法传销，是指组织者或者经营者通过发展下线人员，要求被发展人员继续发展其他人

员加入，对发展的人员以直接或间接滚动发展人员的数量为依据，计算和给付报酬。非法传销往往以同学、亲戚、老乡等关系为幌子，以"代理""专卖""联盟"为主要形式，以高回报为诱饵，骗取高校毕业生进行非法传销活动。高校毕业生一旦被骗上当，即被要求交纳一定数额的费用购买传销产品，进行非法的传销活动。高校毕业生在面对优厚的工作待遇、熟络的人际关系时要保持清醒，时刻警惕自己掉入非法传销的陷阱当中去。

2. 网络媒介的就业侵害

网络媒介的就业侵害，是指不法分子利用互联网络虚构优越的招聘信息，诱骗应聘者应聘，并运用各种手段侵害应聘者人身、财产安全的活动。

网络求职在给求职者带来便利的同时，也给一些不法分子提供了可乘之机。案例中的受害者，由于缺乏社会经验和自我保护意识，被不法分子骗取了钱物。高校毕业生，作为应用网络求职最活跃的一个群体，应该提高自我保护意识，防止被侵害。高校毕业生在利用网络进行求职的过程中，要通过正规的招聘网站获取招聘信息，还要通过工商等级查询等方式核实用人单位的相关信息，并且切记不可将个人的信用卡、银行卡等信息透露给对方。

（二）面试阶段就业侵害的预防

面试阶段，是大学生走出校园后与社会的第一次亲密接触。迫于严峻的就业形势，囿于陌生的社会规则，曾经的天之骄子在此时变得迷茫、自卑，无法以一种正确的心态去面对用人单位的种种面试要求，甚至出现了"权利失声"的现象。在面试阶段，大学生应从以下几方面入手保护自身权益：

第一，做好面试准备，以不卑不亢的心态面对用人单位的面试考核，理性分析用人单位的各种要求，做出符合自身利益的选择。

第二，树立权利保护意识，在积极寻找工作机会的过程中注意保护个人的人身和财产权利，切忌轻易将个人的私密信息和智力成果提供给他人。

第三，学习人身财产安全防护知识，学会科学利用网络等就业工具，学会正确分辨就业信息陷阱，防止掉入犯罪分子的就业圈套。

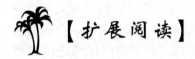

【扩展阅读】

达内教育设培训贷"迷魂阵"：学员陷就业难、退款难、维权难

"先就业后付款""名企内部推荐就业""挑战20万年薪"……当培训机构推销人员向求职者密集抛出这些"诱人"的关键词时，很多想通过培训获得一份理想工作的求职者不知不觉就陷入了一场精心布局的"迷魂阵"中。

"他们都是花言巧语。"一位遭遇了培训贷的学员温凯（化名）告诉澎湃新闻。感觉"吃了哑巴亏"的他在艰难地完成了四个月的培训课程之后，面试了数家公司却屡次被拒，温凯这才意识到"根本不像他们说的那样好就业"。

工作没有找到，温凯却因为培训费贷款已背负了上万元债务。抱着"宁愿死也不会再去麻烦家里"的想法，温凯为了还贷只好只身远赴深圳打工，钱花光了，居无定所，举目无亲，吃饭和洗澡成了他最大的难题，每日数个催款电话更是让他陷入了更深的绝望和噩梦。

　　培训贷是继校园贷之后，又一款针对年轻人的网络贷款，而与校园贷不同的是，培训贷依托在培训机构的外衣下，隐藏了更多的套路。温凯就是通过其所接受培训的达内教育办理了如今成为噩梦的培训贷的。

　　在达内教育众多眼花缭乱的营销手段中，正中学员靶心的就是所谓的"内部推荐就业"。

　　这些培训机构的目标人群大多是有职业技能培训意向的应届生或是刚踏上工作岗位的年轻人。这部分人群经济实力有限，却容易被推销人员所谋划的"美好前景"迷惑，丧失判断能力，许多人在不清楚还款条件的情况下就被办下了培训贷款。

　　等他们从"迷魂阵"中清醒过来，才发现自己早已陷入了就业难、退款难、维权难的窘境。

　　——摘录自澎湃新闻报道《达内教育设培训贷"迷魂阵"：学员陷就业难、退款难、维权难》

二、试用期阶段的就业侵害及其预防

（一）试用期阶段的就业侵害

　　试用期阶段的就业侵害，主要是指滥用试用期间的法律规定，侵害劳动者的合法权益。它的表现形式包括试用却不录用、试用期不签订劳动合同、任意延长试用期、试用期违法收取担保金等。试用期，是劳动合同法规定的，劳动关系双方当事人进行相互熟悉、相互了解的时间，它理应纳入劳动合同的期限内。试用期应当签订劳动合同，并在劳动合同中由双方协商确定试用期的期限。同时，根据我国《劳动法》及相关法律规定，禁止用人单位以任何形式、理由扣留劳动者身份证件或者收取抵押金。高校毕业生应当明确，试用是劳动合同约定期限的一部分，试用期劳动者的合法权益受法律保护。

　　根据我国《劳动合同法》第十九条、第二十条的规定，劳动合同期限三个月以上不满一年的，试用期不得超过一个月；劳动合同期限一年以上不满三年的，试用期不得超过两个月；三年以上固定期限和无固定期限的劳动合同，试用期不得超过六个月。同一用人单位与同一劳动者只能约定一次试用期。以完成一定工作任务为期限的劳动合同或者劳动合同期限不满三个月的，不得约定试用期。试用期包含在劳动合同期限内。劳动合同仅约定试用期的，试用期不成立，该期限为劳动合同期限。劳动者在试用期的工资不得低于本单位相同岗位最低档工资或者劳动合同约定工资的百分之八十，并不得低于用人单位所在地的最低工资标准。

（二）试用期阶段就业侵害的预防

　　试用期阶段是就业侵害高发阶段，一些用人单位往往利用劳动者对工作的渴求和对法律关于试用期规定的误解骗取劳动者的廉价劳动甚至财物。为此，高校毕业生应该从以下几方面入手，预防自身权益被不法行为侵害：

　　第一，要明确试用期的相关法律规定，竭力促成劳动合同的签订，保障自身合法权益。

　　第二，辨别招聘信息的真实性，对于带有"试用期无工资，转正后待遇从优""交纳保证金、风险抵押金""扣留身份证件"及"培训贷"等内容的招聘信息要高度警惕。

　　第三，发生权益被侵害的情况时，要积极面对，主动寻求法律途径予以解决。

三、实习阶段的"工伤"侵害及其预防

(一)实习阶段的"工伤"侵害

1. 实习阶段毕业生的身份认定

本教材讨论的实习阶段,是指毕业生在正式毕业之前,因学习、就业需要,参与用人单位生产实践,直至领取毕业证书止期间的统称。在实习阶段,大学生与用人单位的具体法律关系因具体情况不同而不同,大致可以分为两类,即劳动关系和雇佣关系。

当毕业生与用人单位签订书面劳动合同,对双方的权利义务进行明确约定时,根据《劳动合同法》规定,双方之间的关系应认定为劳动关系。此时,毕业生应当同时具备劳动者与学生的身份,且两种身份互不冲突,毕业生可以充分享有劳动者应有的权利和义务。

当毕业生未与用人单位签订书面劳动合同时,根据《浙江省高级人民法院关于审理劳动争议案件若干问题的意见(试行)》第六条的规定,双方之间的关系应认定为雇佣关系。此时,毕业生具有雇员身份,享有作为雇员应有的权利和义务。

2. 实习阶段毕业生"工伤"的认定及处理

实习阶段,毕业生因为工作原因发生人身伤害事故的,应根据大学生的身份及伤害事故具体情况,对伤害事故及其责任进行认定。如果双方存在劳动关系的,那么可以根据《工伤保险条例》认定为工伤,并依据其进行工伤赔付。如果双方存在雇佣关系的,根据《最高人民法院关于审理人身损害赔偿案件适用法律若干问题的解释》第十一条规定,用人单位应当承担人身损害赔偿责任。

(二)实习阶段就业侵害的预防

实习阶段,毕业生应当注重自身权益的保护,注意保存可以证明与用人单位存在实际用工关系的证明材料,如工资卡、工作证、考勤记录,等等。毕业生主动与用人单位签订劳动合同,不能签订劳动合同的也要尽力签订实习协议。在签订实习协议的时候可以对以下事项进行重点约定:

第一,实习期内实习时间的约定。实习生可约定每日不超过8小时,如确因特殊情况超过8小时的,实习生有权向实习单位要求参照加班工资的计算方式向实习生支付报酬。

第二,实习过程中实习生发生伤亡的处理。从实习生权益保护角度出发,可以由学校或者实习生本人,与实习单位约定处理发生伤亡事故的办法,由实习单位比照工伤保险待遇的标准支付伤亡待遇,以避免法律依据缺失导致实习生权益受损。

第三,还可以约定实习生在实习期知识产权归属、实习补助等问题,以及发生一些简单纠纷的处理方式,包括协商及诉讼等处理方式。

四、协议、合同签订阶段的就业侵害及其预防

(一)协议、合同签订阶段的就业侵害

协议、合同签订阶段的就业侵害,是指用人单位在与劳动者签订协议、劳动合同的时候,利用劳动者对相关法律认识的盲点,设计劳动合同的内容,通过侵害劳动者的相应权益使其自身获取更多的利益。劳动合同订立阶段的侵害形式主要包括口头协议、措辞模糊、格

式条款、免责条款等。

用人单位与劳动者订立劳动合同，应当遵循平等自愿、协商一致的原则确定劳动合同的内容。但是，实践中用人单位往往处于优势地位，劳动者在没有充分表达自己意思、尚未弄清格式合同的内容时，便草草签订劳动合同。而用人单位在制定合同范本的时候，只关注自身利益，违法规定一些"霸王条款"，侵害劳动者合法权益。根据《劳动合同法》第二十六条规定，这些"霸王条款"是无效的，劳动者可以请求劳动争议仲裁机构或人民法院确认其为无效。

在特定的危险岗位上，用人单位为逃避法律责任，经常在签订劳动合同时，强求应聘者接受合同中违反法律规定的免责条款，以期在发生伤亡事故时以最小的代价处理相关问题。根据《劳动合同法》第二十六条的规定，类似案例中的免责条款是无效的，劳动者一旦与用人单位发生类似纠纷，可以诉诸法律，求得法律救济。

用人单位在与劳动者订立劳动合同时，应该充分保障劳动者休息休假的权利。根据《劳动法》第三十六条至第四十三条规定，劳动者每日工作时间不超过八小时，平均周工作时间不抽过四十四小时；用人单位应当保证劳动者每周至少休息一日，并保证劳动者在法律、法规规定的节假日进行休息；用人单位应当保障劳动者的身体健康，严格控制加班时间。根据《劳动法》第四十四条规定，用人单位安排劳动者加班的，应当支付加班工作；安排劳动者延长工作时间的，支付不低于工资的百分之一百五十的工资报酬；休息日安排劳动者工作又不能安排补休的，支付不低于工资的百分之二百的工资报酬；法定休假日安排劳动者工作的，支付不低于工资的百分之三百的工资报酬。根据《劳动法》第四十五条规定，劳动者连续工作一年以上的，享受带薪年休假。

（二）协议、合同签订阶段就业侵害的预防

协议、合同签订阶段就业侵害，主要体现在口头合同、单方合同、格式合同、生死合同、卖身合同以及"双皮合同"等违法合同及条款的签订上。高校毕业生在签订劳动合同的过程中，应该从保护自身利益、避免发生劳动争议的角度出发，仔细审核劳动合同内容，审慎签订劳动合同。为此，高校毕业生应该从以下几方面入手，签订一份能够保障自身权益的劳动合同。

第一，要查明用人单位信息，确保用人单位具有相应的用人资格。当无法确认用人单位是否适格的时候，可以查询用人单位工商登记等情况予以佐证。

第二，签订合同时约定内容一定要清楚明确，用词切忌模棱两可。对于工资、福利待遇、劳动保障等内容一定要做到定性、定量，防止有歧义的表述出现。

第三，仔细审核合同样本中的统一性约定。发现不适合自己的条款要及时提出，协商变更相应的内容。

第四，认真审阅劳动合同中的每一个条款以及附件的条款，发现"霸王条款""免责条款""违约金条款"时要仔细斟酌。要确认这些条款的合法性，以及自身的接受程度，不可委曲求全，囿于就业压力而盲目牺牲个人合法权益。

第五，及时签订书面劳动合同。签订的书面劳动合同应该是唯一确定的，不可迫于压力与用人单位签订多份内容不同的劳动合同。

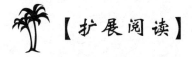
【扩展阅读】

细节决定权利

小张经过应聘面试，获得某公司销售员的岗位。进公司后，小张发现，面试时单位许诺的月工资3 000元以上，与自己理解的完全不是同一个概念。因为公司销售人员工资其实是实行上不封顶下不保底，销售人员的工资与销售额直接挂钩，很少有人能拿到3 000元的月工资。同时，面试时谈到的住房，其实是一间设备简陋的8人宿舍。

小张找到人事经理要求给说法，经理不慌不忙地说："那只是口头说说的，合同里并没有写明啊。再说，销售行业的工资都是这样的标准，公司这样也是为了鼓励员工多劳多得。住房问题，我们是给你提供住宿了，只是条件不是那么理想。"

小张见理论未果，就找到了当时签订的劳动合同，结果发现合同表述非常含糊，"工资待遇高""住房由公司提供"等措辞比比皆是。看完劳动合同后，小张只得作罢。

——整理自张丽艳、赵彦生主编《高职学生职业生涯设计与就业指南》

第四节　高职学生劳动争议解决

小张是某职业学院2014届毕业生，2014年4月份，小张与某汽修厂达成了就业意向，2014年5月小张与该汽修厂签订了就业协议，顺利实现就业。在汽修厂工作期间，小张充分运用所学知识，业务不断得到发展，得到了厂领导和老员工的一致好评。随后，小张顺利完成毕业答辩，并于6月28日拿到了毕业证书，此时，小张完成了从校园到社会的完美转型。2014年10月，小张在一次与大学同学的交流中得知同班的另一位同学因为社会保险问题正与用人单位对簿公堂。事后，小张到当地的社会保险服务网查询自己的社保信息，结果却让小张大吃一惊，他发现自己并没有社会保险缴纳的记录。小张找到厂领导了解情况，厂领导答复小张说，厂里只为正式员工办理社会保险，像小张这样的情况单位是不会给办理的。此后，小张多次找到厂领导协商，厂领导都以各种理由推诿。2016年2月，小张在朋友的帮助下，找到了劳动争议仲裁机构，要求确认双方劳动关系，并要求用人单位补办相应社会保险手续。劳动争议仲裁机构经审理后认为，双方事实劳动关系成立，应签订书面劳动合同，并为小张补办自用工之日起的社会保险手续。

在劳动过程中经常存在着由于双方对劳动权利义务存在不同认识而产生的劳动纠纷。随着劳动合同自治原则的不断深入，劳动合同当事人对合同内容的约定更趋宽泛，因此纠纷的范围、处理程序也表现得更加复杂。高校毕业生由于其主体和参与劳动时间的特殊性，使其可能涉及的劳动争议关系更为复杂。高校毕业生要格外关注就业协议的法律效力、毕业实习期的劳动主体资格等问题。

一、劳动争议概述

（一）劳动争议的概念和分类

劳动争议，又称劳动纠纷，是指劳动关系双方当事人因执行劳动法律、法规或者履行劳动合同、集体合同而发生的纠纷。劳动争议双方当事人是建立起劳动关系的用人单位与劳动者；劳动争议以劳动权利、义务的纠纷为内容；劳动争议可以表现为对抗性矛盾，也可能表现为非对抗性矛盾。

劳动争议按照不同的标准，可以划分为以下几种类型：

① 按照当事人的国籍不同，可以分为国内劳动争议与涉外劳动争议。国内劳动争议，是指中国的用人单位与具有中国国籍的劳动者之间发生的劳动争议；涉外劳动争议，是指具有涉外因素的劳动争议，包括中国在国（境）外设立的机构与中国派往该机构工作的人员之间发生的劳动争议、外商投资企业的用人单位与劳动者之间发生的劳动争议。

② 按照劳动争议的内容可分为：因确认劳动关系发生的争议；因订立、变更、解除和终止劳动合同发生的争议；因除名、辞退和辞职、离职发生的争议；因工作时间、休息休假、社会保险、福利、培训以及劳动保护发生的争议；因劳动报酬、工伤医疗费、经济补偿或者赔偿金等发生的争议；法律法规规定的其他劳动争议。上述劳动争议属于《中华人民共和国劳动争议调解仲裁法》的调整范围。

③ 按照劳动争议当事人人数多少的不同，可分为个人劳动争议和集体劳动争议。个人劳动争议，是指劳动者个人与用人单位发生的劳动争议；集体劳动争议，是指劳动者一方当事人在3人以上，有共同理由的劳动争议。发生劳动争议的劳动者一方在10人以上，并有共同请求的，可以推举代表参加调解、仲裁或者诉讼活动。

根据《中华人民共和国劳动争议调解仲裁法》第五十四条规定，下列纠纷不属于劳动争议：劳动者请求社会保险经办机构发放社会保险金的纠纷；劳动者与用人单位因住房制度改革产生的公有住房转让纠纷；劳动者对劳动能力鉴定委员会的伤残等级鉴定结论或者对职业病诊断鉴定委员会的职业病诊断鉴定结论的异议纠纷；家庭或者个人与家政服务人员之间的纠纷；个体工匠与帮工、学徒之间的纠纷；农村承包经营户与受雇人之间的纠纷。

（二）劳动争议的处理机构

1. 劳动争议调解机构

劳动争议调解委员会，是依法成立的调解本单位发生的劳动争议的群众性组织。我国的劳动争议调解委员会主要有企业劳动争议调解委员会，依法设立的基层人民调解组织，在乡镇、街道设立的具有劳动争议调解职能的组织。企业劳动争议调解委员会由职工代表和企业代表组成。职工代表由工会成员担任或者由全体职工推举产生，企业代表由企业负责人指定。企业劳动争议调解委员会主任由工会成员或者双方推举的人员担任。

2. 劳动争议仲裁机构

劳动争议仲裁委员会，是国家授权、依法独立地对劳动争议案件进行仲裁的专门机构。劳动者争议仲裁委员会不按行政区划层层设立。劳动者争议仲裁委员会由劳动行政部门代表、工会代表和企业方面代表组成。劳动争议仲裁委员会组成人员应当是单数。

劳动争议由劳动合同履行地或者用人单位所在地的劳动争议仲裁委员会管辖，劳动合同履行地的劳动争议仲裁委员会具有优先管辖权。

劳动争议仲裁委员会仲裁劳动争议，实行仲裁庭仲裁制度。仲裁庭仲裁实行少数服从多数的原则。劳动争议仲裁不收费，劳动争议仲裁委员会的经费由财政予以保障。

3. 人民法院

人民法院是审理劳动争议案件的司法机构，由各级人民法院的民事审判庭审理劳动争议案件。人民法院受案范围是《劳动法》第二条规定的劳动争议，当事人不服劳动争议仲裁委员会做出的裁决，依法向人民法院起诉的，人民法院应当受理。

二、劳动争议处理的基本原则

劳动争议处理的基本原则，是指劳动争议调解、仲裁，司法机构在处理劳动争议时应当遵守的处理准则。我国处理劳动争议的基本原则包括依法处理原则，着重调解、及时处理原则，法律适用平等原则。

1. 依法处理原则

依法处理，是指劳动争议处理机构和劳动争议当事人，必须在查明事实的基础上依法协商、依法解决劳动争议。处理劳动争议，要依据法律规定的程序要求和权利、义务要求去解决争议，同时遵循法律的效力层级依法处理。

2. 着重调解、及时处理原则

着重调解，是指在处理劳动争议时，要重视运用调解的方式。它是处理劳动争议的必经程序。着重调解，要在当事人自愿调解的基础上，依法、及时地进行。当遇到当事人不愿调解或者调解不成的情况时，要及时做出裁决，以保障当事人的利益。

及时处理，劳动争议的处理应当遵循调解、仲裁、诉讼的程序要求，尽快进行相应程序的处理，保障劳动争议当事人切身利益。

3. 法律适用平等原则

劳动争议当事人在其劳动关系中存在着隶属关系，但是双方的法律地位是平等的。在适用法律处理劳动争议的时候，不能因人而异，要严格遵循法律面前人人平等的原则适用法律，处理争议的权利义务关系。

三、劳动争议处理的基本程序

根据《中华人民共和国劳动争议调解仲裁法》第四条、第五条的规定，发生劳动争议，劳动者可以与用人单位协商，也可以请工会或者第三方共同与用人单位协商，达成和解协议。发生劳动争议，当事人不愿意协商、协商不成或者达成和解协议后不履行的，可以向调解组织申请调解；不愿调解、调解不成或者达成调解协议后不履行的，可以向劳动争议仲裁委员会申请仲裁；对仲裁裁决不服的，除本法另有规定外，可以向人民法院提起诉讼。

（一）协商

发生劳动争议后，当事人应当协商解决，协商一致后，双方可以达成和解协议，当事人可以自觉履行和解协议，但和解协议没有必须履行的法律效力。协商不是处理劳动争议的必经程序。

（二）调解

发生劳动争议，当事人不愿协商、协商不成或者达成和解协议后不履行的，可以向调解组织申请调解。调解委员会调解劳动争议，应当自当事人申请调解之日起 15 日内结束，到期不能结束的，视为调解不成，当事人可以向当地劳动争议仲裁委员会申请仲裁。

调解达成协议的，制作调解协议书，调解协议书一经生效具有法律效力。当事人在协议约定期限内不履行调解协议的，另一方当事人可以依法申请仲裁。

调解不是劳动争议解决的必经程序，当事人可以不经调解直接向劳动争议仲裁委员会申请仲裁。

（三）仲裁

仲裁是处理劳动争议的必经程序，只要有一方当事人申请仲裁，且争议属于仲裁案件受理范围的，仲裁委员会即予以受理。发生法律效力的仲裁裁决书，一方当事人逾期不履行的，另一方当事人可以向人民法院申请强制执行。我国法律规定，劳动争议案件中当事人如果想要起诉至法院，就必须先经过仲裁程序，未经仲裁的劳动争议案件，人民法院不予受理。

（四）诉讼

当事人对可诉的仲裁裁决不服的，可自收到仲裁裁决书之日起 15 日内向人民法院提起诉讼。对经过仲裁裁决，当事人起诉至法院的劳动争议案件，人民法院应当受理。人民法院审理劳动争议案件实行两审终审制。人民法院一审审结后，对一审判决不服的，当事人可以在 15 日内向上一级人民法院提起上诉；对一审裁定不服的，当事人可在 10 日内向上一级人民法院提起上诉。经过二审审理做出的裁决是终审裁决，自送达之日起发生法律效力，当事人必须履行。

四、处理劳动争议的注意事项

社会生活中，由于参与社会关系各方当事人的利益诉求千差万别，各方由于利益不同而发生纠纷争执是在所难免的。当事人各方为了更好地维护自己的合法权益，往往求助国家机关要求支持自己的利益主张。实际生活中，可能发生利益主张得不到支持，或者虽然得到支持却没有实现自身权益的最大化。在劳动争议的处理过程中也同样存在着以上问题。为了更好地维护自身权益，大学毕业生在面对劳动争议时应该冷静分析情况，并关注以下几方面的问题：

（一）选择最优争议解决方式

在竭力追求和谐、稳定的劳动关系过程中，发生劳动争议虽不为人所愿，却也是常有之事。一旦发生劳动争议，作为当事人的大学毕业生应该冷静分析，选择最优的解决方式。在分析过程中应当重点比较解决问题前后的劳动关系变化，个人权益得失，各种解决方式的经济成本、时间成本、人际关系成本以及自身实际需求等方面的问题给自身带来的实际损益。在充分考虑以上情况的基础上做出协商、调解、仲裁和诉讼等方式的选择。

（二）穷尽其他手段方得启动诉讼程序

司法救济，具有最后保障手段的性质，它是在当事人穷尽了其他非司法救济手段而无法维护自身合法权益的情况下才向相关国家机关请求保护其权益的一种方式。司法救济的最后保障手段的性质主要体现在：首先，司法救济在解决各类社会矛盾的方法中处于最高权威，其做出的解决方案具有终局性；其次，司法资源具有稀缺性的特征，它无法完全满足社会纠纷解决的需要。因此，大学毕业生在遇到劳动争议需要解决的时候切勿不顾一切地提起诉讼请求，造成不必要的司法资源浪费，并激化劳资矛盾。在我国劳动争议处理程序中，法律规定了劳动争议仲裁作为劳动争议诉讼的前置程序的立法目的也正在于此。同时，诉讼程序中，当事人所耗费的时间、精力和金钱根据案件的实际情况而大不同。当事人因为诉讼请求不当或者得不到法律支持，很可能造成极其巨大的损失。

（三）细心留存"劳动痕迹"

我国劳动争议仲裁和诉讼程序中，劳动者作为一方当事人承担着相当程度的举证责任。如当事人提起工伤保险赔偿的仲裁或者诉讼就必须提供相应的证据证明其与用人单位存在劳动合同关系、发生工伤损害的事实、因工伤损害造成的医疗费用等损失。如果劳动者无法提供相应的证据证明这些事实，则很有可能承担举证不能的法律责任。因此，大学毕业生在劳动就业过程要做一个有心人，将可能证明劳动关系发生、侵害事故发生等法律事实发生的证据逐一存留，以更好地维护自身权益。

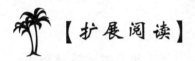

【扩展阅读】

漫漫维权路，正义得伸张

小刘是某职业学院2006届毕业生，2006年4月，小刘与某软件公司达成就业意向，小刘、学校、软件公司三方签订了《全国普通高等学校毕业生就业协议书》，协议约定小刘在规定时间到公司报到，同时约定第1年为见习期，服务期为3年，未按规定完成服务期的，每相差1年支付10 000元违约金，不满1年按1年计算，双方权利义务依报到后签订的劳动合同为准。

2006年7月10日，公司与小刘签订了一份劳动合同，期限4年，并规定了3个月的试用期。不久小刘发现公司的管理与经营与自身发展相左，认为自己不适合继续在公司工作。于2006年8月15日，向公司提出辞职，公司不予办理解除劳动合同手续，并要求小刘支付4万元违约金。

小刘认为，自己依据相关法律规定，在试用期提出解除劳动合同，公司没有理由不予办理解除劳动合同的相关手续，并要求其交违约金。公司认为，小刘是高校毕业生，其劳动合同产生的基础是就业协议，要解除劳动合同，前提是要解除就业协议，故而要先承担违反协议的相关责任，因此要求小刘支付违约金。

劳动争议仲裁委员会认为，小刘与公司通过双向选择，签订的就业协议中关于服务期限的规定，与国家法律法规不相抵触，视为合法有效。小刘在服务期限内提出解除劳动合同符合法律要求，但其解除劳动合同的行为属于违反服务期约定的行为，应当承担违约责任。最后裁定，小刘赔偿公司40 000元，公司在收到违约金30日之内为小刘办理人事档案转移手续。

小刘对该裁定不服，向法院起诉。法院认为，《劳动法》的适用范围是中国境内的企业、个体经济组织和与之形成劳动关系的劳动者。劳动合同是劳动者与用人单位确立劳动关系，明确双方权利义务的协议。因此，就业协议中服务期限条款与劳动合同是冲突的，应以劳动合同为准。《劳动法》规定，在试用期，劳动者可以随时解除劳动合同。因此，小刘的行为不构成违约，公司有义务协助小刘办理相关手续。最后，法院判决解除双方劳动合同，公司于判决生效之日起10日内办理好小刘的人事档案、户口材料转移手续。小刘支付公司招收录用所实际支付的费用。

——整理自：徐振轩. 就业指导与创业教育 [M]. 北京：电子工业出版社，2006.

【情境模拟】

小金是某职业学院会计专业2015届毕业生，在校期间学习刻苦，考取了会计上岗证。2015年5月15日，小金参加了某连锁超市的招聘面试。5月23日接到超市电话，告知已被超市录用，请尽快携带本人有效身份证件及会计上岗证原件来超市签订劳动合同。5月25日，小金携带有效证件到超市与超市人事部门协商签订就业协议一事。超市给小金提供了一份事先拟定好的劳动合同样本，让小金仔细斟酌，如无异议，则可即行签订就业协议。以下是小金看到的劳动合同样本，请问小金应该在签约时注意哪些事项？

劳动合同

根据《中华人民共和国劳动合同法》及相关法律、法规的规定，甲乙双方遵循合法、公平、平等自愿、协商一致、诚实信用的原则订立本合同。

第一条 本合同期限自____年____月____日起至____年____月____日止。其中，试用期自____年____月____日起至____年____月____日止。

第二条 甲方安排乙方从事的工作为_____。

工作地点由公司根据用人计划灵活调配，公司根据实际情况给乙方安排住房。

乙方应按照甲方安排的工作内容及要求，认真履行岗位职责，按时完成工作任务。

第三条 甲方安排乙方执行_____工时工作制。

第四条 甲方于每月_____日前以现金或转账形式及时足额支付乙方工资，工资标准为_____。

其中，试用期为6个月，甲方根据员工考核可以适当延长试用期，以全面考核乙方。试用期间的工资为800元。

节假日加班，按照正常上班工资标准核发工资，乙方不得要求发放双倍加班工资。

第五条 甲方应当按照国家和地方有关规定为乙方缴纳社会保险费，具体项目为基本养老保险、失业保险、工伤保险、生育保险、基本医疗保险。其中失业保险、生育保险费用由乙方自行承担。乙方负担的保险费用由甲方负责代扣代缴。

第六条 甲方为乙方提供安全生产培训，并提供符合国家规定的劳动安全卫生条件和必要的劳动防护用品。安排乙方从事有职业危害作业的，应当定期为乙方进行健康检查。乙方在劳动过程中应严格遵守各项制度规范和操作规程。

乙方发生工伤时，甲方应当及时采取措施使乙方得到救治，甲方一次性补偿乙方2万元人民币，其他责任概不承担。

第七条 甲乙双方应当按照《劳动合同法》的相关规定履行、变更、解除、终止本合同。符合《劳动合同法》有关规定情形的，甲方应当依法支付乙方经济补偿。

第八条 甲方违法解除或者终止本合同，乙方要求继续履行本合同的，甲方应当继续履行；乙方不要求继续履行本合同或者本合同已经不能继续履行的，甲方应当依法按照经济补偿标准的2倍向乙方支付赔偿金。

第九条 双方约定的其他事项：

1. 乙方在工作期间的职业培训由公司统一安排，未经公司同意，乙方不得自行考取职业资格证书或参加公务员、学历考试。

2. 乙方应如实告知甲方结婚、生育计划，甲方可视情况决定是否终止双方劳动合同关系。

3. 甲方制定的公司管理制度是本劳动合同的有机组成部分，乙方必须遵循；甲方如有违反，甲方可视情况处理。

第十条 劳动合同未尽事宜，按国家和地方有关规定执行。

第十一条 本合同自甲乙双方签字或者盖章之日起生效。本合同一式二份，甲乙双方各执一份。

甲方（公章）　　　　　　　　　　　　　　乙方（签字）

法定代表人（主要负责人）

或者委托代理人签字

签字日期：　年　月　日　　　　　　　　　签字日期：　年　月　日

合同签订的注意事项：

1. 合同的语词运用是否明确、妥当？

2. 合同关于试用期、社会保险等内容的约定是否符合法律规定？

3. 合同当中是否存在"霸王条款""免责条款"？

4. 合同签订的双方当事人是否具备主体资格？

第七章 职场适应与职业发展

既然不能驾驭外界，我就驾驭自己；如果外界不适应我，那么我就去适应他们。

——蒙田

 **内容提要**

本章内容主要介绍高职学生走上工作岗位后，如何实现从大学生向职业人角色的转换，如何更好地适应新的职场生活，引导学生顺利适应生涯角色的转换，为职业发展奠定良好的基础。通过运用生动的案例对角色转换、职业适应等知识进行深刻的理论阐释，使学生进一步明晰角色定位，顺利实现角色转变，尽快适应职业，走好职场发展的第一步。

 **本章要点**

- 角色转换
- 职业适应
- 职业发展

第一节　角　色　转　换

小李是某高职院校2015届软件开发与编程专业的一名优秀毕业生，在校期间担任某网络社团的负责人，网页制作能力非常过硬，能独立完成网站开发，毕业后应聘到杭州某网站开发公司从事网站开发与编程。

对于这份不错的工作，周围的同学非常羡慕，小李也非常满意。工作之初小李充满了激情，独立完成了一家公司的网站开发，做得非常好，得到了公司经理的赞扬。

随后公司接到了很多家公司开发网站的业务，由于任务重、时间紧，经理开会把大家分成几个小组，分头开发，其中小李、小张和老吴三人被安排成一组，由经验丰富的老吴负责。会后，小李心里有点不舒服，觉得凭自己的能力完全能够独立完成，哪怕三人共同合作，也得自己当组长。

开发网站时小李对老吴的开发方案意见颇大，并对客户和公司商讨确定的方案也不以为然，开始按照自己的思路独立开发，完全把他们二人抛在一边。当老吴询问小李分工部分的完成情况时，他把按照自己思路开发的网站拿了出来，老吴一时傻了眼，认为其开发的网站与客户的需求不符，要求小李重新开发，小李认为自己开发的比他提出的方案更好，不愿改进。这时离客户要求的网站交付时间仅剩一天了。

最后，这件事闹到了经理那里，在经理办公室里小李还是认为自己独立开发的网站好，不肯按照原定方案重新开发，结果经理狠狠地批评了小李，小李不服，认为自己没错，与经理辩驳了几句，最后经理非常心痛地说："你是个人才，但我们这里容不下你，请你另谋高就吧！"

小李怎么也想不通自己到底做错了什么。

"一番番春秋冬夏，一场场酸甜苦辣，敢问路在何方，路在脚下……"。这首耳熟能详的老歌让许多即将跨入职场的高职学生不禁要问，我的路在何方？

每个人的路其实就在自己的脚下，只要一步一个脚印地走好每一步，扮演好每一个角色，路必将延伸到我们梦想的地方。

每一个人在不同的年龄段都扮演着不同的社会角色，要想成为一名职业人，就要经历从非职业角色向职业角色的转换，也只有实现这一转换，才能成为一名真正的职业人。高职学生毕业后从校园走向社会，将面临一次非常重要的社会角色转换和职业适应，很多大学生既期望已久，又忐忑不安，甚至不知所措。对于刚刚走出象牙塔的大学生而言，如何认知职业角色并顺利适应职业、实现职业发展显得尤为迫切。

一、职业角色及其相关概念

"角色"一词源于戏剧，原指在戏剧、电影或电视中，演员扮演的剧中人物。自1934年米德（G. H. Mead）首先运用"角色"的概念来说明个体在社会舞台上的身份及其行为，随后"角色"的概念被广泛应用于社会学与心理学的研究中。社会学视角下的社会角色指个体在特定的社会关系中的身份及由此而规定的行为规范和行为模式的总和。具体来说，就是个人在特定的社会环境中相应的社会身份和社会地位，并按照一定的社会期望，运用一定权利来履行相应社会职责的行为。它规定一个人活动的特定范围及与人的地位相适应的权利义务、行为规范，是社会对一个处于特定地位的人的行为期待。

大千世界，每个人在社会中承担着不同的社会角色。比如一个女大学生，在学校她的主要角色是学生，同时她可能是一名学生干部，是低年级同学的学姐，是某一门课的课代表；在家里她是父母的女儿，是弟弟妹妹的姐姐；在公共场合可能是商店的顾客、火车上的乘客、景区的游客等。

随着大学毕业，每名大学生都或早或晚地承担另一种角色——职业角色。那到底什么是职业角色呢？

职业角色是一个人在社会中所从事的作为主要生活来源的工作以及与这种工作相联系并执行着相应规范的行为模式。职业角色的主体是从事这一工作的职业人。职业角色从某种意义上虽然属于社会角色，但又不同于社会角色。社会角色是与人的社会地位、社会身份相联系并按社会规范执行的行为模式，而职业角色则是与人的社会分工相联系并按职业规范执行的行为模式。职业角色是对职业工作的一种身份确认，是相对固定、长期而专业的。

同一个人可同时作为社会角色和职业角色，但作为不同角色对事情的处理态度和方法却截然不同。如当受到一些委屈时，在家庭和社会交往中只要不违法可以尽情发泄心中的不满，将不必承担任何社会责任；而在职业活动中却不能感情用事，否则将承担一定的职业责任。

二、大学生角色与职业角色的区别

朱兵是某高职院校纺织技术专业的一名大学生，毕业后他在绍兴一家纺织印染企业工作，公司安排他到生产车间从基层工作做起。

生产车间里大部分都是初高中学历的操作工，朱兵心里有些不平衡。由于生产车间是三班倒，需要员工上夜班，朱兵更加不适应，夜班有时熬不住了，他就偷偷地跑出车间逍遥地抽起香烟来，一次被车间主任抓了个正着。车间主任让朱兵写一份深刻的检查，朱兵不以为然地说："以前老师都没让我写过，现在凭什么给你写？我不知道怎么写检查。"

公司领导考虑到朱兵学历较高，又给了他一次机会，把他调到公司行政部门。朱兵平时上班不是迟到就是早退，甚至有时候办公室连人影都不见，有时遇到下雨天或大热天，他干脆就穿双拖鞋去上班了，公司领导在其试用期未满时，便将他辞退了。

朱兵的遭遇着实令人叹息，究其原因，朱兵身为一名职业人却依然扮演着一名大学生的角色，缺乏对大学生角色与职业角色的明确认知和有效转换。

由于社会分工、具体任务和主要目标不同，大学生角色和职业角色有很多的不同，主要表现在社会环境、社会责任、社会规范、社会权利、活动方式五个方面。

（一）社会环境不同

校园环境相对封闭、简单、安静、有规律，大学生有明确的学习进程和任务，可自由安排的时间多，偶尔可以逃课，在校一般过着寝室—教室—图书馆—餐厅"四点一线"的简单生活，有较长的寒暑假、固定的休息日，师生间可以高谈阔论，自由辩驳，校园民主氛围浓厚。

职业人所在的职业环境和社会环境相对开放、复杂、无规律。上下班时间固定，不能迟到早退，需要加班加点，节假日相对少，工作任务重，老板一切以经济利益为导向，注重事情的结果，一般对讨论不感兴趣，上级指派的任务必须保质保量地完成，需要适应不同地域的生活环境和习惯，工作生活压力较大。

（二）社会责任不同

作为学生角色的大学生，主要任务是学好科学文化知识，加强自身能力锻炼，提升个人素质，只要不违反法律法规和校纪校规，可以进行个性的学习、生活尝试，偶尔犯一些小错误也无须承担社会责任。在社会责任方面，大学生主要体现在对自己成长成才的自我负责上，其社会责任履行的好坏，主要通过学生是否学到了知识、提升了技能、提高了素质来衡量。

作为职业角色的职业人，则是以特定的身份去履行自己的工作职责，依靠自己的知识和技能创造社会效益和经济效益。职业人如果在工作中犯了错误，需要承担一定的成本和风险责任。职业角色的社会责任履行的好坏，主要体现在职业人对工作对象的责任中，责任履行的好坏已经不是个人的事情，往往要从职业角色对社会责任的角度来加以评判。

（三）社会规范不同

作为学生角色的大学生，除了需要遵守国家的法律法规外，他们所接受的主要社会规范是学校的规章制度和大学生的行为规范。对于学生的规范大多是从培养教育学生的角度出发，以教育引导为主。

作为职业角色的职业人，除了需要遵守国家的法律法规外，还与公司的规章制度、职业的性质和岗位的具体要求有关，这些规范既具体又严格，如果违反了就要承担一定的责任，小则受到一定的批评和经济处罚，大则受到法律的制裁。

（四）社会权利不同

社会赋予角色的权利，就是角色在履行义务时依法享有的支配权利和应享受的权益的总称，包括应取得的精神和物质报酬。

大学生的权利主要表现在经济生活的保证和自主，依法接受教育。职业角色则是依法行使职权，开展工作，在履行岗位义务的同时获得一定的经济报酬。

（五）活动方式不同

大学生的主要活动是学习，体现为对知识的汲取和吸收，对于部分厌学的大学生而言，学习生活表现为一种被动的状态。

职业人主要活动是为社会提供服务或劳动，因此要求职业人能够相对主动地为社会输出知识和技能，提供劳动和服务。

三、大学生职业角色转换

小郭大学期间曾经是某学校辩论队的队长，辩论能力、组织能力在学校数一数二。毕业后到公司上班，小郭无论在部门会议上还是办公室都能侃侃而谈，对一些工作也颇有想法，时不时都要高谈阔论一番。部门经理见状，就让他去具体负责一项任务，并让他拿出一份具体的实施方案，小郭却再三推托，拿不出可行的方案，部门经理很是失望。

大学生从校园走向职场，表面上看已经实现了角色转换，实际上尚未成为一个真正的职业人。只有成为一个真正的职业人，才意味着角色转换和职业适应的成功。大学生人际关系相对简单，相处比较感性，长期的学校生活易使大学生具有较强的依赖心理和被动心态。进入职场后，这一切都要面临转换。

大学生要实现从一个"校园人"到"职业人"的角色转变，必须要实现以下五方面转换：

（一）由个人向团队的转换

一个没有集体的人是孤独的，而比这更孤独的是生活在集体中却和所在的集体格格不入。所以作为一个新人，从踏入一个团队的那一天起，就必须明白这样一个道理：一个新人的到来，前提条件就是要做一个迎合并增强这个集体的战斗力的重要部件，而不是独来独往的孤胆英雄。在校园里，大学生可以根据自己的意愿生活学习，相对比较独立，但成为职业人后，工作单位强调统一的文化、规范、标准、流程等，个人的意愿必须遵从于企业集体的要求和团队的价值取向。企业是由个人组成的，但更强调集体的力量和良好的团队协作精神。因此，大学生从学生角色向职业角色转换须树立集体意识，由个人向团队转换。

① 大学生走上工作岗位，首先要了解并同化于企业文化中的各种相关制度，如新员工培训制度、新员工职业发展计划以及试用期考核办法，以便尽量用集体文化中的进步精神来同化自己的言行，使自己尽快与环境相适应。

② 企业制度和文化的构建者一般都是该公司的主要领导，不遵守规章制度，实际就是对领导的不尊重。因此，自觉渗透到企业中，领悟制度的精髓，实际上是对企业领导的个

性、管理方式和文化取向的了解。只有尊重了领导，领导才会把你当人才来培养。

③ 快乐地与同事相处，当然不是像万金油那样四处拉关系，而是要多听、多看、多学，以谦虚诚恳的态度向团队里经验丰富的同事请教，适时适度地展现自己的知识，并尽可能地做他们的帮手，乐于给他们当助手，以赢得同事的认同。下班后主动与同事接触，积极参加单位组织的业余活动，在交流中让同事了解自己的为人和性格，增进与同事的感情，缩短与同事的距离，尽快融入团队。

（二）由情感向职业的转换

由情感向职业的转换是成功实现职业转换的重要方面之一，即在平时工作中要收敛自己的内心情感，约束自己随心所欲的行为，摆正自己的位置，培养良好的工作习惯，树立良好的职业形象。

大学生在校园里可以随心所欲地展示自己的观点，张扬自己的个性。职业人在工作单位里不能把自己的情绪、情感过多地带到工作中来，必须认清自己在工作环境中所承担的角色以及这个角色的性质、职责范围，搞清工作关系中上级所赋予自己的职权和应承担的义务，认识到职位和社会对自己的期望，学会用职业化的思维和情感来主导自己的工作，形成职业化的意识和习惯。

形成职业化的意识就要摆正自己的位置，切忌我行我素，该请示的不请示而擅作主张，该处理的事情不敢处理推给上司或同事。在工作中要有节制地出力和做人，切忌"越位"。

大学生在学校生活中常存在吹牛、猜疑、冲动、随心所欲、以自我为中心等坏习惯，为成功实现角色转换，必须培养良好的职业习惯。

1. 安心工作

安心工作是角色转换的基础。许多大学生在工作几个月后还静不下心来，常沉湎在大学生活中，这对角色的转换非常不利。既来之，则安之，大学毕业生应尽快从大学生活中解脱出来，尽快全身心地投入新的工作。

2. 善于发现

在工作中要独具"慧眼"，善于找出适合自己的工作习惯，这些经验可以是从同事、领导身上借鉴过来的，也可以是从自己的亲身经历中"提炼"出来的。

3. 坚持到底

无论是别人的习惯还是从自己身上"挖掘"出来的习惯，只要认为它对自己今后的发展有益，就应该坚持下去，把习惯牢牢地变成自己工作中不可或缺的一部分，万不可"三天打鱼，两天晒网"。

4. 及时更新

工作习惯不是一成不变的，它要求顺应工作环境的变化以及个人工作经验的变化而变化。当旧的工作习惯不适应新的工作状况，就要及时更新，让良好的工作习惯为自己服务。

5. 学会忍耐

社会要比学校复杂许多，走上工作岗位，可能会遇上固执刻薄的上司，可能碰上不通情理的同事，也可能在生活条件、工作环境上遇到一些不舒心的事情。遇到这种情况，要学会忍耐、冷静处置，切不可暴跳如雷、火冒三丈。

（三）由成长向责任的转换

大学生从学生角色向职业角色转换须加强自己的责任意识，由成长向责任转换。十多年来，大学生最主要的任务是学习知识技能，父母、老师、朋友甚至社会都在为学生的成长成才不断服务。而走向职场意味着已经成为一个独立的职业人，无论在走向成熟还是在职业发展过程中，都将承担一名职业人的责任。

大学生对自己的未来都有美好的愿望，跃跃欲试，都想在事业上大干一场并取得成功。工作之初大学生就必须从最简单的基础工作做起，这是人成长过程中必须经历的，就像每个大学生从小学经历初中、高中直到大学，是为了就业与职业发展做准备，而初入职场的大学生的基础工作又何尝不是为了明天做准备呢？现实中有许多大学生凭着学识上的优越感认为自己被大材小用了，不愿意干一些基础性的工作，甚至闹情绪，这是缺乏责任意识的表现。干一项工作就要像在校学习一样有足够的热情，更要有丰富的经验和随机应变的能力，这种经验和能力的获得并非一朝一夕，它需要通过平时的工作来积累和训练出来，显然凭借一时的热情和情绪是对工作的不负责任。因此，不管工作的大小、分工的高低，每个初入职场的大学生都要以满腔的热情、高度的事业心和责任感来认真对待并圆满完成。

（四）由思想向行为的转换

学校是一个同质性比较高的小社会、小群体，人员构成相对简单、单纯，在学校里大部分学生都喜欢问为什么，喜欢对一些问题进行争论。但是作为一个职业人，不仅要求你把想法停留在思想和嘴皮子上，还应该用理性的思维、实事求是的态度去思考怎么办，能拿出行之有效的实施方案并不折不扣地去执行。大学生可以用感性的思维、浪漫的方式去轻松地对待自己的生活、学习，而职业人需要用职业的思维、标准、行为去建设性地开展工作。当我们跨出大学的校门、跨入职业的门槛之际，要顺利实现社会化、职业化转变，就要从现在做起，从生活、工作、职业发展中的一点一滴做起，向行动化转变。

1. 要学会适应

不要习惯性地像在学校里一样，以对待老师和同学的方式与同事、领导相处。职场中千万不要试图去改变别人，而是要学会适应与不同的人和谐相处，求同存异，适者生存。

2. 要正确定位

职场中的大学生已不是"天之骄子"，而是与别人一样的工作者，应该放下架子，切忌高高在上、拈轻怕重、好高骛远，要摆脱"精英心态"，甘做"普通劳动者"，从最基础的工作开始，老老实实做人，踏踏实实做事。

3. 要热情主动

对刚参加工作的大学生来说，要热情、主动、外向，尽快让上司、同事和周围的人愉快地接受你。如果我们能使自己激励、感染、影响身边的人，那将会达到超越职业化的境界。

4. 要控制情绪

要自觉地意识到校园文化和职场文化的不同，学会控制自己的情绪，不要把喜怒哀乐全表现出来，更不能随便发脾气，影响工作。

5. 要不断学习

大学里学的那些知识不是我们的救命稻草，那些理论知识解决不了工作中的所有问题，满足不了个人职业发展的需要。要树立"活到老，学到老"的终身学习理念，要树立向同事、上司、朋友、社会学习的理念，不断学习党政理论、法律法规、专业知识和工作方法，从而不断提高工作技能和职业素养，不断满足个人职业发展不同阶段的需要。

6. 要付诸行动

我们要树立除书本和知识之外的另一种学习观念：行动化的学习。社会化、职业化的最好方法，就是将社会化、职业化的要求落实到日常生活、工作的言谈举止上，通过改变行动来改变自己，顺利实现角色转变。

7. 要时刻反省

要有自省、自知、自觉的意识和理念，学会通过工作和为人处世来发现自己的不足，使自己今后能有针对性地弥补自身的不足、提高自己的技能，使自己能够更快、更好地融入集体和团队。要永远记住：失败不一定是成功之母，检讨与改进才是成功之母。

（五）由智力向品格的转换

大学期间往往是以成绩的好坏评价一个学生的优劣。而在工作单位里，由于职业文化和非职业文化的不同，单位更希望职业人能够诚实可信、爱岗敬业、富有责任感、认真细心地对待每件事情，因此大学生的职业转换须实现由智力向品格的转换。

阻碍大学生角色转换的最大难题不是专业知识和经验，而是职业意识和职业素养。大学生从小学到大学毕业，十几年的学习经历让自身积累了丰富的学习经验，岗位所需的专业知识大学生几乎都能轻松搞定，工作经验也一样能扎实积累。但是职业态度、职业意识、职业道德、职业行为、职业技能等职业素养却是大学生的"软肋"，在职业角色转换阶段都会表现出这些方面的欠缺。

如何成为职业化的员工呢？再厉害的领导、再称职的部门负责人、再优秀的员工，一旦不按要求遵守职业道德，没有了职业意识和职业素养，都是不合格的，也不能称之为职业人。

大学生在角色转换过程中往往存在以下八种现象：

① 拒绝承担个人责任，习惯上推下卸，敷衍了事。
② 打工心态，当一天和尚撞一天钟，时刻准备跳槽。
③ 自认为是"天之骄子"，清高孤傲，不能委曲求全。
④ 不主动发现、思考、解决问题。
⑤ 没有危机和竞争意识。
⑥ 被动心态，对同伴和工作没有兴趣和激情。
⑦ 事不关己高高挂起，独善其身，不愿主动地帮助他人。
⑧ 借口太多，不能自发地积极工作。

为提高职业素养，尽快实现由智力向品格的转换，成为职业化员工，大学生参加工作后应该注重培养以下八种职业素养：

① 注重人品。要时刻牢记：诚信源于人品，人品比能力更重要。所谓德才兼备谓之"圣人"，德才兼亡谓之"愚人"，德胜才谓之"君子"，才胜德谓之"小人"，就是这个道理。
② 懂得感恩。懂得感恩单位和同事，感恩身边的所有人包括自己的竞争对手。所做的工作最起码要对得起自己的良心，对得起拿到手的工资。
③ 敬业肯干。干工作要积极主动，要干就干到最好，要做就做到最精。
④ 服从安排。敢于接受单位和领导安排的工作，不讨价还价，也不过分依赖他人。

⑤ 学会包容。工作遇到挫折或受到领导、同事的批评，要学会包容他人和换位思考。

⑥ 团队意识。要自动自发、毫无怨言地主动帮助他人，工作中相互协作，目标统一。

⑦ 竞争意识。要时常主动寻找与同事的差距、创新进取、追求卓越。如果不思进取，迟早会被他人所取代。

⑧ 超前意识。工作中的自我管理要高标准、严要求，做事想到领导前边，做到领导心里。

大学生要顺利完成从学校到社会的转变，完成从大学生向职业人的角色转变，将社会化意识和职业素养体现为态度和行为习惯，绝不是一日之功，也不会一帆风顺、一蹴而就，需要一个积累和准备的过程。经调查，大学生的角色转换期需要1～3年的时间，而这期间正是一个人职业生涯中最"青黄不接"的阶段：大学生既不像毕业时"单纯"，又不像有四五年资历的老员工那样能"独当一面"，而是处于"一瓶不满，半瓶晃荡"的状态。这个时期也许是一个人一生中最痛苦、变化最大，对人生的认识、体会和感悟最多的时期，但往往能够积累到一生中第一次"从大学生迈向职业人"时段需要的宝贵工作技能和坦然的就业心态。

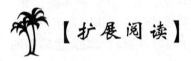

【扩展阅读】

从名企训练新人的方法中寻找启示

1. 每一位进入微软公司的新员工都要接受为期一个月的封闭式培训，其目的是把新人转化为真正的微软职业人。只是关于如何接电话，微软就有一套手册，技术支持人员拿起电话，第一句话肯定是："你好，微软公司！"一次，微软全球技术中心举行庆祝会，员工们集中住在一家宾馆，深夜，某项活动日程临时变动，前台小姐只得一个一个房间打电话通知。第二天，她对同事惊奇地说："你知道吗？我给145个房间打电话，起码有50个电话的第一句话是'你好，微软公司'。"在深夜，迷迷糊糊地接起电话，第一句话依然是"你好，微软公司"。事情虽小，但微软风格可见一斑。

2. 阿里巴巴以"关注人才发展，着眼长远提升"作为招聘应届毕业生的认知基础。阿里巴巴不仅经常性、多层面地组织各种校园互动活动，向所有应届毕业生完全敞开大门，弃绝门槛；并根据其群体教育背景及岗位区分制定有针对性的培养、发展规划，为其持续快速创设完善的软硬件环境。阿里巴巴对校园招聘活动给予高度重视，不仅注重通过各种多样性的校园招聘活动实现优秀人才及高潜质人才招募，更着力对其进行后续职业化培养，使其成为公司未来发展的主力军。

3. 可口可乐公司一般选取公司开重要业务讨论会这一天叫新人来报到，然后总经理会在会议之前非常热情地向新人介绍各个部门的经理或者主管。这种介绍不是简单地将新人介绍给各部门领导，而是将新人原来工作经历中的一些可圈可点的工作业绩和个人特长热情洋溢地传递给大家。为了避免新人的紧张，一般不会提出问题让其回答，但是主持人会多用眼神与新人交流，使他获得所有人的尊重，而让其他同事认为，这个新人是个重要人物。这种方法是一种特殊意义的培训，让新人不但了解了公司的文化，认识了公司各层级的领导，参与了公司的主要交流方式，熟悉了业务基本运作手段，感受了和谐的气氛，还初步了解了以后可能要打交道的各级领导的行事习惯，不失为一种新人培训的绝好手段！

——摘自《大学生就业胜经》

四、顶岗实习：高职学生完成角色转换的重要时期

顶岗实习实施环节，在高职院校各个专业的人才培养方案中都占了极其重要的位置，并且在近几年的发展中，在整个教学活动中的比重也在逐年增强。很多高职院校各专业都在采用"2+1"或者"2.5+0.5"的"在校学习+顶岗实习"的管理模式，即在高职学生的3年6个学期的学习时间内拿出其中的1年或者1个学期作为学生完整的顶岗实习学期，给学生足够的实习时间去参与真实的工作情境，以此锻炼学生实际的工作能力，并使其具备良好的职业道德，为其毕业之后能够立即适应工作岗位的要求打下坚实的基础。无疑，这一年或半年的时间是学生完成角色转换的一段"黄金期"。

学生要真正进入工作角色，是要有一定的适应和学习时间的，高职院校正好为学生提供了一个完整的学年或一个学期的顶岗实习期，使其提前熟悉社会、熟悉工作、熟悉企业的人和事。学生在这期间要积极主动地参与企业的生产，深入企业内部，从事企业员工的工作，进而在工作团队中完成企业交给的工作任务。作为一个学校的实践教学环节和用人单位训练新人的时期，实习期正好处在从学生向职业人转变的阶段，学生可在此阶段实现角色转换的目的。

毕业生在顶岗实习期成功实现职业转换的策略：

首先，树立职场意识，培育职场素养。一是社会意识。首先要了解自己所处的职业环境，其次要学会从身边的小事着手，融入环境从而慢慢驾驭环境。二是团队意识。首先要认识到团队的力量和作用，其次要定位好自己在团队中的角色，要树立协作意识。三是责任意识。要明确个人工作成绩的好坏不仅和自己的前途有密切关系，而且也关系着单位、部门的兴衰与荣辱，对单位和部门要独立承担更多的社会责任和义务。四是沟通意识。要善于沟通并讲究诚信。五是学习意识。要根据职业的特点、性质、工作程序及其相关关系，不断学习新知识，增强自身素质，提高工作技能和业务水平。

其次，清楚认识自己，准确自我定位。实习作为大学生向职场人转型的第一站，可以帮助大学生很好地认识自己，了解和熟悉工作实际，更重要的是只有在实际工作中，遇到最真实的问题，他们才可以知道工作到底是怎么一回事、自己更适合做什么、哪些知识是有用的、对自己的知识结构做哪些补充和调整、如何处理工作中的人际关系，等等。这将有助于他们更全面地认识自己和了解职业，并据此科学地设计自己的职业生涯。

最后，完成三种转变。一是职业观念的转变。学生时代，学习是第一要务，学习与个人是统一的；而工作中，工作是第一要务，但工作与个人不一定是统一的，工作与公司必然是统一的。公司希望你成为的样子不一定是你自己所希望成为的样子。两者之间的落差必然导致转变过程中心理的不平衡。如何做到两者之间的平衡，需要一些技巧。当公司和个人的期望一致时，员工也不可能像学生那样过分投入，因为学校不可能抛弃学生，但公司会受到经营状况等客观情况的影响，一旦公司的期望发生改变，你个人的期望必然落空，此时对个人的打击是很大的。二是追求的转变。学生时代的目标比较单一，就是学习知识技能，学习好必然会得到尊敬。可是在公司里，不一定最努力工作的人就是最受领导喜欢的员工。公司里

是各显神通，有时候也许一些有特殊背景关系的员工更能得到领导青睐。在这样的环境中，如果自身目标混乱，很容易造成自己的迷失，明白并坚持自己真正的追求显得弥足珍贵。三是人际关系的转变。学生时代的人际关系相对来说比较纯洁，而公司内必然会受到世俗的浸染，凡是人扎堆的地方就会有人际政治。到了工作单位，注意观察周围人的人际地位是毕业生要学习的第一课。经调查，人际关系问题，尤其是与上级的人际关系是导致员工离职的重要原因之一。

第二节 职业适应

王华是浙江某高职院校文秘专业的一名大学生，毕业时候她成功应聘到了宁波一家公司从事文秘工作，成了真正的白领。

试用期开始她就早到晚退，办公室里每天坚持打水、扫地、擦桌子，非常珍惜自己好不容易找到的工作，很快得到了上司的肯定，但时间不长，她就开始厌倦了。

她发现公司养着一群出工不出力的"懒人"，自己天天早到晚归，主动打扫办公室的卫生，工作上做出一些小成绩，大家都会用异样的眼光看着她，甚至在背后说三道四，好像光拿钱不干活的人更理直气壮，为公司做事的人反倒不可理喻。王华暗想："这样的公司对我来说做好本职工作很轻松，待遇也不错，可是我的能力什么时候能得到发挥？混日子、被别人瞧不起不是我的风格。"

出于这种"毋宁死，不苟活"的心理，王华工作刚满一个月就心灰意冷地自己炒了自己的"鱿鱼"。亲戚朋友很为王华着急，帮她找了好几份新工作，尽管有的不是文秘工作，但职业、待遇还不错。由于王华一直深陷在当初做文秘工作时的阴影中，始终没有调整好心态，以致一次次地重复着自炒"鱿鱼"的傻事。

王华也为此事伤透了脑筋，不知道自己究竟该怎么办。

跨出校门，走向社会，如何适应社会和职业的要求，顺利完成从大学生到职业人角色的转换，是摆在每个大学毕业生面前的一个迫切而现实的问题。

一、职业适应的阶段

大学生尽管从某种意义上讲，已经开始了社会化，但大学校园与社会仍然存在着较大的差异，大学生从校园走向社会，适应新的职业，难以一蹴而就，而是需要一个过渡的过程，这个过程大概可以分为"半职业化"角色适应期和正式角色适应期两个阶段。

（一）"半职业化"角色适应期

"半职业化"角色适应期即毕业实习期。目前，高职院校一般采取"5+1"（5个学期的在校集中学习与最后1学期的下企业实习）或"2+1"（2年的在校集中学习与最后1年的下企业实习）形式的工学结合教学模式。在企业实习期间，高职学生不仅可以进行专业技能的学习锻炼，同时也可以提前帮助学生培养职业精神，融入职业岗位，适应职业角色。

毕业实习作为高职院校教学实践的重要组成部分，不仅为高职学生提供了提高职业技能、深化专业知识的绝好机会，而且也为学生适应未来职业发展做了提前"热身"。在毕业实习阶段，应注意以下三方面：

1. 加强与工作岗位有关的知识和技能的学习

大学的课程设置总体上偏重于基础知识的学习和基本技能的培养，很少涉及特定岗位所需的专业知识和技能。通过实习阶段的集中学习，可以提升某种特定岗位的职业技能，增强职业认同感和适应性。

2. 进行综合素质能力的训练

与智商相比，情商在一个人的职业发展中发挥着更为重要的作用。在实习阶段，除了特定岗位知识与技能的学习之外，要加强"观""思""做""交""说""写"能力的锻炼。具体就是要学会如何观察问题、思考问题、解决问题，学会如何与人交往、如何提升自己的口头表达能力和书面表达能力，这些将是一个职业人走向成功所必备的素质、能力。

3. 进行必要的"受挫"心理准备

过硬的职业技能和良好的综合素质对职业成功固然重要，充分的心理准备更是不可缺少。一般来说，实习阶段大学生会遇到许多困难和挫折，如果心理准备不充分，就会产生消极自卑、自暴自弃甚至愤世嫉俗等不良心理。因此，实习阶段经历必要的挫折可以为将来走上职场做一定的"抗挫"准备。

（二）正式角色适应期

正式角色适应期即完成毕业实习，顺利毕业后的岗前培训和试用期。这个阶段一般为3~6个月，相对在校学习阶段和"半职业化"角色适应期，该阶段任务重、压力大，一旦不能尽快适应职业岗位要求，可能面临着自我放弃和被辞退的可能。

一般来说，大学生要在较短的时间内顺利通过试用期的考验，按期成为单位的正式员工，应当从以下三方面努力：

1. 重视岗前培训

岗前培训是对职场新人进行的系统性的岗位职责及岗位知识技能培训，对于职场新人认识、熟悉、适应和驾驭工作相当重要。岗前培训不仅仅是让新员工了解单位的基本情况，熟悉单位规章制度和工作程序，更重要的是通过岗前培训来树立团队观念，培养人际协调能力和爱岗敬业精神。

从某种意义上讲，岗前培训可以直接反映出新员工的素质高低，因此单位都非常重视，并依此择优录用、分配岗位。作为一名职场新人，一定要以认真的态度把握好这样一次充实自己、表现自己和提升自己的良机。事实证明，很多毕业生就是因为在岗前培训期间显露才华、表现出色而被委以重任。

2. 建立良好的人际关系

在培训试用期间，要尝试建立自己的职业人际圈，本着真诚、热情、谦虚的态度，处理好与上司、同事以及与业务有关的外部人士的关系，初步建立良好的人际关系。

3. 树立高度的责任心、事业心

态度决定一切，细节决定成败。对于刚刚进入职场的新人，一般都先从最简单的辅助性、基础性工作做起，这也符合人才成长的基本规律。无论单位的大小、职位的高低、工作的轻重，都要以满腔的热情、高度的事业心和责任心踏实认真地对待。唯有做好一件件小事，你才可能获得他人的认可。

二、职业适应的原则

芳芳是一名市场营销专业的女大学生,性格开朗、善于言谈、公关能力强。毕业后家人希望她能回温州工作,四处托人,在温州市区帮她找了一份待遇丰厚的文员工作。

芳芳来到公司面对穿着正式、安静、严肃的同事和办公环境,开始有些不适应。但为了自己,也为了父母,还是强迫自己尽力去适应。一个月后,她实在压抑不了内心的苦闷,上班时间开始在网上与朋友聊天,玩一些网络小游戏,听音乐,没多久就被单位辞退了。

芳芳之所以对工作没有兴趣,就是在选择职业的时候背离了人职匹配原则,到单位后又不珍惜机会,不思进取,最终不能适应新的岗位,而被公司炒了鱿鱼。作为职业新人在职业适应中要注意以下一些基本的职业适应原则:

1. 爱岗敬业

爱岗敬业是每一个职业人顺利实现职业角色适应,做好本职工作,取得职业成功的基础,也是社会对职业人的基本职业道德要求。唯有在工作中端正态度、甘于吃苦、尽职尽责、踏实肯干、精益求精才能克服工作中的困难,尽快适应工作。

2. 人职匹配

就业前要对自己的性格、特长、爱好、能力以及专业和需求做全面的认识和评估,对想从事的职业、岗位也要进行深入的了解和评估,只有做到知己知彼,实现个人兴趣、能力与职业要求的匹配,才能充满兴趣和激情地实现职业角色适应,否则将会出现"三天打鱼,两天晒网"的职业倦怠或频繁跳槽现象。

3. 摆正位置

初到职场要对自己的角色合理定位。一方面就业后的角色转换要及时;另一方面就职后根据职业和岗位的要求角色要到位;再者职业角色"不越位",既不向上越位,也不向下越位,尽己所能,做好分内工作。

4. 善于学习

一个人在大学期间学习的知识技能毕竟是有限的,面对全新的岗位,还需要从头学起。有经验的上司、同事都是自己学习的榜样,学习他们工作的方式技巧、为人处世的方法,不断提高自己的专业知识、技能及工作经验。

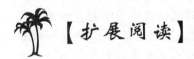

【扩展阅读】

大学生职业定位的导航标——"人职匹配"

"人职匹配理论"又称帕森斯的特质因素理论,特质因素论是最早的职业辅导理论,可以追溯到"职业辅导之父"弗兰克·帕森斯(Fronk Porsons)于20世纪初所提出的职业辅导三大原则,在50年代非常流行。

帕森斯是谁?

他是美国的一个工程师;

他是一位教师,既是一位中学老师,又是一位大学法律老师;

他是一名律师；

他成立了波士顿职业局（职业介绍中心），他是职业局的创始人。

职业局是做什么的？

最初帕森斯从家到职业局路上有许多商店，商店窗口有许多招工信息，他把这些信息都收集起来，向穷人提供，所以，职业局成立之初是帮助穷人找工作，并提供工作职业信息。

"特质因素理论"——人职匹配理论

1909年帕森斯出版了《特质因素》一书，在该书中提出了著名的"特质因素理论"。

所谓"特质"：就是指个人的人格特征，包括能力倾向、兴趣、价值观和人格等，这些都可以通过心理测量工具来加以评量。

所谓"因素"：则是指在工作上要取得成功所必须具备的条件或资格，这可以通过对工作的分析而了解。

职业辅导的三大原则

原则一：了解自我。

即对自我进行探索，包括了解个人的兴趣、能力、资源、优势、劣势等。

原则二：了解工作。

了解职业的能力素质要求、知识经验、工作环境、薪酬、晋升机会及发展前途等。

原则三：匹配。

将上述两类资料进行综合并找出与个人特质匹配的职业。帕森斯认为个人选择职业的关键就在于个人的特质要与特定职业的要求相匹配，只有这样，个人才能更加适应职业，并使个人和用人单位同时受益。

以上理论即我们现在通常所称的"人职匹配"，即个人的特质与职业要求的匹配，这一理论无论对人事经理招聘符合职位要求的人才，还是个人求职择业都起着非常重要的指导作用。尤其是大学生朋友，不知道如何确定自己的职业方向，"人职匹配"理论为朋友们提供了一个简便可行的方法。

例如，一次，我在语言大学做讲座的时候，有一个学西班牙语的名叫李阳的同学问我："将来想在外企从事人力资源管理工作，但是该怎么做？"经过了解，我发现她的性格特质比较外向，善于与人沟通和交流，喜欢帮助他人，而人力管理工作对从业者首要求就是必须具备良好的人际交往与沟通能力，除此之外，人力资源管理职位还需要具备系统人力资源管理知识和一定的实践经验。我建议李阳同学对人力资源管理工作进行进一步了解，如果发现自己确实比较适合从事人力资源管理工作，可以报考一个助理人力资源管理师进行知识积累，然后再想方设法争取在外企的实习机会进行经验积累，使自己真正地做到与人力资源管理的职位"匹配"，即"人职匹配"，这就是对帕森斯的特质因素理论的实际运用，可以说，"人职匹配"理论和方法是大学生朋友们确定职业目标和方向的导航标。

——摘自"大学生职业生涯规划论坛"

三、职业适应的方法

职业角色适应也叫工作适应，是指职业人在工作中，面对遇到的各种问题时的一系列心理过程及反应，包括个体对工作环境、人际关系、工作智能以及个人生理、心态方面的适应。

刘海是建筑工程技术专业的一名应届大学毕业生，毕业后，应聘到了某大型建筑公司，刚开始公司安排他到建筑工地一线进行半年的见习。

在建筑工地，工程经理安排他每天检查工程进度，熟悉工程流程。刚开始刘海非常积极，三周后，人又黑又瘦，太阳晒得脖子上都掉了一层皮，他开始有点受不了了，脾气也慢慢暴躁起来。

一次检查中，一个工人不小心撞了他，他直接冲上去骂了那个工人一通，两个人差点动起手来。工程经理知道此事后，批评了刘海两句，让他不要和那个工人一般见识。

从此以后刘海便隔三岔五才去工地检查，遇到问题也不太理睬，结果工程未能按期交工，刘海被迫辞职。

刘海在工作中对工作环境和人际关系不能及时适应，影响了自己的工作情绪，导致工程的延期和自己的辞职。在新的职业岗位上，工作环境和人际关系的适应是整个职业适应的重中之重，应该引起大学生的重视。

（一）工作环境的适应

大学生毕业后走向工作岗位，面对一个新的岗位和环境，要想有所作为，首先要学会适应工作及周围的环境。环境是客观的，一般难以改变，而人是主观的，比较容易改变，大学生应该更为主动地去积极适应新的工作环境。

1. 积极熟悉、适应新的环境和生活

对于一个大学毕业生，首先要学会适应新的生活。工作是生活的一部分，生活也会影响工作。初到一个单位工作，要去尽快地熟悉和适应工作单位所在地的饮食习惯、风俗习惯及周边的物质环境。比如，哪里有通往办公地点的公交车站，哪里有银行、邮局等。只有熟悉、适应了基本的环境和生活，才能安心工作。

2. 主动熟悉、适应工作相关事宜

初到一个陌生的工作岗位上，一方面可通过职前培训了解岗位的相关情况，另一方面要主动向领导、同事了解职业性质，熟悉工作场所、工作氛围、工作习惯、工作规范、工作关系等各方面的情况。

在工作环境的适应中最忌讳习惯了大学自由舒适的生活，面对新的环境，一时难以转变，被动消极应对，甚至轻言放弃、自暴自弃。在新的环境面前要乐观主动，除了靠领导、同事指导自己外，自己还要做一个有心人，应主动咨询、善于观察、勇于学习，积极融入新的环境。

（二）人际关系的适应

人际关系是伴随着社会关系的建立而自然形成的，来到一个新的单位，面对新的工作和同事，就要尽快地适应新的人际关系，构建自己新的人际关系圈。在学校学生最主要的相处对象是老师和同学。到工作单位相处的主要对象是领导、同事及与自己工作有关的职业人。一个新的职业人如果不能与领导、同事融洽相处，就很难渡过最困难的职业适应期。人际关系适应方面，要处理好以下几个方面：

1. 树立良好的第一印象

俗话说，良好的开端是成功的一半，树立良好的第一印象自然对职业新人至关重要。良好的第一印象，有利于职场新人建立起良好的人际关系。一个新人的进入，势必会成为单位同事关注的焦点,在职场的初始阶段,职场新人的一言一行将给上司和同事留下深刻的印象。第一印象好,同事就乐于与其打交道,工作局面就容易打开。第一印象不好,可能就会陷入被动的人际关系。职场新人要想树立好第一印象,应注意以下三方面:

(1) 穿着整洁得体

仪表是职业形象的外在特征,衣着打扮是一个人文化素养的外在表现。初到工作单位,穿着不一定要名牌、大牌,但一定要与自己的身份和职业相符,与周围的同事基本保持一致,不宜另类花哨,注意个人卫生,时刻保持积极向上的良好形象。

(2) 言谈举止大方

大学生初到职场,最忌讳说话油里油气、大大咧咧、无所畏惧。与同事相处应举止文明、落落大方、谦虚低调。对工作中遇到的问题,要主动向领导、同事虚心请教。亲切、热情、诚恳、谦虚的言谈举止会给人留下良好的第一印象,有利于建立和谐的同事关系。

(3) 工作踏实主动

新入职场的大学生,在工作中一定要多动脑、勤动手,不妨从早点上班、晚点下班、经常主动打扫办公室卫生这些小事做起,服从领导安排、做事善始善终、工作积极主动、按照规定操作、多做事、少说话。这些都是一个职场新人工作踏实主动的好做法。

2. 与领导的关系处理

领导是一个职场新人的领路人,也是管理者。与领导沟通的顺畅与否、对领导的了解程度都影响到与领导的关系处理。在与领导的关系处理中要注意以下三点:

(1) 尊重领导,服从安排

领导与职员的关系是一种上下级的关系。在工作中要尊重领导,服从安排,即使对一些工作有疑惑、有想法,也应该先不折不扣地执行。如果有更好的想法和思路,在适当的场合,用适当的方式,不妨再与领导进行坦诚的沟通交流,切忌越级越权。

(2) 维护领导的权威

对于领导的工作安排要充分尊重并坚决执行,对于工作开展情况要主动进行汇报,以便领导了解工作的进展和动态,工作中要注意服从自己直接领导的安排部署,不能随意听从其他安排,甚至背叛领导,攻击领导。

(3) 关系处理要得当

工作场合要注意上下级的关系,言行举止方面要尊重领导。比如:路上遇见领导要主动先打招呼;与领导乘电梯应该先请领导进入;与领导吃饭应该先让领导上座,自己后落座;等等。

工作之外与领导相处可以稍微轻松点,但关系也不宜过于亲密,以致卷入他人的私生活中,引起同事的猜忌。有的领导平时比较平易近人,作为下级也应掌握分寸,不能为所欲为。

3. 与同事的关系适应

一个职场新人除了赢得领导的欣赏,能不能过"群众关",处理好与同事的关系也非常重要。在与同事相处中要注意以下四点:

(1) 放低姿态、虚心请教

职场中不能觉得自己比同事学历高、技术强,就高人一等。对于学历低或非重要岗位的同事,一定要一视同仁、彬彬有礼,对于年长的同事,若不确定称呼,不妨以老师或师傅相称，可以拉近与同事的距离，便于向他们学习取经。

(2) 尊重他人、学会倾听

单位的同事对于刚入职场的新人来说，无论在为人处世上还是业务技术上都是前辈、师傅，都应当尊重他们。只有尊重别人，才能获得别人的尊重。在工作中，要善于倾听同事尤其是一些老员工的想法，乐于接受他们对自己的意见和建议，多听多学，少说多做。

(3) 诚实守信、与人为善

诚实是与人交往的基本要求，在与同事交往中，一定要实事求是、表里如一，不能表面一套、背后一套。守信，就是恪守信用、言行一致、说到做到，不言过其实，对于自己完不成、做不好的事情不能夸下海口。在工作中遇到挫折或是产生矛盾，要学会换位思考、主动沟通，职场切忌自立山头或拉帮结派。

(4) 热情助人、真诚相待

人们普遍喜欢态度友好、热情地为他人提供帮助的人。当同事在生活工作中遇到麻烦，需要帮助时，要主动关心并及时给予帮助。当别人有求于自己，而自己的能力有限，也要实事求是地说明原因，请他人理解，避免产生不必要的误会。

4. 与外部职场人员的关系适应

作为一个职业人，往往因为工作需要，要与其他单位的人有一些工作业务上的往来。在与外部职场人员交往中要注意自己的角色身份，不越权越级做出一些不该自己做的事情，注意保守单位机密，以自己优雅的言谈举止和良好的社交能力为自己的单位赢得声誉，同时加强业务交流，扩大自己的职场交际圈。

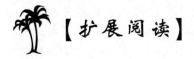

【扩展阅读】

职场警示录：别做笨角色

职场上学习高深的理论，钻研有难度的技术，对于职场人来说都算不上是难事，只要你肯下功夫，都能攻下堡垒。最难的就是与人打交道，特别是与那些可怕的人打交道。所以，千万小心，别做职场里的笨角色。

笨事一：你不理会谣言

错了！谣言是公司的生命力，很多事情的迹象从那开始，山雨欲来前的风向征兆，即使谣言的细节都不对，但是无风不起浪，你可以推测出些端倪。譬如说，有人看到最近你们公司的敌手与总经理开会（一个人说不算，至少等到有三个人都知道这件事再说，如果你急着传话，告诉你的人知道是你传出去的，下次你就不会听到消息了）。然而有时你也得加入小道消息，一副没有兴趣的脸也会让人以后传播时略过你。大原则就是你有兴趣听，但不要让大家都公推你是广播电台。

笨事二：你认为同事可以是患难知己

错了！几个月下来，小玲对你的家务事清清楚楚，她听到你妈妈在电话上唠叨，知道你叫男朋友的昵称，连你的生理周期她都晓得，再加上上班时间你们形影不离，吃中饭时通常是你倾吐心事的时候，这一切让你觉得能交到这么贴心的朋友真好。但是如果三个月后，你升职加薪，而小玲没有，更巧的是，你成为她的上司。这时，你想，身为你的最好朋友，她应该会替你感到高兴吧？希望如此。但是权力与金钱常常会改变许多人的想法，尤其是关系到一人的前途时。如果小玲不再是你的朋友，你这时可能会开始担心你以前透露的所有秘密。当然，最不幸的结果是演变成莱温斯基与琳达·崔普，你的交谈被录下来。

笨事三：你觉得把分内工作做好，就够了

错了！工作能力、效率、可信赖的程度、甚至你的学历，都不会是单一指标，也不会是最重要的。无论你是老师、护士、会计或秘书，工作环境本身是由人组成，每人有每人关心的事务与优先顺序，学习如何调节与上司或同事之间的重心，这就是所谓的公司 politics（政治）。不管你如何愤愤不平，你在这公司的前途，从如何面对小争执口角到摆放文具，到大事情像这个月谁多休一天假都有影响。

笨事四：你常常很露骨地拍上司的马屁

错了！有些上司希望听到所有角度的讯息，但是大部分的经理不会，他们也是普通人。也就是说，他们宁可听到好消息而不是坏消息，嘿！那就是阿谀奉承，拍马屁吗？差不多，只是有技巧与心意的区别：经理您今天看起来好年轻，这样子的话是很明显的，上司不是笨蛋，你昧着良心的话他（她）也听得出来。你要找出他（她）真正让你佩服之处，然后适时赞美，就像你的父母夸赞你房间很干净，当你考满分时学校老师夸赞你一样。"经理，你昨天的处理方式，让我们能够把任务顺利进行，多亏有你出马"。你看，没有拍在马腿上，以后你做事肯定会顺多了。

笨事五：你忽略轻视你的敌人

错了！大部分人认为朋友给我们最大支持，敌人企图伤害我们、捏造莫须有，不去理会他。事实上，朋友，说好听的给你听，保护你，你的笑话即使难听他们也会说好笑。相反地，你的敌人恨不得抓到你的小辫子，你一出错，他们马上指责，不会保留。他们攻击你最脆弱的地方——朋友绝不会指出的地方。所以正视敌人着眼处，这个好机会让你可重新修补盔甲，弥补缺点，下次他们再来，你已经气定神闲，准备好了。

职业适应中，除了工作环境、人际关系的适应，工作智能、生理适应、心态转变也非常重要。

小张、小黄、小魏是同一学校的机械类应届高职毕业生，三人毕业后签到了一家大型民营企业工作。第一个月，三个人被安排到车间一线进行试用。人事部门经理说，三个月后考虑他们三人的具体岗位安排。在生产车间，老实巴交的小张，遇到不懂的事情主动向老师傅请教，经常加班。善于交际的小黄、小魏工作中很少向他人请教，准时上下班，从不加班。

三个月试用结束时，小张向车间主任和人事经理各递交了一份试用期报告，并提出了自己一些关于生产工艺改进的想法和建议，而小黄、小魏则等待人事部门的岗位安排。结果小张被安排到车间生产管理部门，小黄、小魏依然留在车间一线。

小张之所以能够在试用期满后被安排到车间生产管理部门，而小黄、小魏依然留在车间一线，原因显而易见，小张在见习岗位上不怕吃苦，主动学习，善于思考，在智能、生理、心态方面适应了岗位和职业的要求。由此可见，一个人要完全适应岗位和职业，工作智能、个人生理、心态方面的适应也不可或缺。

（三）工作智能的适应

每一项工作都有不同的要求。大学生虽然经过专业教育，但学习的知识技能与岗位的要求还有一定的差距，这些都需要在工作中不断学习提升。

1. 应该主动出击，善于学习，不耻下问

自己最好准备一个笔记本，对于一些重要的知识以及重要的计划安排随时记录下来，并对次日的工作安排制订详细的计划。

2. 做一个有心人

对于领导和同事的一些好经验，不妨记录下来并细心研究，工作中做适当取舍并逐步完善，长此以往就成了自己的工作经验。

3. 树立终身学习的理念

活到老学到老，不断地学习充电已成为现代人生活和工作中不可或缺的一部分。利用网络及时了解社会、行业发展的最新情况，特别是与本专业、本行业有关的新技术，尝试着在工作中进行应用创新，不断积累经验。

（四）生理适应

高职学生步入工作单位，大部分都将在一线工作，甚至进入生产一线，相对大学自由舒适的生活，一些学生难以适应与工人一起工作和生活，三班倒、加班、休息日少是经常的事，甚至觉得自己作为大学生，受到的却是农民工待遇，生理上难以接受。

无论有多少抱怨，工作就是这样现实。只有真正在生理上适应了工作的要求和节奏，才能真正地适应自己所从事的职业。在适应初始阶段，要尽快调整自己的生活习惯和作息时间，早休息、少熬夜，加强体育锻炼，增强体质，甘于吃苦耐劳，相信工人能做到的事情，自己一定也能习惯并适应。

（五）工作心态的适应

心态是奠定职业发展的基础，也是职业人适应工作的重要因素。对于刚走出大学校门的大学生，大都有着"海阔凭鱼跃，天高任鸟飞"的远大抱负。但是很多大学生在工作中却表现出对学生角色的依恋、观望等待、消极退缩、苦闷压抑、孤独浮躁等职业适应不良的心理，归根结底还是工作心态的问题。

俗话说"解铃还须系铃人"，职场新人要想走出职业适应的心理阴霾，主要还是要靠战胜自己，放平心态，最终才能树立健康向上的职业心态。

1. 学会自己的事自己做，摆脱依赖心理，做一个坚强独立的人

部分大学生在学习生活中过分依赖老师、家长甚至同学，一时难以适应全新的工作。要成功适应职业就要不断地给自己打气。即使遇到棘手的事情，也要强迫自己尝试着去处理，只有这样才能慢慢摆脱对他人的依赖，逐渐有自己的主见，进而独立自主地开展工作。

2. 适当调节心理预期，从做一个平凡而不平庸的人开始

心理预期过高导致理想与现实之间的巨大差距，这种距离易增加内心的失落感。凡事都要循序渐进，初入职场一定要调整心理预期，自己的职业可以不是很好，但意识到只要把它做好就已经获得了初步的成功。工作时学会耐得住寂寞，多听、多看、多学，多做，做一个平凡而不平庸的人，相信明天会更好。

3. 放低姿态，从基础工作做起

对于职场新人来说一定要从基础工作做起，职场的每一种经历都是很好的学习机会，有助于自己的成长。内心越是孤独苦闷、不知所措，就越要放低姿态，向每一位同事虚心学习，努力提升自身的业务技能。只有自己内心得到充实，工作有了出色表现，才能驱除内心的孤独和自卑。

4. 增强自信，转换思路，提升抗挫折的能力

"天生我才必有用"，每个人都有他的价值所在，更何况是一名接受过高等教育的大学生。工作中遇到暂时的困难、挫折都是正常现象，面对挫折要学会找到释放压力的渠道。不妨找个朋友、同事倾诉自己内心的苦闷和困惑，在交流中可以听取别人的意见和建议，寻找解决问题的办法。同时也应看到自己的优势，在肯定自我、总结经验的基础上调整工作方式、方法，尽早走出职场的心理阴霾。

5. 不断学习、锐意进取，高标准要求自己

职场新人踏上工作岗位，往往忽视了再学习，认为学习是学生时代的"义务"，毕业了终于不用学习了，这是不可取的。大学生只是人才的坯子，要在工作中有所作为，还需要在社会这个大熔炉里不断学习锻造，只有不断给自己"充电"，探索新的方法，才能适应瞬息万变的社会。

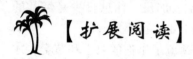

【扩展阅读】

学会适应环境变化　胡震宁书写真实职场性情

一个成功的职业人应该具备的三个素质是什么？中信出版社推出的《老板是你最大的客户》作者胡震宁说，不为失败找借口、坚持追求不放松、不听解释看结果应该是最重要的三大素质。他在书中用相当实在的语言描述了自己对职场的感悟和体验，与市面上流行的职场类图书相比，真实得令人难以置信，让人忍不住会一口气将书读完。

权衡机会

《东方早报》："做你自己的主人"，对经理人来说，在执行决策的过程中，更多的是跟随公司的流程走，这中间是否是矛盾的，您对经理人有什么建议？

胡震宁：公司需要流程的目的是保证无论谁来做工作基本都会做得差不多，不会由于人员素质的差异导致公司的不稳定，因为没有一家公司敢保证招到的人都是优秀的人，因此只能用牺牲时间、效率的方法来保证质量。很多积极的人往往会觉得被流程缚住了手脚，明明很简单的事情却要绕一个大圈子。

成功的经理人比较懂得变通，在规矩和自主中取得平衡，而这也更多需要老板的支持。即使是矛盾的两面也并不一定要用决裂式的方法来处理，并不需要在遵守公司流程和做自己的主人之间选择立场，这并不是非黑即白的事情。

《东方早报》：您在书中表示，在找新的机会时不要病急乱投医，但是在选择新的机会时，如何做权衡？如何适时提出合适的要求？

胡震宁：每个人在选择机会的时候都应该问问自己，我到底想要什么，生活中各种各样的机会很多，但不一定都是要争取的，有些只能让它擦身而过。就像来到了路口，不可能每个路口都要去走，知道要往哪里去才知道如何选择。

我所说的不要病急乱投医，就是说当走到路口的时候，停下来想一想，究竟要去哪里，道理其实很简单。有的人觉得自己能找到一份工作就不错了，哪里还有什么选择，如果是这样就沿着一条路好好走下去，不要这山望着那山高，别人的际遇再好也是别人的，再羡慕也变不成自己的。至于适时提出合适的要求，其实和谈恋爱是差不多的，何时求婚大多数人都知道，这道理也是一样的。

《东方早报》：您在书中分析了几类公司的情况，很多跨国公司的经理人跳槽到民营企业，从心态到行为方式，他们如何适应这种变化？

胡震宁：国内的经理人在跨国公司基本不可能做到太高的职位，到了民营公司反而没有这种束缚，就像每次坐飞机都坐经济舱的人，突然有一天坐了一个人一间的豪华软卧，会觉得"这才是生活"，但是火车毕竟是火车，新鲜劲过了以后，会发现实在没办法适应这慢吞吞的速度。很少看到外商公司的经理人跳槽到民营企业结果做得很成功的，这基本上是两个完全不同的世界，因此实在要去的话，先想清楚，坐火车就是这么慢的。事情总有两面，不可能只要好的一面，不要不好的一面。

学会适应环境

《东方早报》：领导者选择不同层级的经理人，不同层级的经理人也会选择领导，经理人如何判断领导者与自己是否匹配？

胡震宁：从我的角度来看，并没有匹不匹配的问题，领导的作用是让下属达到更大的效率，如果这个目的达到了，原则上就是一个好领导。

生意或者说事业里面要尽量少加入感情因素，尽量用理智而非情感来做判断，从领导实际做到的事情来判断，而非凭自己的感觉来判断，如果自己跟着他做事情更快更好就是好领导。至于领导是否和蔼可亲，是否愿意提拔下属，这些虽然也重要，但是在做事业的过程中是排在第二位的，否则大家关系很好，却做不成什么事情，又有什么意义？我见过的优秀领导人大多都有这样或者那样的瑕疵，唯一一个共同的特征就是事情在他们手上就变得很有效率。

《东方早报》：当经理人遇到挫折时，逆商显得尤为重要。您对逆商的自我培养和外部培养有什么建议？

胡震宁：逆商的培养并非旦夕之功，其实从小时候就开始了，有些家庭条件比较好的孩子就不太能承受挫折，而家庭条件差一些的则要好一些。就像武术中先要练习挨打，等被人打了几百次几千次也就不怕打了。同样的道理，培养逆商唯一的方法就是经历挫折，并且在挫折中坚持下来。虽然很痛苦，但是也唯有这样的痛苦能够让人成熟起来。听起来很残忍，但现实上老天就是用这种方法让万物滋长、优胜劣汰的。

因此在很多公司选择高级经理人的时候，往往喜欢选择那些经历过重大挫折的人，而非一帆风顺的人，因为天知道这些人在逆境下会变成什么模样。

《东方早报》：和优秀的人在一起工作，你会自觉变得优秀。对于一个团队的领导者来说，如何帮助整个团队共同提升？

胡震宁：帮助团队共同提升的说法我并不能同意，只能说找到合适的人加入合适的团队。历史证明教人、带人、帮助人成功的比例非常低，即使厉害如诸葛亮、曹操，也没教出什么人来。优秀的人才总是会自己涌现出来，做领导的只要把大环境设定好，让优秀的人才有机会涌现出来就好了。在我看来很多问题的答案其实并不难，只是当环境变得复杂了以后人们往往看不到问题的本质了。

《东方早报》：在选择团队成员时，考量的标准是什么？

胡震宁：判断团队的成员是否是合适的，标准很简单，几乎每个人都知道，但是往往人们会去注意很多干扰的因素，比如本人的解释、声泪俱下的表情、别人的评价、个人的好恶等，当注意力被这些东西吸引了以后就没办法专注在事情本身了。这也是大多数经理人常常犯的错误，不从实际的结果来判断事情。其实，做经理人的只要盯住事情的本质，基本上就是一个比大多数人强的经理人。

《东方早报》：您在书中不仅仅提到了老板是你最大的客户，为什么最后选择这个题目作为书名？

胡震宁：其实书名是和出版社商量后定的，我最终同意了这个题目是因为这个题目隐隐有些让人辩证思考的味道，我的这本书通盘的意思都是要人从另一个角度去思考那些我们习以为常的事情。拨开那些条条框框，种种借口，还有各种各样对自己的羁绊，找到问题的关键。我见过太多的人，原本已经很困难的环境，还要给自己种种束缚，告诉自己这样不行，那样不准，不是能力不够，只是不肯睁开眼睛。

——摘自《东方早报》

四、试用期与职业适应

试用期，顾名思义就是劳动关系的试验阶段，这是大学生正式步入工作岗位要经过的一道门槛，是用人单位对工作人员的再次考验。但绝非是用人单位对劳动者的单方"试用"，试用期是用人单位和劳动者为了相互了解、相互约定的考察期。在这段时间内，用人单位考察员工的工作能力，员工也考察用人单位的情况，是双方互相试用的过程。试用期是充分展示自己的才华，以得到用人单位认可的关键时期，更是毕业生在初入公司或者实习后正式进入工作岗位的职业适应时期。

在试用期内，用人单位一般忌讳职场新人有以下行为：

第一，夸夸其谈。大学生比前辈有着更新的知识背景，有着更新的理念和观念，但多处于纸上谈兵阶段，没有实战经验，他们常夸夸其谈、眼高手低，但他们必须意识到，自己学到的理论知识要用于实践才有意义。单位招聘新人为的是有人干活，并不是听人说教，脚踏实地地干出成绩才是最重要的。

第二，只干不说。只知道埋头苦干，过于沉闷的表现也会招来反感。老板引进新人，大多希望新人有些想法，提点有创意的点子，他们希望新进员工能适时发言表现自己，及时和上司沟通、交流，适时地汇报自己的成绩。

第三，马虎了事。对上司交代的事情不够上心，做什么工作都求应付交差，不肯全力以赴。许多的学生有出色完成公司任务的能力，可是他们总是消极面对，不能发挥自身的力量，这是公司很不愿意看到的。很多企业能容忍一个平庸的人继续干下去，因为他们兢兢业业，但却无法忍受做事马虎的人。

高职学生在经历试用期前，一般都会经历半年或一年的实习期。大多数人在实习过后，都会寻找新的就业机会，那么这短短的几个月试用期，其实面对的又是一个全新的工作岗位，在试用期，毕业生应该从以下几个方面让自己迅速融入新的企业：

首先，重视职前培训，明确岗位要求。培训是让新员工了解单位基本情况、熟悉规章制度和工作程序、掌握工作岗位必需的技能，更重要的是通过培训来使员工了解并接受组织文化和价值观。当接受每项具体工作时,要清楚个人承担的具体任务、目标和要求、完成的时间,等等。

其次,让自己变得更职业。上班第一天就迟到,串岗聊天,或趁老板不注意上网打游戏,等等,这些都是大学毕业生刚刚走上工作岗位常犯的毛病。用人单位最青睐职业化的人才,所以大学毕业生一定要培养良好的职业习惯和职业素质,让自己变得更职业。第一,要守时。第二,要忠诚。忠诚是指对组织的忠诚以及对自己职业的忠诚。第三,要尊重。在公司里要尊重他人的生活方式和个人隐私。在同事交往中,一些敏感话题是不能涉及的,如个人隐私、同事之间的关系、薪资收入等。第四,要负责。一份工作刚做几天就觉得"没兴趣",或是嫌待遇不好要跳槽,这是很不负责任的行为。第五,培养积极的心态。学会赞美他人,学会微笑。第六,遵守规章制度。第七,做好职业定位。做职业定位时,首先要考虑自己的性格特点,性格特点与职业特点不能冲突太大。

再次,学会融入企业节奏。一个新的公司,崭新的生活方式、陌生的社会环境、复杂的人际关系,都让很多人感到不适应,没有耐心思考一些细节上的问题。在做人方面要揭掉自我标签,低调做人。对上司先尊重后磨合,对同事多理解慎支持,对朋友善交际勤联络。大学生毕业到了新单位难免会满腔激情,急于得到同事的认可,但往往容易将事情看得简单而理想化,只想做专业性的能体现能力的工作,对一些普通琐碎的小事却不屑一顾,以至于碰了壁还莫名其妙。年轻大学生有激情是好的,露点锋芒也无妨,但一定要做到言行一致,不要眼高手低、光说不干。初来乍到的大学生从"学徒"干起是正常的,多干点杂活也累不着,刚到新单位就东挑西拣、争名夺利,尤其对工资待遇斤斤计较是最愚蠢的,很可能得不偿失。"祸从口出"的古训要牢记,职场新人最好还是少说多干。相反,在单位里,努力工作,适当表现自己,最大限度地得到老板和同事的认可是必需的,论功行赏时应展现一个新人的宽广胸怀,赢得职场人缘。任何老板都讨厌自己的下属居功自傲,擅作主张,更没有人能忍受自己的下属对自己指手画脚。众多人力资源从业者都表示,公司、部门都喜欢那些能在公司安安静静做实事的新人。实习生长期待在学校里,他们对工作的认识过于理想化。经常碰到一些实习生,还没有给公司做一天事情,就先问自己的待遇怎么样,如果待遇低还一脸的不高兴。优秀不仅体现在你的专业水平好、专业技能强,更多的是说明你各个方面都优秀,你只有一个闪光点的话,公司也会抛弃你而选择其他的人才。

最后,充分认识自我,做好职业发展规划。做到"认识""设计""开放""自表""自律"五个方面:一是认识,认识并了解企业,是试用期员工的基本一步,包括企业的文化、企业的人事等;二是设计,对自己的试用期或者以后工作要有一个整体的规划;三是开放,这样会让你同周边人群的关系大为融洽;四是自表,适时表现自己的专长,为赢得机会添砖加瓦;五是自律,严格要求自己。

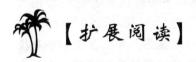
【扩展阅读】

全球性职场焦虑症

先是手指、前臂和脚趾感到刺痛,然后他的精神陷入了麻痹。"我无法思考如何做出决定,"这名四十五岁左右的银行业高管表示,"我完全呆住了。我感觉我的智商下降了50

点。"他表示，不切实际的工作要求引发了他的焦虑，"不做决定让事情变得更糟，因为这样我就没有在产生绩效。"

然而，这位希望不具名的伦敦金融城（City of London）从业人士试图隐瞒他的焦虑情绪，因为他害怕他的雇主会认为他不适合干这份工作。在他所在的办公室里，盛行的文化是埋头苦干，不承认自己有任何弱点。他希望被视为一个高效和抗压能力强的员工。人们注意到他的工作业绩——而不是他的精神健康——变差了。"由于我几乎一直是'金童'，所以当我的老板责备我的时候，我爆发了。"

自己其实是个骗子的念头一直困扰着他，这让他在2014年考虑过自杀。

在接受精神治疗后，他现在已经回到了工作岗位。他变得特别善于发现其他人出现焦虑情绪的迹象。"造成压力的性格特征同时也可能是高成就者取得他们现在的地位的原因——取悦他人、完美主义、希望做强人以及对威胁的出现高度警觉。"他说。

他的经历鲜明地体现出员工感受到的焦虑和压力，雇主越来越有必要对此加以关注。这是一个全球性现象，然而仅仅在英国，据政府首席医务官最新的报告估计，2009年到2013年间"压力、抑郁和焦虑"导致的病假天数上升了24%。统计数据令人惊恐：多伦多罗特曼管理学院（Rotman School of Management）今年发表的一份报告表明，在来自一系列行业的员工中，有41%的人称自己焦虑水平很高。

人们常常将这种压力的增加归咎于现代工作方式。短信、邮件和Twitter持续不断的提示音把我们的大脑搅得一团乱，甚至在我们睡觉的时候也如影随形；机器逐渐占据优势地位，威胁着要偷走我们的工作。意想不到的新技术轻而易举地击败老牌公司；工作似乎没有保障，企业纽带很松散。对职业生活的期望也改变了。以前我们工作是为了钱和地位，现在我们据说应该通过工作实现自我价值。结果呢？不安、恐惧和忧虑困扰着我们。

"经过10年的扰乱、削减和裁员后，员工的焦虑已经非常严重了。"哈佛商学院（Harvard Business School）高级研究员比尔·乔治（Bill George）表示。

诊断

焦虑通常是指不安、担忧或恐惧的感觉。当焦虑变严重时，会使人萎靡。在人生的不同阶段，有些人会比别人更容易被焦虑影响。我们不能完全消除焦虑，有时焦虑有助于提升我们的表现。但过度焦虑就会变得有害了，有时候会导致酗酒和吸毒。

对于雇主来说，缺勤只是焦虑造成的问题之一。另一个问题是工作效率降低——又称"假性出勤"。这是指虽然员工来上班了，但是由于健康状况欠佳，工作效率低于一般水平。研究表明，受这种影响的主要是白领，其代价可能十分高昂。一份报告估计，2010年，包括所有身体和精神健康问题在内，假性出勤使澳大利亚国内生产总值（GDP）损失了2.7%。《应用心理学期刊》（Journal of Applied Psychology）今年早些时候发表的一份论文称："焦虑干扰了人们处理即时事件的能力，从而导致表现低下。"

因此，一些公司引入了一些项目，帮助员工更好地应对压力与焦虑。甚至在金融和科技这样竞争极为激烈的行业，也有越来越多的公司认识到关注员工的心理健康可能有助于提高利润。

起因

在伦敦金融城工作的心理学家迈克尔·辛克莱博士（Michael Sinclair）发现，因为工作感到焦虑的银行家和律师数目"巨大"。"他们无休无止地工作，"他说，"压力如影随形，而且有一种不间断邮件沟通的文化。"

但他还相信，对企业来说还有一个更大的问题：这种焦虑会传染。"一家公司对失败的恐惧会造成员工产生同样的恐惧，引起'企业病'和焦虑的企业文化，"辛克莱博士说，"有讽刺意味的是，这适得其反，反而影响了公司的利润。"

针对伦敦金融服务业员工成立的非营利性组织伦敦金融城心理健康联盟（City Mental Health Alliance）的联合创始人、律师奈杰尔·琼斯（Nigel Jones）表示，科技是一个促成焦虑的因素。他认为，从他30年前参加工作开始，工作的强度就一直在增加。

"客户对速度和质量的要求提高了。工作的压力变得更大，出现焦虑情绪的风险也就更高，"他还补充说两年内已有27家伦敦金融城的雇主加入了该联盟，"（客户）对于反馈速度的预期提高了，但对于工作质量的预期却没有降低。"

欧洲工商管理学院（Insead）组织行为学副教授詹皮埃罗·彼得里利埃里（Gianpiero Petriglieri）认为社交媒体的崛起引发了所谓的"展示焦虑"，让人们感到脆弱。他说，"总是在线"让我们感到困扰。

虽然英国的失业率处于7年来的低点，但对从钢铁工人、护士到银行家的数百万计的人来说，短期合同和总体上的工作不安全感还是增加了。

有人认为，无法推算出不断变化的科技和就业条件对焦虑增加的影响。

"想要直接比较不同时代的焦虑水平只会徒劳无益，"《我的焦虑时代》（My Age of Anxiety）的作者斯科特·施托塞尔（Scott Stossel）表示，"排除现代民意调查数据和有关镇静剂使用水平起伏的统计数据，根本不存在一个能够超越不同时空文化特点来衡量焦虑水平的神奇尺度标准。"

对一些人而言，解决办法是更好地掌控自己的工作安排，或者给自己当老板。然而这种做法也可能是一把双刃剑，美国斯沃思莫尔学院（Swarthmore College）社会理论和社会行为学教授巴里·施瓦兹（Barry Schwartz）表示。"不受限制的自由，以及强调个人成为自己世界和命运的创造者，有其不好的一面，"他写道，"这让人们犹豫不决要做什么事情，以及为何要做这些事情。"

美国自由职业者联盟（Freelancers Union）的萨拉·霍罗威茨（Sara Horowitz）今年早些时候告诉英国《金融时报》的记者："如果你要为矿工开展健康项目，你必须是个黑肺病方面的专家；如果你要为自由职业者开展健康项目，你必须是个焦虑情绪方面的专家。"

事实证明，常常作为省时手段引入的新型小工具总会引起不安。《不堪重负：无人拥有闲暇时的工作、爱情和玩耍》（Overwhelmed: Work, Love and Play When No One Has the Time）的作者布里吉德·舒尔特（Brigid Schulte）指出，就连铅笔的问世，都让一些人感到知识和信息的流动太快了。

"人们感到时间在加速，旧的、熟悉的生活和工作方式正在逝去，被一些陌生和不确定的事物取代。"她说。

雇主对这个问题的认识正在发生改变。2007年，专业服务公司德勤（Deloitte）的前合伙人约翰·宾斯（John Binns）出现了严重的焦虑和抑郁："我会看着电子邮件，心里想着如果我打开它们，就会出现坏消息。"电话铃声响起也会引发这种恐惧感。他说，德勤没有在工作的时候谈论焦虑情绪的文化。

现在，他是一位心理健康方面的独立顾问，德勤是他的客户之一。这种改变不但表明有越来越多的雇主意识到了这个问题，还表明他们担忧员工可能就这方面的问题提起诉讼。此外，那些在员工精神疾病方面记录欠佳的企业，还会担忧品牌、声誉乃至员工招聘的问题。

预防措施

从资金支持到咨询热线，关注员工精神健康的员工项目在范围上大幅扩展。根据市场咨询公司IBISWorld对该行业的研究报告，过去20年里，开展此类项目的美国企业的比例增加了一倍多，达到74%。担忧员工工作效率下滑的雇主所聘请的顾问，是这个为消除工作场所的焦虑和压力而迅速发展的非正式行业的一部分。

正念（mindfulness），根据倡导者的说法，是在每时每刻观察自身感受的过程中产生的觉照。践行正念的不再只限于佛教僧侣和他们的追随者，首席执行官们也成了正念的拥护者。谷歌（Google）、苹果（Apple）和索尼（Sony）等公司都采用"正念"项目，鼓励员工进行冥想和精神集中，以使员工的工作效率和满意度更高。另一个受到雇主欢迎的词语是"韧性"（resilience）。

提供"数字戒毒"服务的Digital Detoxing公司的咨询师会给员工提供建议，告诉他们如何免受电子邮件、短信和微博的烦扰。他们为筋疲力尽的主管提供静修活动，比如在美国举办的Camp Grounded训练营活动，或者派遣顾问与员工一起合作，逐步培养员工在运用数字技术方面的良好习惯。

但是，夸大企业所提供的帮助是不对的。英国特许人事和发展协会（CIPD）最近发现，英国仅有60%的组织采取措施来发现和减少工作场所的压力。

有关员工福祉的举措可能会变成人力资源经理的表格打钩活动，这种风险永远存在。专门负责促进员工心理健康的部门，结果可能会与同事们每天的现实情况格格不入。此外，如果员工因为无法进入正念状态而感到焦虑，项目可能适得其反。

"如果你提供正念课程或者健康项目，那就像是在说焦虑的缘由在于员工，因此解决办法也应该靠员工自己。那是很不公平的。"舒尔特说，她认为很多企业的项目没有抓住问题的关键。"的确，这给人们提供了应对压力与焦虑的方法。但是，领导人和企业还需要认清自己在其中扮演的角色。"

比如，公司可以对"离线"有所规定，员工不回复深夜邮件无须担责。

鼓励员工分享自己的经历也很重要。伦敦金融城心理健康联盟希望通过让银行高管和律师说出自己的焦虑，来消除其他人对求助的抵触情绪。

"人们认为其他所有人都不受这些情绪的影响，"宾斯说，"很多非常成功的人士也饱受焦虑的困扰。要消除求助就等于软弱的看法，还有很长的路要走。"

文中最开始提到的那名银行家对此的看法远远没有这么乐观。他表示，勤奋的职业人士将压力视为荣耀，没人承认自己焦虑。

"当我看出人们出现焦虑情绪的迹象时，我会告诉他们。我会选择合适的时间、地点和方式提出来，"他说，"但是让人们谈论这些很困难，我们需要让这变得容易一些。"

根源和原因：焦虑感是不是生活的"永久性特征"？

关于焦虑的根源和原因，哲学上、心理学上和医学上的辩论数不胜数。

焦虑被描述为一种不安、担心或恐惧的感觉，有些人认为，它是人的一种状态特征。《身份的焦虑》（Status Anxiety）的作者阿兰·德波顿（Alain de Botton）表示："我们总会焦虑，焦虑是我们最基本的构成。尽管我们每天都会集中于这一种或者那一种在我们脑中产生静电的特定的忧虑情绪，我们真正面对的是作为生活永久特征的焦虑。"

或许如此。然而我们中大多数人会发现自己不快的想法和情绪很可能是由某种外部压力引起的，比如，面试或做报告。

虽然焦虑也可能对我们有所助益——有时候会让我们表现得更好，促使我们检查自己的工作，或者充分地准备面试——但是如果置之不理，焦虑也会造成毁灭性的影响。

"有时候焦虑是适应性的和有帮助的……但是如果任其发展，就会变得有害。"心理学家迈克尔·辛克莱博士表示。他认为我们永远无法彻底消除焦虑。

对那些经受压力或焦虑的人来说，这两种感受的区别可能很模糊。但压力和焦虑是有差异的。通常认为，压力是"对某种超出能力范围之外（或者人们认为如此）的要求的反应"，Tavistock Consulting 的组织咨询师萝宾·维西博士（Robyn Vesey）表示，压力能够引发焦虑。

对那些焦虑已成为生活常态的人来说，他们需要持续多年的焦虑管理。其他人则能够重返工作岗位，经受住最初引发他们的极端焦虑情绪的那种压力。

目前为精神健康问题提供顾问服务的前德勤合伙人约翰·宾斯表示："危险在于人们认为你需要接受过度保护。一些人的焦虑水平是能够恢复正常的。"

——来源：FT 中文网

第三节 职业发展

一个刚从大学毕业的学生，由于经验不足，能力欠缺，在工作中出现了失误，受到上级的严厉批评，他很不开心，没心思工作。

有人问他："你为什么不开心？"

他说："经理骂我了。"

又问："你是不是工作没做好？"

答："即便工作没做好，他也不应该对我这样态度恶劣，我长这么大，我爸、我妈都没对我大声喊过！"

问："那你希望怎么样？"

答："我希望我下次再犯错时，他的态度能好点儿！"

这位大学生说的话意味着：

1. 我出错是难免的；
2. 我以后还会出错；
3. 我再出错时，要改的是经理，不是我，他应该提高管理艺术。

试问如果这位大学生有这样的想法，下次再做同样的工作、重复同样的错误，上级对他的态度会好一些，还是会更严厉一些呢？

职场人士正确的态度应该是："我今天工作出错了，上级严厉地批评我，我很不开心。但是我下次一定把事情做好，让他说不着。"

转变成职业人，你必须先"给"，否则你什么也"要"不到。

作为一名应届毕业生，刚刚踏上职场舞台，现实的残酷会将你的梦想打击得体无完肤；

即使你已工作多年，疲劳和压力也会让你迷失幸福；尽管你在工作与生活的博弈中苦苦挣扎，天平的失衡也许让你狼狈不堪；也许正当你使出浑身解数面对职场中的加薪和升职之时，复杂的人际关系又让你焦头烂额……职场如战场，职场就是如此残酷！毕业生在初涉职场，感到种种不适之后，常幻想能像武侠小说里面一样获取什么"武功秘籍"，来为他们指点迷津。其实秘籍谈不上，但确有一些东西可以对毕业生的职业发展有所帮助。

一、懂得职业的成功因素

在人一生的求职过程中，真正找准自己的位置之前，都会或多或少遇到失败与挫折，也是求职者面临的机遇与挑战，在这些困难和现实面前，要想真正得到一份理想的工作，真正成就一番事业，是多种因素相互作用的结果。大致说来，综合国内研究职业的相关资料和文献表明，通俗和普遍的提法至少包括四个因素，即先天因素、后天学习、职业决策、人际/人才决策。人的成功，是这些因素相互加强彼此作用的结果。当然，在人生发展的不同阶段，各类因素可能发挥着不同的重要性。

下面我们来逐个考察这四大因素：

第一，先天因素。人才筛选与培养领域的国际权威专家莱尔·斯宾塞（Lyle Spencer）用最简洁的方式对潜力进行了总结："你当然可以去教一只火鸡爬树，但我宁愿直接雇一只松鼠来干这事儿。"所谓先天因素，主要指个体出生时受之于父母的遗传素质，也是人一生中持续扮演、最为恒定的一个因素。它是一个人与生俱来的一种天赋，让他们对某些事物一学就会，甚至不学也会，对于那些不具备这种天赋的人，他们在从事同样工作的时候，就感觉困难得多。当然，遗传在给我们提供先天的条件，在帮助我们打开一扇方便之门的同时，也会让你在其他方面受到一些束缚。最新研究表明，遗传因素在成功公式中是一个常量，但绝不是静止不变的，遗传特征同样具有动态的性质。麦特·瑞德利（Matt Ridley）在《先天，后天》（*Nature Via Nurture*）一书中所指出，你的日常活动决定了你体内哪些基因会激活，这些激活的基因又决定了你体内会制造出哪些蛋白质，而这些蛋白质最终形成了你脑细胞之间的突触。由此可见，我们的父母授之于我们的优势，并不仅仅是单一的，而是多重因素的结合体，关键在于我们后天如何激发、如何利用、如何激活。

第二，后天学习。王安石作品中有一篇著名的文章叫《伤仲永》，讲述的是方仲永这一神童，五岁便可指物作诗，天生才华出众，因为后天不学和被父亲当作造钱工具而沦落为普通人的故事。所谓后天学习，是指一个人终其一生所进行的正式与非正式的学习，这是促进一个人职业成功最强有力的工具。人的一生，天赋只是一个方面，真正想要成就事业，必须得靠后天的打拼。"三分天注定，七分靠打拼"，是先天天赋和后天学习之间的关系的真实写照，因此，只有不断学习、勤劳打拼，才可能占据事业最高峰。人的知识才能决不可单纯依靠天资，必须注重后天的教育和学习，必须强调后天的教育和学习对成才的重要作用。

第三，职业选择。有一个不算太古老的命题是"'爱一行，干一行'，还是'干一行，爱一行'"，换言之，人生的轨迹究竟应当是从理想兴趣开始还是从工作开始。所谓职业选择，是个人对于自己就业的种类、方向的挑选和确定。它是人们真正进入社会生活领域的重要行为，是人生的关键环节。我们应重视职业选择对于个人成功的影响。许多人在初入职场时，水平可能相差无几，但因为选择了不同的工作环境，他们在职业成就上却有天壤之别，令我们大为感叹。简言之，明智的职业选择可成倍增大你自我教化的努力成果，从而成为决定你职业成功的关键因素。

第四，人际/人才决策。表现为人与人之间的沟通，包括思想、情感和知识等信息的交流与传播，主要通过言语、副言语、表情、手势、体态以及社会距离等因素来实现，主要表现为人际间的交往和对人才的决策两个方面。就大多数人而言，大学期间的交往与决策尤为重要，对今后人生的成功与否能起到关键性作用。一般而言，读书时人际关系处理得当，步入社会后，对职场关系的处理同样灵活。

进入社会，达到一定高度，成为一个部门负责人，你的人才的决策便成了决定你领导的部门工作绩效的关键因素。随着肩头的责任日渐加重，从管理一个部门到管理一家企业，利害关系也越来越大。因为你只能通过自己所建立的手下团队来施加对企业的控制和影响。伴随着从部门经理一路上升到CEO或董事长，人才决策逐渐成为你最大的挑战和最大的机遇。

当然，除了上述四大关键作用之外，个人的奋斗与努力必不可少，包括进取心、责任心、自信力、自我认识和自我调节能力、情绪稳定性、社会敏感性、社会接纳性以及社会影响力等，当然，还少不了一定的机遇和运气。

二、拥有积极的行为态度

我们常说，细节决定成败，态度决定一切，这话一点不假。我们在关注自己每一个细节的同时，首先要特别注意自己的工作态度，工作态度好，成功的概率就高。因此，一件事情的成败，好的工作态度至关重要。如果事情还没开始，就认为不可能成功，那肯定不会成功，或者在做的过程中不认真负责，同样不会有好的结果。因此，没有做不好的事，只有态度不端正的人，只要对工作充满热情、激情和活力，只要具备了好的工作态度，就不怕遇到任何挫折，这样的人在事业上也更能成功。因此，成败往往在一念之间，一个人成功与否，关键看他对事业的态度，只要用积极、乐观的心态，只要用最细致的行为对待任何一件事，成功必定伴随而来。因此，毕业生步入职场，知识、技能都是次要的，关键在于有良好的工作态度。毕业生应持有的工作态度主要包括以下几个方面：

（一）立足岗位，更新观念

大学生要适应工作和社会，必须明确自己的职责岗位，更新思维观念。具体要从三个方面与时俱进，即独立意识、主人翁意识和团队意识。首先，大学生工作后必须承担相应社会责任，这些责任随着所要参与、管理及决策工作的增加，所要承担的义务也越来越多，这就要求学生除了具备独立的意识外，还必须要有主人翁的意识。他们在毕业后的很多个人工作业绩，与单位、部门的兴衰与荣辱息息相关。因此，初涉职场的大学生一定要"识大体、顾大局"，从整体利益出发，树立团队意识。

（二）终身学习，不断充实

大学生适应社会的过程是一个"学习—适应—再学习—再适应"的循环动态过程，只有通过不断学习才能不断完善自己的知识结构。大学毕业生初到工作岗位，对自己工作岗位的基本情况都要有所了解，这种了解和熟悉过程只有通过不断学习、勤于思考、善于总结，才能尽快完成并完全掌握有关的业务知识，更好地适应工作。同时，大学生只有不断学习，才能跟上社会和科技的迅猛发展，同时飞速发展的科技，也要求科技人才对知识不断更新。

（三）把握时机，相机而动

就刚毕业的大学生而言，第一份工作并不意味着就是终身的职业。因受初次择业时众多条件限制及其他种种因素的影响，很多学生初次就业后对自己的职业岗位仍不满意。对此，毕业生应具体问题具体分析。首先应该考虑的是国家的需要，要安心从事现在的工作。当然，随着社会需求的变化，学生也可根据自己的实际条件，适时调整奋斗目标，重新选择新的机会，找到适合自己的职业。

（四）善于沟通，学会共赢

中国有句俗话："一言能使人笑，一言也能使人跳。"人作为社会性的动物需要彼此间的沟通与交流，而在工作场合中这种沟通与交流显得更为重要。现代社会中很多工作都需要众人协力完成，因此，大学生必须掌握有关的人际沟通技巧。

大学生在毕业后除少数自主创业和升学外，大部分都进入公司或企业，也因此，在组织内部成员之间、与组织以外的客户之间的人际沟通就显得尤为重要。这就要求大学生能正确对待沟通在职场中所发挥的巨大作用，实现积极的转变，一是要有积极的沟通态度，二要全方位沟通，三要学会合作共赢，并在此基础上恰当处理沟通和其他人员之间的关系，在沟通方式上，也要恰到好处，选择恰当的沟通渠道，不同渠道有着不同的沟通效果。除此之外，适宜的沟通气候和沟通中听、说、读、写的有效练习也能进一步提升自我的沟通能力。

三、培养良好的职业道德

当代中国社会由于受到传统文化的影响，道德在人们的生活中仍然占据重要地位，即使是经济性极强的职业活动也不能例外。道德是一种行为规范，是约束人们日常行为生活的一种准则。职业道德，是指从事一定职业的人在其职业活动中必须遵循的行为规范的总称，通常包括：爱岗敬业、忠于职守；刻苦学习、提高技能；勇于竞争、开拓创新；艰苦奋斗、勤俭节约；遵纪守法、廉洁奉公；热诚服务、文明生产；讲求质量、注重信誉；团结协作、互助友爱；等等。这些都是各种职业必须遵循的，但不同职业会有不同的职业道德具体要求。

良好的职业道德，对一个员工来说，是个人良好品质在工作岗位上的体现，决定了他的个人工作业绩和具体价值；对一个企业来说，是企业前进和发展的巨大动力，关系到企业的前途命运。具体来说，良好的职业道德应该包括以下几个方面：

第一，立足岗位，扎实做好本职工作。每个人不管在哪里工作，不管在哪个岗位上从业，都要明确自己的岗位职责，都要严格按照公司的规章制度办事。只有认真做好每一项基础性工作，立足本职，干好了手头的工作，才有可能在此基础上创新。

第二，热爱工作，用正确的心态投入工作。热爱工作，是形成良好职业道德的基本态度，是做好工作的前提。人在从事自己喜欢的工作时可以产生最高的工作效率，如果一个人对自己的工作不感兴趣，外界无论花多少力气也无济于事。事实上，社会提供给我们的每个岗位不一定都能对上自己的胃口，这就要求我们必须用正确的心态来对待目前的工作，努力地去调适自己，用最大的热情来对待本职工作，把工作做好。

第三，用心用情，把工作当事业。做工作，要用心，得有情。心入，首先是情入，情入了，心理才能平衡，才能放下荣辱、不计得失，才能达到忘我境地。因此，我们有必要把工作当成一种事业来做。只有把工作当成事业，让自己满腔热情地投入工作，才能真正做出成绩。用心去做，是具备良好职业道德的直接表现。

第四，对得起良心，培育良好的职业道德观。一个人只有用心工作，凭良心做事，才是良好职业道德在心理上最基本的表现。做好一天工作容易，一辈子把工作做好不容易；说把工作做好容易，真把工作做好难。一个人做事，要对得起自己的青春，对得起自己的良心，对得起企业的工资。如果企业每位职工都这么想，都能这么做，也就对得起自己并不沉重的工作，也就具备了良好的职业道德。

良好职业道德对人一生今后的发展具有重要影响，因此大学生在校学习期间就要培养自己的职业道德。培养职业道德有利于劳动者养成良好的职业习惯，有利于劳动者不断提高自己的职业素质，同时也有利于个人的事业发展和人生价值的实现。

【情境模拟】

乐乐是一名2015届电子商务专业的应届高职毕业生，在实习期间，她在一家小型私营企业从事网上纺织品销售，销售业绩不错，受到经理的器重。经过半年的实习，她觉得公司太小，每天面对网络太无聊，没有自己的发展空间，便主动辞职。

不久，她又重新找了一家大型实体企业，进行建筑材料的销售。在建筑材料的销售中，面对众多知名品牌的巨大竞争，加上公司老的销售员的打压，她的销售业绩一直不好，不到半年，她觉得这种实体销售不适合自己，又辞去了工作。

后经朋友介绍，她进入了一家知名保险公司，开展金融产品销售，谁料金融产品销售难度更大，经常还要看别人脸色。半年下来，乐乐没做成一单业务，每个月也只有保底的1 800元底薪，生活也渐渐出现了问题。

乐乐此时对第一份工作充满了怀念，很想重新回去，但又碍于面子不敢回去。站在十字路口的乐乐，对未来一片茫然。

思考分析：

1. 你觉得乐乐在面对职场的时候出了什么问题？

2. 假如你是乐乐，现在你该怎么办？你又该如何提升你的职业能力，以便有更好的职业发展？